ポイエーシス叢書

72.

ヘテロトピアからのまなざし

上村忠男

未來社

ヘテロトピアからのまなざし■目次

I

II

III

IV

ヘテロトピアからのまなざし

装幀——戸田ツトム

I

シラーをサボタージュする

スピヴァクとグローバリゼーションの時代における美的教育

1

ガーヤートリー・チャクラヴォルティ・スピヴァクの新著『グローバリゼーションの時代における美的教育』（二〇一二年）☆1を読んだ。グローバリゼーションが進行するなかで、著者が大学で担当している比較文学を筆頭に人文学一般、さらには社会科学のなかでも想像力を活力源とする学科が直面するにいたった窮境と、そこから開かれたかにみえる文学研究の新たな可能性をめぐって、一九八七年から二〇〇九年までのあいだに書かれた二十五本の論考からなる。二〇〇三年に公刊された『ある学問の死』（上村忠男／鈴木聡訳、みすず書房、二〇〇四年）とならんで、グローバリゼーションの時代における著者の教育論をうかがうのにうってつけのアンソロジーである。『みすず』一九九三年七月号と十月号で紹介された「断片を演じる／アイデンティティの話」（小野俊太郎訳）や、『現代思想』一九九九年七月号で紹介された「エコー」（中尾千代訳）なども収録されている。

なかでも特記に値するとおもわれるのは「序文」である。

見てみよう。そこにはまず開口一番、《グローバリゼーションは資本とデータのなかでのみ

☆1 Gayatri Chakravorty Spivak, *An Aesthetic Education in the Era of Globalization* (Cambridge, Mass. and London: Harvard University Press, 2012). 以下、引用にさいしては、本文中に該当頁を記す。

生じる》(p. 1) とある。ということは、「資本とデータ」以外の分野ではグローバリゼーションは起きてはいないということなのだろうか。どうもそのようである。じっさいにも、スピヴァクはすこしくだった箇所で断言している。《今日もっとも有害な前提は、グローバリゼーションはわたしたちの生活のあらゆる面において起きていて成功を収めているという前提である。グローバリゼーションは、輪郭を見さだめることができない程度のことであればつねに暗々裡に起きていたにしても、そのことを別とすれば、経験する存在の感覚的な装備一式にはけっして起きることがありえないのだ》(p. 2) と。

スピヴァクのみるところ、たしかに「資本とデータ」の分野では、とりわけ一九九〇年代以降、グローバリゼーションが目覚ましい速度で進行している。そしてそこでは《それ以外のものはいずれもすべてダメージ・コントロールである》(p. 1).「ダメージ・コントロール (damage control)」、すなわち、「物理的な衝撃を受けたさい、その被害を最小限にとどめるために講じられる事後的な措置」である。スピヴァクは述べている。《情報コマンドは知る行為と読む行為を台無しにしてしまった。〔中略〕人文学ならびに想像力を活力源としてきた社会科学は一敗地にまみれてしまった》と (p. 1)。

では、どうすればよいのか。「人文学ならびに想像力を活力源としてきた社会科学」には挽回の機会はもはや永久に失われてしまったとみるべきなのだろうか。そうではない、とスピヴァクは答える。そしてフリードリヒ・シラーが『人間の美的教育について』でその意義を強調している「美的なもの」を——もう一方における「懐疑」とならんで——今日批判的に反省に供されるべきヨーロッパ啓蒙思想の貴重な遺産ととらえたうえで、その遺産を《生産的な仕方でアンドゥ（undo）すること》が本書『グローバリゼーションの時代における美的教育』に収められている一連の論考の意図するところであったと言う（p. 1）。《ただひとり美的教育だけが、近代と伝統、コロニアルとポストコロニアルといったような、単純明快な両極性によってはもはや解釈されない、不均等でただ外見的にしかアクセス可能ではない現代なるものの特性を考えながら、グローバリゼーションの進行にたいしてわたしたちに心の準備をさせつづけることができる。資本とデータ以外のものはすべてそこで始まる。合理的選択のあたえる致命的で憂鬱な慰めに取り囲まれながら、単独的で検証不可能なもののなかで生きながらえることをわたしたちにゆるしてくれるその空間のなかで始まるのだ。資本とデータ以外の制度的知識はすべてこの土台を暗々裡に仮定したところで成立している》（p. 2）。これがグローバリゼーションの時代における美的教育の可能性についてのスピヴァクの見立てである。

もっとも、「生産的な仕方で」ということは、非難するためでもなく、弁解するためでもなく、あくまでも利用を目的としてということであろうが、このように「生産的な仕方でアンドゥする」というのは、口で言うだけならだれにでもできるが、いざ実行するとなるとことのほかむずかしい仕事であることは、スピヴァクもこれを認めるのにやぶさかではない。というのも、それは《操作（doing）のなかに走っているさまざまな断層線を注視しなくてはならない》からである。スピヴァクは告白している。《希望というマントラが繰り返し唱えられるこの時代においては、**懐疑**の従兄弟であった**美的なもの**をアンドゥすることは、この序文を本書の各章よりも楽観的なものではなくしてしまっている》と。《本書を構成している各章が書かれたときには、暗い時代にあって、希望がなおも評価に値する選択肢であるようにみえた》というのだった(p. 1)。ひいてはまた、《この美的教育の性質はどのようなものなのだろうか》と問い、《そのためのどこにでも通用する定式といったものは存在しえない》と答えたうえで、こうも言う。《もろもろの教育機関のなかでも第三次教育機関〔大学や職業専門教育機関〕にいちばん慣れ親しんできたわたしが本書で提供できるのは、シラーをサボタージュすること(sabotaging Schiller)とでも描写できそうな考えである》と(p. 2)。シラーの『人間の美的教育について』は、人文学の世界では今日もなお人文主義的啓蒙思想の古典として読まれつづけている。そのシラーの権威にサボタージュすなわち妨害行為をはたらくことによって、啓蒙思想の遺産を生産的な仕方でアンドゥするというのが、スピヴァクの狙いであるというのだ。

「序文」の後段では、地球上の言語的多様性に立脚したところからの「惑星思考(planet-thought)」なるものによってグローバリゼーションに対抗しようとした『ある学問の死』は《あまりにも希望に満ちすぎた本だった》との述懐もなされている。《「グローバル」であろうとするすさまじい渇望のなかにあっては、人文学や〔想像力を活力源とする〕質的な社会科学は、せいぜいが「比較的な」ものであって、もはや認識論的な駆動力をもたない。それらはますますオペラに似たものになりつつあり、社会において周辺的な役割をはたしているにすぎない。資金援助を獲得しつつあるのは、相対的に魅力的なシンク・タンクと単一言語をもちいた「学際的な研究」である。／このような風土のなかにあっては、美的教育に訴えようとしても、一部の上品な聴衆しか期待できない》というのである。そして《それでもなお、わたしたちのような人種がこのようにして美的教育に訴えようとするのは、わたしたちはこうするしかないからであり、資本をジェンダー化された社会正義のほうへ向けかえさせるのに必要とされる認識論的革命をもたらそうとするなんらかの希望はあらゆる希望に抗しても生き生きと保ちつづけていなければならない、とわたしたちの分かちもっているオブセッションが言明するからである》と(p. 26)。

これが「序文」が特記に値するとおもわれる第一の理由である。

ちなみに、ここで使用されている「アンドゥ」という言葉はコンピュータ用語のひとつであって、「以前にユーザがおこなった操作を取り消して元に戻すこと」をいう。「アンドゥ」とか、「ダメージ・コントロール」とか、「情報コマンド」とか、いまやスピヴァクは高度情報化社会のジャーゴンにすっかり馴染んでしまったようである。数行前には《クラウド・ソーシングがデモクラシーに取って代わった》というような言い回しも出てくる(p. 1)。「クラウド・ソーシング(crowd sourcing)」というのは不特定多数の人に業務を委託することで、これもインターネットの普及とともに可能となった高度情報化社会に特有の新しい雇用形態である。また、「序文」の最後のほうでは「デプロイ(deploy)する〔配置・展開する〕」とか「パース(parse)する〔構文解析する〕」といった言葉も出てくるが(pp. 32, 34)、これらも高度情報化社会で普及するようになったコンピュータ用語である。

2

ところで、スピヴァクの「序文」には、これまで彼女が使ったことのなかった新しい概念がキー概念として登場する。「ダブル・バインド（double bind）」という概念がそれである。

「ダブル・バインド」という概念は、もとはといえば、イギリス出身のアメリカ合州国の文化人類学者であるとともに精神医学者でもあったグレゴリー・ベイトソンが一九五六年に『行動科学』誌に掲載されたドン・D・ジャクソン、ジェイ・ヘイリー、ジョン・H・ウィークランドとの共著論文「スキッォフレニアの理論に向けて」[☆2]のなかで提起したものであって、当時は心の病のなかでも最大の謎のひとつとされ、その性質も原因も治療法もほとんど解明されていなかったスキッォフレニア（統合失調症）について、それの理論化をくわだてる過程で編み出された概念であった。

そこではまず、スキッォフレニアは人間が幼児期に受けたなんらかの具体的な「心的外傷」によって起こるとする精神分析学の仮説に疑義を呈して、スキッォフレニアの発症原因は家族内での子どもと親とのコミュニケーションのありかたのうちに求められるのでなくてはならないとされている。親子間のコミュニケーションがメッセージとそれについてのメタ・メッセージとが矛盾するような状況に置かれるとき、そんなときにスキッォフレニアは発症するというのだ。そして《そうであれば、そのような症候を引き起こす経験のシークェンスについての形式的な記述にア・プリオリに到達することが可能なはずである》と主張されている。《わたし

☆2　Gregory Bateson, "Toward a Theory of Schizophrenia" (with Don D. Jackson, Jay Haley and John H. Weakland), *Behavioral Science*, 1 (1956), pp. 251-264. この論考はその後、Gregory Bateson, *Steps to an Ecology of Mind: Collected Essays in Anthropology, Psychiatry, Evolution, and Epistemology* (San Francisco, Scranton, London, Toronto: Chandler Publishing Company, 1972) に収録された。以下、引用にさいしては、Gregory Bateson, *Steps to an Ecology of Mind*, with "Foreword" by Mary Catherine Bateson (Chicago and London: The University of Chicago Press, 2000)〔佐藤良明訳『精神の生態学』（改訂第二版：新思索社、二〇〇〇年）〕を使用する。

たちの求める特性は、あくまでも、抽象的ないし形式的なレヴェルにある》というわけである。ついではまた、そうした経験のシークェンスの特性は《それらから患者はスキッォフレニア的コミュニケーションとなってあらわれるようなメンタルな習慣を獲得することになる》点にあるとしたうえで、バートランド・ラッセルがアルフレッド・ノース・ホワイトヘッドとの共著『プリンキピア・マテマティカ』（一九一〇―一三年）で提起した「論理階型づけ（logical typing）」の理論を援用して、《患者の外的な経験における出来事のシークェンスは論理階型づけの内的な葛藤に責任を負っている》というのがスキッォフレニアにかんして自分たちの提示する仮説であるとされている。そして《そうした解消不可能な経験のシークェンスにわたしたちは「ダブル・バインド」という用語を用いる》との定義があたえられている。[☆3]

だが、そうであってみれば、「ダブル・バインド」という概念はスキッォフレニアの理論化のためだけではなく、人間がその生涯に経験する有為転変のなかで直面させられるさまざまなディレンマにも一般的に適用されうるのではないか、とスピヴァクは受け止める（p. 4）。そして『グローバリゼーションの時代における美的教育』に収録されている一連の論考を回顧して、それらはいずれもダブル・バインドを学習することを称賛しようとしたものであったと総括しようとするのだが、この総括の仕方自体はおおむね妥当なものであると言ってよい。じじつ、「ダブル・バインド」的なディレンマが《スキッォフレニアのコンテクストに限定されない》ということは、ベイトソン自身も一九五八年カンザス州立病院付属慢性スキッォフレニア治療研究所でおこなった講演「スキッォフレニアの集団力学」で認めていたことであった。[☆4]ア

☆3　Bateson, *Steps* cit., pp. 205-206.〔佐藤訳、二九三頁〕
☆4　Bateson, *Steps* cit., p. 238.〔佐藤訳、三三二頁〕

メリカ心理学協会一九六九年度年次総会で読まれた回顧的なペーパー「ダブル・バインド、一九六九年」では、ベイトソンは《ダブル・バインドの諸要件のうちには、ある個人が道化になるのか、詩人になるのか、それともスキッォフレニア患者になるのか、はたまたそれらを組み合わせた存在になるのかということを決定するなにものもない》とことわっている。そして《わたしたちがあつかうのは単一のシンドロームではなく、あるひとつのシンドローム類なのであって、その大部分が通常は病的とはみなされていない》としたうえで、《このシンドローム類を指す一般的な用語として「トランスコンテクスチュアル (transcontextual)〔コンテクスト横断的な〕」という新語を導入したいとおもう》と述べ、《トランスコンテクスチュアルな才能によって豊かな人生を送る者たちも、トランスコンテクスチュアルな混乱によって生きる力を失ってしまう者たちも、ひとつの点では似ている。彼らにとっては、つねにあるいはしばしば、「ダブル・テイク (double take)」〔世界を二重に受け取ること〕が起きるのである》というような説明をほどこしてもいる。☆5

しかしながら、日々グローバルな規模でめざましく変転しつつある状況に敏感なスピヴァクのことである。『グローバリゼーションの時代における美的教育』に収録されている一連の論考には《ひょっとして、人文学はさまざまなダブル・バインドを演じることによってそれらを解消するすべを学習することができるのではないか、との確信》(p. 1) があったと打ち明けるとともに、そうした確信はいまでは人文学によってだけでなく、さまざまに異なる領域でも分かちもたれているという事実、そして人文学以外のさまざまな知識マネージメントの方法が電子

☆5 Bateson, *Steps cit.*, p. 272.〔佐藤訳、三七四頁〕

資本主義（electronic capitalism）の公理系によっていっそう首尾一貫したかたちで達成されうるという事実が、この確信の拠って立つ地盤そのものをシフトさせてしまっていることも認めざるをえない。

スピヴァクは述べている。わたしたちは当初、想像力のトレーニングを最大限におこなって、グローバリゼーションのもたらす画一化を最小限に押しとどめようとこころみていた。そしてこの問題を解くための鍵を大英帝国のロマン派運動のうちに見出してもいた。時あたかも、アメリカ合州国の大学では野心的なグローバリストが幅を利かせて、グローバリゼーションのいくつかのヴァージョンの最大限化を達成するために、人文学ならびに社会科学のうちでも想像力を活力源とする諸学科の最小限化を図ろうとしていた。ところが今日では、わたしたちを取り巻く状況はシフトしてしまった。人文学と社会科学はすでに周縁的存在のトップに位置している、と（p. 2）。

また、右に輪郭が描き出されているもろもろの再考と自覚はあくまでも「序文」のうちに反映されているものであって、本体部分ではかならずしもつねに反映されているわけではない。このことに読者の注意をうながしたうえで、スピヴァクは読者に懇請するのだった。《あなたがたが本書を読むときには、どうか「序文」と本体部分とのあいだのこのダブル・バインドに携わっていただきたい》と（p. 3）。読者にこのような要請がなされている点も「序文」が特記に値するとおもわれるいまひとつの理由である。

かくてはヨーロッパ啓蒙思想の遺産である「美的なもの」を生産的な仕方でアンドゥすること。ひいてはシラーをサボタージュすること。——これがいま、「電子資本主義」が地球全体を席巻しつつあり、人文学や社会科学のなかでも想像力を活力源としてきた学科がかつてない窮境に立たされているなかで、スピヴァクがときとして底知れぬ絶望感に見舞われながらこころみようとしているささやかな抵抗であるわけだが、ここでもスピヴァクが参考にするのはベイトソンである。

3

ことは「心の習慣」の威力にかかわっている。

ベイトソンは一九五八年の講演「スキツォフレニアの集団力学」のなかで、ジョン・フォン・ノイマンとオスカー・モルゲンシュテルンの「ゲームの理論」をモデルにしながら、《ダブル・バインドの経験がどこまでも執拗に繰り返されることとならざるをえないような家族内でのひとつの相互作用を規定しているとおもわれる集団力学》について考察している。そしてそこからは《ダブル・バインドの仮説は学習する有機体(learning organism)としての人間的個体の本性についてのいくつかの心理学的前提に依拠している》ことが明らかになるとするとともに、《個体化は二つの対照的な心理的メカニズムを内包していなければならない》と述べている。第一は《その人物を取り巻いている環境の要請への適応のメカニズム》であり、第二は《第一のプロセスが見出した適応にその人物が一時的または持続的にコミットしていくプロセスないしメカニズム》である。そして適応への一時的コミットメントは「一般的システム理論」の創設者のひとりとして知られるウィーン生まれの生物学者ルートヴィヒ・フォン・ベルタランフィが「内在的な活動状態」と呼んだものにあたり、より持続的なコミットメントのほうはわたしたちが通常「習慣」と呼んでいるものにほかならないとの補足的説明をほどこしている。☆6

また一九五九年、シカゴのリース病院・心身＝精神医学研究所で精神科医たちを前にしておこなわれ、翌年アメリカ医学協会の一般精神医学部門の学会誌に掲載された講演録「スキッォフレニアの理論に最低限要求されること」では、一方における「習慣」と、もう一方における出来事をある程度ランダムにばらまいてそのなかのいくつかが期待される結果を生むように図るというストカスティック（stochastic）な性格をもった「試行錯誤」とを比較して、「適応可能性の経済学（economics of adaptability）」という観点からは前者のほうが後者よりも経済的であるとの主張がなされている。初めての問題に出会ったときには試行錯誤を繰り返して解決を図るのもよいが、同じような問題に繰り返し出会う場合には、ストカスティックな操作にたよるのをやめて、わたしたちが「習慣」と呼んでいる、より深くより柔軟性に欠けたメカニズムに解決をゆだねるほうが心的な出費の節約になるというのだ。☆7

さらに十年後のダブル・バインドをめぐるシンポジウムでは、ベイトソンは問題を一般化し、《どのような生物学的システムにおいても適応のための変化が起こるにはフィードバック・ループの存在が前提となる》としたうえで、《多くのフィードバック・ループを重ね合わ

☆6　Bateson, *Steps* cit., pp. 239, 242.〔佐藤訳、三三一―三三三頁、三三六―三三七頁〕

☆7　Bateson, *Steps* cit., p. 257.〔佐藤訳、三五六頁〕

せ結び合わせることによって、わたしたちは（そしてまた他のすべての生物学的システムも）個別的な諸問題を解決するだけではなく、さまざまな問題からなるクラスの解決に適用できるような習慣をも形成する。〔中略〕いいかえるなら、わたしたち（有機体）は学習することを学習している（learn to learn）。あるいはもうすこし専門的な用語で言うなら、わたしたちは第二次学習をしている（deutero-learn）のである》と述べている。そして「習慣」が「試行錯誤」にくらべて経済的であるのは《習慣が前提とするところをそのつど検証し直したり発見し直したりしなくてすむ》ことにあるとするとともに、《これらの前提はなかば「無意識的なもの」であると言ってもよい。あるいは――お好みならば――それらの前提を検証しないでいる習慣が発達させられると言ってもよい》と付言している。☆8

「試行錯誤」と比較した場合の「習慣」の経済性にかんするベイトソンのこれらの述言にスピヴァクは注目する。そのうえで、ヨーロッパ啓蒙思想の遺産と目される「美的なもの」の効果に疑問を呈して言う。《美的なものは、おそらく、それらの前提を検証しないでいるというこの習慣に揺さぶりをかけて大きく刷新するという仕事を避けて通っているのではないか》と(p. 6)。

たとえば、スピヴァクが初期の段階でモデルにしてきたという大英帝国のロマン派詩人ウィリアム・ワーズワスは、コールリッジとの共著『抒情歌謡集』第二版（一八〇〇年）に添えた「序文」のなかで、《なんらかの価値ある詩は、どんな題材のものであっても、かならずや並々ならぬ生得の感受性に恵まれているうえに、長く深く思考した人間によって生み出されるものな

☆8　Bateson, *Steps* cit., p. 274.〔佐藤訳、三七六―三七七頁〕

のだ》と主張し、その理由をつぎのように説明している。《わたしたちのなかにたえまなく流れ込む情感は、わたしたちの思考によって形を変えられ導かれる。じっさいにも、わたしたちの思考こそはわたしたちの過去の情感全体を代表したものなのだ。そしてこれらの一般的な代表物相互の関係を省察することによって、わたしたちは世人(men)にとって何が真に大切なものであるかを見出すのである。またこの行為を繰り返し継続していくうちに、わたしたちの情感は重要な題材と結びつけられ、もしわたしたちが十分なだけの感受性を生まれつき所有しているなら、ついにはある種の心の習慣が生み出されるだろう。そしてそうした習慣の衝動に盲目的かつ機械的に従っていさえしたなら、わたしたちが描写する題材や表現する心持ちは、読者の理解力をかならずやある程度までは啓発し、鑑賞力を強化し純化することとならざるをえないような性質のものとなるだろうし、またそのような相互関係に置かれることとなるだろう[☆9]》。

スピヴァクは、このワーズワスの述言のうちに、自分が異例の想像力に恵まれた詩人であることにおいて世人よりも優越する立場にあることの明確な自覚を見てとる。とともに、ワーズワスの主要な関心はあくまでも詩の読者の趣味を変えることにあって、詩人の活動を支え導いている「心の習慣」そのものに批判の目を向けることをしていないのを問題視するのだった(p. 6)。

なるほど、ワーズワスは一八〇二年に刊行された『抒情歌謡集』第三版で第二版の「序文」に新たに追加された章節のなかでは《詩人とは何か》とみずから問いを立てたうえで、詩人と

☆9 William Wordsworth, *The Prose Works of William Wordsworth*, ed. Warwick Jack Burgoyne Owen and Jane Worthington Smyser (Oxford: Clarendon Press, 1974), p. 126.〔宮下忠二訳『ワーズワス/コールリッジ 抒情歌謡集』(大修館書店、一九八四年)、二三八頁〕

は《世人に語りかける人間（man speaking to men）》のことであると答えている。そしてそのさい、詩人を《人類一般に共通のものであると想定されているよりも人間本性についてのさらに大きな知識と広い魂をもった人間》であるとしながらも、《もっとも偉大な詩人がこのような能力をどれほど多量に所有していると仮定してみても、その能力が彼に思いつかせる言葉は、世人（men）が実生活のなかで実際に起きる出来事によって生み出される情熱の圧力を現に受けて口にする言葉には、その生動さと真実さにおいてはるかに及ばないだろうことは疑いがない》と認めてはいる。[☆10]

だが、このワーズワスの述言についてもスピヴァクの判断は容赦がない。マルクスが一八四四年から一八四七年にかけて使用したノートに記されていたフォイエルバッハにかんする一一のテーゼからなる覚え書きには、テーゼ三に《環境の変更と教育についての唯物論的学説は、環境は人間によって変更されるのであり、教育者みずからが教育されることにならざるをえないのだということを忘れている》とある。[☆11] これをスピヴァクは《教える者と教えられる者とのあいだに知識ギャップが存在するという事実は避けて通れない以上、これを権力ギャップにまで発展させないようにして、社会をつねに激動状態に保ちつづけておくことがたえずわたしたちには課されている》というように読む。とともに、ワーズワスにとってはこのマルクスのテーゼはなんら訴える力をもたなかっただろうと断言するのである（p. 7）。

くわえてスピヴァクは《ワーズワスにおけるロマン主義的な創造的想像力の深く個人主義的な理論はシステム全体に影響を及ぼすものとは正反対のもの（anti-systemic）にとどまったままで

☆10 Ibid., p. 138.〔宮下訳、二五三頁〕

☆11 Marx-Engels, *Werke*, Bd. III, pp. 5-6.〔マルクス／エンゲルス著、古在由重訳『ドイツ・イデオロギー』（岩波文庫、一九五六年）、二三五―二三六頁〕

あらざるをえない》ことにも読者の注意をうながす。そしてこれとは対照的に、まさにマルクスの「フォイエルバッハにかんするテーゼ」における右の述言から着想をえて《知識人と彼が変えようとしている文化的環境とのあいだには活動的な関係が存在する》と主張したイタリアのマルクス主義革命家アントニオ・グラムシの思想に着目する（pp. 7-9）。

じっさいにも、グラムシが獄中で書きつづっていたノートには、《教育学説と教育実践の近代的な立場では、教師と生徒の関係はひとつの活動的な関係であり、相互に関連しあっている。ひいては、どの教師もつねに生徒であり、どの生徒もつねに教師である。〔中略〕この関係は総体としての社会のうちに存在するし、それぞれの個人と他の諸個人とのあいだにも存在する。知識人層と非知識人層のあいだ、統治する者と統治される者のあいだ、エリートと追随する者のあいだ、指導する者と指導される者のあいだ、前衛と本隊のあいだにも存在しているのである》とあったのち、「だから」と言葉を接いで、つぎのように記されている。《あるひとりの哲学者の歴史的人格は彼と彼が変えようとしている文化的環境とのあいだの活動的な関係によってもあたえられるということができる。そこでは、環境は哲学者に反作用をおよぼす。そして哲学者にたえず自己批判を強いることによって、「教師」として機能するのである。政治の分野における近代の知識人層の最大の要求のひとつがいわゆる「思想ならびに思想の表現（出版と結社）の自由」であったのは、このためである。この政治的条件が存在するところでのみ、右に述べたもっとも一般的な意味における教師と生徒の関係は実現されるのであり、「民主的な哲学者」と呼びうる新しい型の哲学者、すなわち、自分の人格が自分自身の肉体的個体に限定されるものではなく、文化的環境に変更をくわえる活動的な社会的関係をなしていることを確信した哲学者が、実際に「歴史的に」実現されるのである[☆12]》。

スピヴァクは《教育と倫理的なものの習慣との関係は責任と責任を説明するためにわたしたちが発揮しなければならない想像力とのあいだの関係なき関係のようなものである》と断ったうえで、グラムシの右の述言を《倫理的なものの習慣に向かってトレーニングを積むことは認識論的な責務をシステム全体に影響を及ぼすようなかたちで果たすよう心がけることをとおしてのみ遂行されうる》ということを示唆したものと受け止める。そして言うのだった。《わたしたちは一定の学生グループがたぶんそのなかに置かれているのではないかと推測される歴史的＝文化的コンテクストに立脚したところから教えるにはどうすればよいかを（ベイトソンがもっと一般的な意味で使っている言葉を借りるなら）「学習することを学習する」のである》と（p. 9）。

知られているように、スピヴァクはコロンビア大学で世界各地からやってきた学生たちを相手に講義し論文の指導をしている。指導を受けている学生たちの置かれている歴史的＝文化的コンテクストはそれぞれに異なっており、けっして均等ではないにちがいない。右のスピヴァクの発言はこの事実を顧慮したところからのものだろう。その教育者スピヴァクの発言には傾聴すべき点が多々あると言ってよいのではないだろうか。じじつ、この点についてはスピヴァク自身、ヨーロッパ啓蒙思想をグラムシ＝ベイトソンのモデルによって「下から利用する（ab-use; use from below）」ことが自分たちの意図するところであるとするとともに、このようなかたち

☆12　Antonio Gramsci, *Quaderni del carcere*. Edizione critica dell'Istituto Gramsci, a cura di Valentino Gerratana (Torino, Einaudi, 1975), Q. 10, II, §44, pp. 1331-1332.〔山崎功監修『グラムシ選集』第一巻（合同出版社、一九六一年）、二七〇―二七二頁〕

でのヨーロッパ啓蒙思想への自分たちの関係を《グローバルな現代の不均等な通時性》をつねに心にとどめながら考えていくだろう、と述べている（p. 11）。留意しておきたい。

4

ただ、ヨーロッパ啓蒙思想をアンドゥするにあたってスピヴァクが「便宜上」と断ったうえで想定しているところによると、ヨーロッパ啓蒙思想はヴェストファーレン条約とカント――国民国家の保全（the integrity of nation-states）と自己制約的な理性の公的な利用（the public use of a self-constrained reason）――によって換喩化されうるというのだが（p. 12）、それらのうち、ヴェストファーレン条約の解釈にかんしてはいささか理解に苦しむところがある。

スピヴァクによると、一六四八年に締結されて、神聖ローマ帝国を舞台に一六一八年から三十年間にわたってカトリックとプロテスタントのあいだで繰りひろげられてきた宗教戦争――三十年戦争――に終止符を打ったことで知られるヴェストファーレン条約は《「帝国」という言葉の意味の変化として換喩化されうるような旧世界のシンボリックな終焉》を意味しており、《わたしたちがヨーロッパ帝国主義として認識することを学んできたヨーロッパ産の国民国家に特有のグローバリティの遠い可能性》、いいかえるなら《ヨーロッパの国民が「世界の別の側（an other side of the world）」へアクセスする可能性》が開かれたことを告げ知らせるものであったとのことである（pp. 12-13）。

しかし、ヴェストファーレン条約の成立によって教皇や皇帝といった超国家的な普遍的権力がヨーロッパを単一のものとして統治するこころみは事実上断念され、これ以降、対等な主権を有する諸国家が外国の存在を前提にして勢力均衡のなかで国益をめぐって合従連衡を繰りひろげる新しい国際秩序が形成されるようになったことは事実であり、したがってこの条約が《「帝国」という言葉の意味の変化として換喩化されうるような旧世界のシンボリックな終焉》を意味しているというスピヴァクのとらえ方にも一理あるにしても、この「ヴェストファーレン体制」とも称される主権国家間の勢力均衡体制の確立をもってただちに「国民国家」体制の成立と同一視できるかどうかについてはすくなからず疑問が残る。いわんや、ヴェストファーレン条約がヨーロッパ帝国主義の到来を告げ知らせるものであったというのは、たとえそれが遠い将来においてありうる事態にかんする予想であったとしても、あまりにも飛躍が過ぎるというか短絡的とみるほかないのではないだろうか。ヨーロッパの列強が非ヨーロッパ地域へ進出して植民地の獲得に乗り出すのは、フランス革命が勃発し、ヴェストファーレン条約以来維持されてきた主権国家間の勢力均衡体制が瓦解したのちのことである。

また、ヴェストファーレン条約によってもたらされた「帝国」という言葉の意味変化について、スピヴァクはその条約がヨーロッパの国民による「世界の別の側」へのアクセスの可能性とならんで《逆説的なことにも》教養層の一部にコスモポリタニズムの夢、つまりは世界市民法にもとづく世界統治の夢の誕生をも告げることとなったとしたうえで、このようにしてヨーロッパ啓蒙思想にとって「世界」がダブル・バインドの関係にあるものとして立ち現われることになったことを理解するための代表的な《源泉的ナラティヴ》として、フランス革命に干渉したプロイセンとフランス革命政府とのあいだで一七九五年に結ばれたバーゼルの和約へのリアクションとして書かれたと目されるカントの哲学的草案「永遠平和のために」（一七九五年）を取り上げているが（p. 13）、これもどうかとおもう。

「永遠平和のために」のうち、スピヴァクがとりわけ注目するのは、諸民族間の暴力と戦争を防止するうえで「通商の精神」の果たす役割がことのほか称揚されているつぎの一節である。

《このように自然は、賢明にも諸民族を分離し、それぞれの国家の意志が、国際法を理由づけに用いながら、そのじつ策略と力によって諸民族を自分のもとに統合しようとするのを防いでいるが、他方ではまた自然は、たがいの利己心をつうじて諸民族を結合させているのであって、じっさいにも世界市民法の概念だけでは、暴力と戦争にたいして諸民族の安全を保障することはできなかっただろう。通商の精神（Handelsgeist）がそれであって、通商の精神は戦争とは両立できないものであるが、遅かれ早かれすべての民族はこの精神に支配されるようになるのである。というのも、国家権力のもとにあるすべての力と手段のうちでもっとも信頼できるのは貨幣の力（Geldmacht）だろうからであって、諸国家は道徳性という駆動力によらずとも、貨幣の力によって高貴な平和を促進せざるをえなくなるのである。〔中略〕このような仕方で、自然は人間の傾向そのものにそなわるメカニズムをつうじて、永遠平和を保証するのである》。☆13

スピヴァクによると、カントの右の一節には《マクドナルド的グローバリゼーションの早期的な言明》（p. 14）が見てとられるという。が、はたしてそうだろうか。これも、ヴェストファ

☆13 *Kants Werke. Akademie-Textausgabe*, Bd. VIII: Abhandlungen nach 1781 (Berlin, Walter de Gruyter, 1968), p. 368.〔カント著、中山元訳『永遠平和のために／啓蒙とは何か 他三篇』（光文社、二〇〇六年）、二〇九―二一〇頁〕

ーレン条約についての見方同様、短絡的に過ぎると言わざるをえないのではないだろうか。カントが「貨幣の力」ないし資本を《偉大な均等化要因》(p. 13)とみているというのはそのとおりであるが、その場合でも、カントの視圏はおおむねヨーロッパ域内に限られており、いまだ非ヨーロッパ地域にまでは及んでいないとみるべきだろう。

5

この一方で、ヨーロッパ啓蒙思想が自己制約的な理性の公的な利用を主張したカントによって換喩化されるというのは、スピヴァクの言うとおりではないかとおもう。

まず「理性の公的な利用」という言葉であるが、これについては(スピヴァク自身はあえて説明するまでもないと判断したのか、引用する労をとっていないが)カントが一七八四年に発表した論文「〈啓蒙とはなにか〉という問いに答える」のなかで、「理性の公的な利用」とは《ある人が学者として、読者であるすべての公衆の前で、みずからの理性を行使すること》であり、「理性の私的な利用」とは《ある人が公民としての地位または官職に就いている者として、理性を行使すること》であるという、「公」と「私」にかんする今日の一般的通念とは逆立した関係にあるかにみえる定義があたえられている。そのうえで、「理性の私的な利用」はきわめて厳しく制限されることもあるが、「理性の公的な利用」はつねに自由でなければならず、《理性の公的な利用だけが人間に啓蒙をもたらすことができる》との主張がなされている。☆14

☆14 *Kants Werke*, Bd. VIII cit., p. 37.〔中山訳、一五頁〕

また、こちらはスピヴァクも引いているように、「永遠平和のために」の付録二「公法の超越論的概念による政治と道徳の一致について」には、《政治は道徳とけっして契約を結ぼうとはせず、むしろ道徳の実在性をすべて否認し、すべての義務をたんなる好意と解釈するのが得策であるとかんがえる》としたうえで、《だが、光を忌避したがる政治のこうした悪巧みは、もし政治が哲学者に自分の格率を公開するのを許可しさえするなら、哲学によってそうした哲学の格率が公開されることで、簡単に挫折させられるだろう》とある。[☆15] まさしく、カント的な啓蒙の精神の面目躍如といったところである。

なお、ここに登場する「格率 (Maxime)」という用語の意味するところについては、『純粋理性批判』の「超越論的弁証論への付録」の前半部分「純粋理性の理念の統整的使用について」のなかに《わたしは、客観の性状からとられたのではなく、ある種の可能な完全性にかんして理性が有する関心からとられたあらゆる主観的原則を理性の格率と名づける》とある。そのうえで、《かくして思弁的理性の格率が存在することになるが、その格率はたとえ客観的原理であるかのようにみえたとしても、ひたすら理性の思弁的な関心にもとづくものなのである》と主張されている。《たんに統整的な (regulativ) 原則が構成的な (konstitutiv) ものとみなされるなら、それらの原則は客観的原理として抗争しあうことがありうる。しかし、わたしたちがそれらの原則をたんに格率とみなすなら、真の抗争はなく、たんに理性の異なった関心があるだけであって、この関心が思考様式の分離を引き起こすのである。じつをいうと理性は唯一の関心のみをもっている (In der Tat hat die Vernunft nur ein einiges Interesse)。そして理性の格率をめぐる争いは、こ

☆15 *Kants Werke*, Bd. VIII cit., p. 387.〔中山訳、二五一—二五二頁〕

の関心に満足をあたえる方法がたがいに異なり、相互に制限しあっているだけのことにすぎない》というのだ（A666, B694）[☆16]。

スピヴァクは、ここでカントが「理性は唯一の関心のみをもっている」と主張しているのをとらえて、この主張は、それ自体、《プログラム化された「意図された取り違え（an intended mistake）」の内部にあるものとして読むことができるのかもしれない》と言う。そして《これは回避することのできないダブル・バインドである》としたうえで、《そのときには、「格率」は、哲学者が哲学の起源における超越論的ギャップと折り合いをつけるための考案物のようなものとなる》と続けている（pp. 15-16）。政治家の振舞いは、せいぜいがもっとも狭い意味で「理性的／合理的」であるにすぎず、カントが「永遠平和のために」の付録二「公法の超越論的概念による政治と道徳の一致について」で指摘しているような《哲学の起源における超越論的ギャップ》には気づくことができないでいる。これにたいして、哲学者たるカントのほうはそのギャップに気づいている。そしてそのギャップと折り合いをつけるために考案されたのがある種の可能な完全性にかんして理性が有する関心からとられた主観的原則である「理性の格率」にほかならない、というのである。これは、カントの「格率」概念についてのなんとも独創的な、しかしまた的を射た受け止め方であると言ってよい。

☆16『純粋理性批判』のテクストとしては、Immanuel Kant, *Kritik der reinen Vernunft*, hrsg. von Jens Timmermann (Hamburg, Felix Meiner, 1998)を使用し、宇都宮芳明監訳、宇都宮芳明／鈴木恒夫／田村一郎／新田孝彦／嶋崎正躬訳『純粋理性批判』（以文社、二〇〇四年）と、熊野純彦訳『純粋理性批判』（作品社、二〇一二年）を参照する。ちなみに、熊野は“Maxime”に「準則」という訳語をあてがっている。

6

政治家とは異なって哲学者たるカントのほうでは気づいていたとスピヴァクの指摘する《哲学の起源における超越論的ギャップ》については、カントは「永遠平和のために」にさきだって執筆された『純粋理性批判』のなかでも立ち入って考察している。《人間の認識のひどく入り込んだ織物をかたちづくっているさまざまな概念のなかには、いっさいの経験からまったく独立した純粋な使用のためにア・プリオリに定められているいくつかの若干の概念があり、これらの概念の権限はどのような場合でも演繹を必要とする》。カントは「純粋悟性概念の演繹について」と題された章のなかでこう述べたうえで、《概念がどのようにしてア・プリオリに対象に関係しうるのかという、その仕方の説明を当の概念の超越論的演繹（transzendentale Deduktion）と呼ぶことにし、これを経験的演繹（empirische Deduktion）から区別する》としている。経験には、感官に由来する認識のための質料と、この質料を秩序づけるなんらかの形式とが含まれている。そしてそうした経験に依拠した演繹の場合には、わたしたちの認識する力は感官の受け取る印象を機会原因として始動させられ、個別的な知覚から普遍的な概念へと高まっていこうと努力する。その努力を追跡することがきわめて有益であることは疑いもない。けれども、ア・プリオリな純粋概念の演繹がその追跡の途上で生じることはけっしてない。というのも、純粋概念がそうした追跡を経たのちに使用される場合、その使用は経験からまったく独立であるべきであって、純粋概念は経験からの素性を示すものとはまったく別の出生証明書を提示しなければならないからである。したがって、純粋概念についてはひとり超越論的演繹のみがありえて、経験的演繹はだんじてありえない、というのである（A85-87, B117-119）。

スピヴァクが言う《哲学の起源における超越論的ギャップ》とは、ここでカントが区別している「超越論的演繹」と「経験的演繹」とのあいだに存在するギャップのことを指しているとみてよいとおもわれる。

ところでまたカントによると、そのような「超越論的演繹」に依拠した一般論理学は、それ自体、分析論と弁証論の二部門に区分される。そして両者のうち、分析論においては、《悟性と理性の形式的なはたらき全体をその要素へと分解し、それらの要素をわたしたちの認識の論理的評価すべての原理として叙述する》ことがめざされるのであり、それは《まさにそれゆえに真理のすくなくとも消極的な試金石となる》。しかし、《認識のたんなる形式は、それが論理法則と一致していようと、認識に実質上の（客観的な）真理をそれだけで保証するには、なおもまったく不十分である。したがって、論理学だけでは、だれであれ対象について判断したり、なにかを主張したりすることをあえてこころみることはできない。そのためには、論理学の外部から、対象について根拠のある情報をまえもって獲得していることが必要とされる》。なぜなら、《一般論理学は、わたしたちに認識内容についてはなにも教えず、悟性と一致するための形式的条件を教えるだけであって、対象にかんしてはまったく無関心だからである》（A60-61, B84-86）。

ところが、《そうであるにもかかわらず、わたしたちのすべての認識に悟性の形式をあたえる――認識の内容にかんしては、なおひどく貧しいものであれ――、そうした見かけ上の技術を手にすることには、どこか魅惑的なところがある。そのために、たんに評価のための規準（Kanon）にすぎない一般論理学が、客観的な主張を実際に生み出すための、すくなくともその幻影を生み出すための、いわば機関（Organon）のようなものとして使用され、そうすることで実際には誤用されてしまう》。そのように機関と思い込まれた一般論理学が弁証論であるというのだった。そして古人のあいだでは弁証論という名称は「仮象の論理学（Logik des Scheins）」を指すものであったこと、つまりは《自分が意図してつくりだした幻影に真理らしい外見をあたえるソフィストの技術》であったことを読者に想起させたうえで、《ここから、確実で有用な警告を示すことができる》として、こう続けるのである。《一般論理学は、機関として考えられるなら、いつでも仮象の論理学であり、弁証論的である》というのがそれである、と（A60-61, B85-86）。

さらに、その「超越論的弁証論」を主題的にあつかった「超越論的論理学」第二部門の序論では、「経験的仮象」との対比で「超越論的仮象」について論じて、経験的仮象は、ほかの場合なら正しい悟性規則を経験的に使用するさいに生じるもので、判断力が想像に影響を受けて、その仮象によって誤りへ導かれるのにたいして、ここでわたしたちが問題とする「超越論的仮象」は、《けっして経験にたいして使用されない原則に影響をあたえる》との指摘がなされている。《経験にたいして使用される場合なら、わたしたちはすくなくともその原則の正当性について試金石は手にしている》。ところが、《超越論的仮象の場合には、批判の警告をことごとく無視して、わたしたち自身をカテゴリーの経験的使用のはるかかなたへと連れ去り、純粋悟性の拡張という幻影でわたしたちを釣る》というのだ（A295, B351-352）。

　右の説明からは、「仮象の論理学」としての弁証論、とりわけそこで生み出される「超越論的仮象」にたいして、カントが総じてきわめて厳しく警戒的な態度をとっていることがうかがえる。

　もっとも、カントによると、ここでわたしたちが直面しているのは《自然的で避けることのできない錯覚》である。が、しかしまた、そのような自然的で避けることのできない錯覚にとらわれた弁証論は《人間理性に追い払いようもなくまとわりついて、わたしたちがその迷妄を露呈したのちにさえもなお人間理性を巧みに欺瞞し、たえず一時的な混乱へと理性を突き落とすのをやめない》。したがって、《この混乱はそのつど除去される必要がある》のだった（A297-298, B354-355）。

　ただ、「超越論的弁証論」の第一篇「純粋理性の概念について」第二章「超越論的理念について」には、純粋理性の概念はあくまでも超越論的なものであり、経験にあってはその理念に適合するような対象はだんじて現前しえないところから、理性がたんに思弁的に使用されるさいには、それは「ただの理念にすぎない」と言われるとしたうえで、その一方で、《悟性を実践的に使用する場合には、規則に従う実行のみがひたすら問題であるから、実践理性の理念は理性のあらゆる実践的使用にとって不可欠の条件である》との記述が見える。そしてつづけては、《そのさい、理念の実行はつねに限界づけられ、欠陥のあるものである。とはいえ限界が規定可能というわけではなく、したがって理念の実行にはいつでも、絶対的完全性という概念の影響がおよぶ。〔中略〕そればかりか、実践的な理念にあっては、純粋理性は、純粋理性の概念がふくんでいるものを現実にもたらすという、原因性にすらなる。かくて、智恵についてはいわば軽蔑的に「ただの理念にすぎない」と語ることができない。むしろ、そういった智恵は、いっさいの可能な目的の必然的な統一にかんする理念である。まさにそのゆえに、あらゆる実践的なものにたいして、規則にとって根源的な条件、すくなくとも規則を制限する条件として役立つものでなければならない》とある（A327-328, B383-385）。

また、さきほど「格率」についての定義がなされているのを見た「超越論的弁証論への付録」には、つづいて、「自我」「世界」「神」という純粋理性の三種の超越論的理念は《直截には、それらに対応する対象にも、その対象の規定にも関係づけられることがないにもかかわらず、理性の経験的使用のあらゆる規則はそうした理念における対象を前提とすることで体系的統一へと導いていく。そして経験的認識をつねに拡大していくのだが、けっして経験的認識に反することがありえない。このことがいま示されうるとするなら、こうした理念にしたがって手続きを進めることは理性の必然的な格率となる。そしてこのことこそが思弁的理性のいっさいの理念にかんして、それらを経験があたえうる以上の対象にまでわたしたちの認識を拡張する構成的原理としてではなく、経験的認識一般における多様なものを体系的に統一する統整的原理として超越論的な演繹をおこなうということなのである》との断り書きが付されたうえで、それらの超越論的理念を統整的原理として理性を経験的に使用するにあたっては、いずれの場合にも、「あたかも〜かのように（als ob）」の図式が用いられることになるとの解説がほどこされている（A671-673, B699-701）。

そしてとくに《たんなる思弁的理性の第二の統整的理念》である「世界」について論じた箇所では、《理性自身が規定的な原因として考察されるところ（自由の場合である）、したがって実践的原理においては、あたかもわたしたちが感官の客観ではなくて純粋悟性の客観を目の前にしているかのように手続きをとるべきである。さらに、そこでは条件はもはや現象の系列のうちにではなく、現象の系列の外部に定立されうる。さらに、諸状態の系列は、あたかもその系列が端的に（叡智的原因によって）開始されたかのようにみなされうる》との主張がなされている（A685, B713）。

スピヴァクはこの一節に着目する。そしてこう解説する。ここでは、《純粋理性について書きながら、「あたかも〜かのように」が経験と哲学することの双方が可能となるのに必要とされるものであることが明確に示されている》と。また、《これこそはみずからの諸権能を神学化することも病理学化することもなくその限界を承認するヨーロッパ啓蒙思想の最良の成果である》と。さらには、《「あたかも〜かのように」は誤謬でもあれば真理でもありうる。あなたの関心があなたにどちらの言葉を利用しようとしたいのかを決定させる》とことわったうえで、《もしわたしたちがこのヨーロッパ啓蒙思想の最良の成果を「下から利用する（use from below）」（むしろ、ab-useする）ことができるなら、わたしたちはたんに反対の立場に立つのではない啓蒙された実践をもつことができる》との展望を口にするのだった(pp. 17-18)。これまたおおいに注目に値する述言であると言ってよい。

ちなみに、スピヴァクの敬愛する師であったジャック・デリダは、逝去する二年前の二〇〇二年夏にニース大学で開催された《理性の将来、複数の合理性の生成》をテーマにしたコロックでの発表のために書かれた「来たるべき啓蒙の「世界」」という論考において、カントの『純粋理性批判』に登場する《人間の理性は本性上、建築術的である》(A474, B502) という述言を引いて、《この理性の建築術的な命令は複数の合理性に暴力をくわえ、それらのあいだの類比のない翻訳不可能な異質性を折り畳んで、「世界」の統一のなかに書き込もうとするだろう》と批判している。また、わたしたちが右に見た一節でカントが経験を統一して「世界」に達するには「あたかも～かのように」が必要であると述べていることに読者の注意をうながして、そこでは「あたかも～かのように」が《理性の建築術的な欲望を挑発しているかのようだ》との感想を吐露している。そして《であってみれば、まさに互いに異質な複数の合理性の名においてこそ、〔中略〕建築術の制圧的で支配的な権威を問いに付さなければならないのではないだろうか》と問いを発するとともに、《ここで問いに付されるのは、世界化 (mondialisation) あるいはグローバリゼーションについての言説のなかで、世界および世界概念の真の系譜を前提としている当のものにほかならない》と付言している。☆17

スピヴァクは、同じく二〇〇二年夏にスリジィ＝ラ＝サル国際文化センターで開催された《来たるべき民主主義》をテーマにしたコロックでの発表のために書かれた「強者の理性」と

☆17　Cf. Jacques Derrida, *Voyous. Deux essais sur la raison* (Paris, Galilée, 2003), p. 171.〔ジャック・デリダ著、鵜飼哲／高橋哲哉訳『ならず者たち』(みすず書房、二〇〇九年)、二三〇―二三一頁〕

ともにその後『ならず者たち』（二〇〇三年）に収録されたこの論考におけるデリダの右の述言について、そこには、同じく「脱構築」を標榜しながらも、一九六八年当時「差延」と題された書簡のなかで「痕跡」を手立てとして普遍化を回避しようとしていたそれとは意図を異にした動きがなされていると受け止める。くわえては、その動きのうちに、ニーチェの言う「人間的な、あまりに人間的な」しぐさを演じて見せているデリダの姿を見てとる。そして言うのである。《デリダが向かおうとしている「来たるべき啓蒙」とわたしが提唱している「下からの利用」とのあいだには相違があるようだ》と（pp. 21-23）。このスピヴァクの評言にも留意しておきたいとおもう。

7

それでは、シラーはどうなのか。

シラーの『人間の美的教育について』は、やがてホルシュタイン゠アウグステンブルク大公となるデンマークの王子フリードリヒ・クリスティアンに宛てて一七九三年ごろから書きはじめられ、一七九五年、みずからの企画・編集する文芸雑誌『ホーレン』の創刊号、第二号、第六号に連載された書簡体の著作であるが、この著作のなかでシラーが述べているところによると、わたしたち人間のうちでは《人間の身体的な存在、あるいは感性的な自然本性から発する》「感性的衝動（sinnliche Trieb）」と《人間の絶対的な存在、あるいは理性的な自然本性から発する》「形式衝動（Formtrieb）」という二つの相互に対立する力が作用している。そして前者は人間を時間の制限内に置こうとしており、変化が存在し、時間がひとつの内容をもつことを欲しているのにたいして、後者は人間を時間から解き放って自由のなかに置こうとしており、時間が揚棄されること、変化が存在しないことを欲しているという。☆18

そのうえでシラーは「教養（Kultur）」の任務に言及し、《これ以上に対立するものはほかにないようにみえる》この二つの衝動にそれぞれの境界を安全に確保してやることが教養の任務でなければならないと主張する。カントに影響された超越論哲学のなかでは、いっさいが形式を内容から解放することに賭けられている。そのため、ややもすれば、わたしたちは感覚的なものを理性的なものと必然的に矛盾するものと表象しがちになる。しかし、これにたいして、ただたんに感覚的なものにたいして理性的なものの形式衝動を支持するだけでなく、後者にたいして前者をも支持することに努めることこそが教養の任務でなければならないというのである。☆19

そしてこのように「教養」の任務を力説したのち、シラーは両者の衝動が組み合わさった第三の根本衝動として「遊戯衝動（Spieltrieb）」とでも呼ぶべきものを措定する。《感性的衝動は、規定されることを欲し、自分の対象を感受することを欲している。形式衝動は、みずから規定することを欲し、自分の対象を表出することを欲している》。そうしたなかにあって、《自分自身が表出したかのように感受すること、そして五官が感受しようとするときのように表出すること》こそが「遊戯衝動」のめざすところにほかならない。☆20 また、「感性的衝動」の対象は《生

☆18 Friedrich Schiller, *Über die ästhetische Erziehung des Menschen in einer Reihe von Briefen.* Mit den Augustenbürger Briefen herausgegeben von Klaus L. Berghahn (Stuttgart, Reclam, 2000), pp. 46-48.〔フリードリヒ・フォン・シラー著、小栗孝則訳『人間の美的教育について』（法政大学出版局、二〇〇三年）、七九―八一頁〕
☆19 Ibid., pp. 50-51.〔小栗訳、八三―八五頁〕
☆20 Ibid., p. 57.〔小栗訳、九二頁〕

命》であり、「形式衝動」の対象は《形態》であるとするなら、「遊戯衝動」の対象は《生命ある形態》とでも言うことができる。そしてそれは《もっとも広い意味において美といえるもの》にほかならない。[☆21] こうシラーは主張するのだった。第一五信にはある。《わたしたちが形態についてたんに考えているかぎり、形態は生命のないものであり、ただの抽象にすぎない。わたしたちが生命をたんに感じているかぎり、生命は形態のないものであり、ただの印象にすぎない。形式がわたしたちの感覚のなかで生き、生命がわたしたちの理性のなかで形となってこそ、人間は生命ある形態となる。そしてこれこそがどのような場合にもつねにわたしたちが美と評価するところのものなのである》と。[☆22] また第一八信では、質料と形式のあいだ、受動と能動のあいだに、ひとつの《中間的な状態》を措定する必要があるとしたうえで、わたしたちをその《中間的な状態》に置いてくれるのが美である、というような説明がほどこされてもいる。[☆23] ついで第二〇信ではこの点についてさらに立ち入った考察を展開して、《心は、ひとつの中間的な気分をとおって、感受することから思考することへと移っていく。この中間的な気分のなかでは、感性と理性とが同時に活動しており、しかしまさにそのためにそれぞれの規定する力を相互に揚棄しあっている。そして対立をつうじて否定を作動させている。この中間的な気分は、そのなかでは心が身体的にも道徳的にも強制されておらず、しかしまた両様の仕方で活動しているので、とくに自由な気分と呼んでもよい。そして感性的規定の状態を身体的なものと呼び、理性的規定の状態を論理的ないし道徳的なものと呼ぶとすれば、この現実的で能動的な規定可能性の状態は美的なものと呼ばなければならない》とある。[☆24]

☆21 Ibid., p. 58.〔小栗訳、九四頁〕
☆22 Ibid., p. 59.〔小栗訳、九五頁〕
☆23 Ibid., p. 70.〔小栗訳、一〇八—一〇九頁〕
☆24 Ibid., p. 81.〔小栗訳、一二一頁〕

スピヴァクはここでシラーの言う「遊戯衝動」が社会を解体の危機から救うバランス化作用を果たしていることに注目する。とともに、『人間の美的教育について』をカントが『純粋理性批判』のなかで直面している質料と形式のダブル・バインドを両者の中間に措定された「遊戯衝動」の果たすバランス化作用によってアンドゥしようとこころみたものと受け止める（p. 19）。そしてシラーが第二三信で美と崇高の関係にかんするエドマンド・バークとカントの所説を念頭に置きつつ《人間はいっそう高貴に欲求することを学んで、崇高になろうとする必要がないようにしなくてはならない。このことは美的教養によって果たされる。美的教養は、自然の法則も理性の法則も人間の恣意に結びつけることをしていないいっさいのものを美の法則に服従させる。そしてそれが外的生命に形式をあたえるとき、それはすでに内的生命を開いているのである》[☆25]と述べているのに接して言うのである。《ここから理想化／観念論化された教育論（an idealized account of education）まではほんの一歩である》と（p. 20）。

ちなみに、「感性的衝動」と「形式衝動」の中間に措定された人間の第三の根本衝動が「遊戯衝動」と名づけられている理由についてであるが、この点については《主観的にも客観的にも偶然的ではなく、しかしまた外面的にも内面的にも強制的／必然的ではない》いっさいのものを言い表わすのに「遊戯」という言葉ほどふさわしいものはないということが理由として挙げられている。[☆26]そして《人間は言葉の完全な意味において人間であるところでだけ遊戯しているのであり、遊戯しているところでだけまったき人間なのである》との主張がなされている。[☆27]

☆25 Ibid., p. 95.〔小栗訳、一三八頁〕
☆26 Ibid., p. 60.〔小栗訳、九六頁〕
☆27 Ibid., pp. 62-63.〔小栗訳、九九頁〕

8

しかし、以上にもましてスピヴァクが問題視するのは第一一信におけるシラーの述言である。

《抽象は、人間のなかで、つねにとどまりつづけているものと、たえず変わっていくものとを区別する。そしてつねにとどまりつづけているものを人間の人格（Person）と名づけ、変転していくものを人間の状態（Zustand）と名づける》。こう述べたうえでシラーはつぎのように解説している。《人間の人格性は、すべての感覚的な素材から独立にただそれ自体で観察される場合には、たんに可能的な無限の外化への素質であるにすぎない。そして人間が直観することも感受することもないあいだは、なおも形式と空虚な能力以上のなにものでもない。人間の感性は、すべての精神の自己活動性から切り離されてただそれだけで観察される場合には、たぶん、自分がなければたんに形式でしかない人間を質料にするほかなくなるのだろうが、しかし質料を人間と合致させることもけっしてできない。人間がただ感受するだけであり、ただ欲求するだけであり、たんなる欲望によって動いているあいだは、彼はなおも世界（Welt）——この名称をたんに時間の形式なき内容と解釈するなら——以上のなにものでもない。たしかに人間の感性だけが人間の能力を現働化する力にするのではあるが、しかしただ人間の人格性だけがその作用を彼自身のものにするのである。したがって、たんなる世界でないためには、人間は質料に形式をさずけなければならない。また、たんなる形式でないためには、人間は自分のうちに宿している素質に現実性をあたえなければならない。彼が形式を現実化するのは、彼が時間を創造し、固定したものに変化を、みずからの自我の永遠な統一性に世界の多様性を対置するときなのである。そして彼が質料を形式にしあげるのは、彼が時間をふたたび揚棄し、変転する状態のなかにあって固定性を確保し、世界の多様性をみずからの自我の統一性に屈服させるときなのである》[☆28]。

この述言を目の当たりにして、スピヴァクは《破砕したカント的主体の哲学的厳格さは、ここには見出されようもない》と断じるのだった(p. 20)。

これはまたなんとも辛辣きわまる断定と言うほかないが、さきほども見たように、スピヴァクによると、カントのテクストは《意図された取り違え》というようにも記述することができるものであった。そしてカントは「超越論的演繹」をつうじてこの取り違えに配慮していたのだった。ただし、これもすでに見たように、そのような取り違えの可能性を防止するために選ばれる保障は証拠可能性の原則には従わない。たとえば、わたしたちのもとで広く流通している「幸運」とか「運命」といった権限のあいまいな概念については、《その概念を使用する権限が明らかになるような明瞭な権利根拠を、経験からも理性からもまったく引き出すことができない》(A85, B117)。ここでは、「取り違え」という語はあくまでカタクレーシス(濫喩)としてのみ使われるにすぎない。そして「意図」はそれ自体が理性の作用を印づけるマークとしてプログラムされているのだった(pp. 20-21)。

一方、同じくスピヴァクによると、シラーもまた取り違えをしでかしている。が、それはカ

☆28 Ibid., pp. 43, 45-46.〔小栗訳、七四頁、七七―七八頁〕――小栗は“Welt”を「世間」と訳している。

ントの場合のように意図されたものではない。シラーは自分のしでかした取り違えを意図してはいなかった。なるほど、シラーは『人間の美的教育について』の冒頭で《以下の主張が依拠しようとしているのは大部分がカントの根本命題である》と言明している[☆29]。しかし、シラー自身は哲学者ではなかった。シラーにはカントの場合のような哲学的関心がまったく欠如している。そして哲学的関心をまったく欠如させたところで、意図しないままに、哲学者ではない哲学の読者たちがしでかすことにならざるをえない取り違えをしでかしているのだった。《哲学のうちに書き込まれている願望をそれの達成とすり替えてしまう》というのがそれである(p. 19)。

さきにも見たように、スピヴァクは「序文」の冒頭で《ただひとり美的教育だけが、近代と伝統、コロニアルとポストコロニアルといったような、単純明快な両極性によってはもはや解釈されない、不均等でただ外見的にしかアクセス可能ではない現代なるものの特性を考えながら、グローバリゼーションの進行にたいしてわたしたちに心の準備をさせつづけることができる》と述べてグローバリゼーションの時代における「美的教育」の意義を力説しながらも、そのためには当の「美的教育」をことのほか称揚していたヨーロッパ啓蒙思想を《生産的な仕方でアンドゥする》こと、ひいては《シラーをサボタージュする》ことが必要であると強調していた。この《シラーをサボタージュする》というスピヴァクの述言の真意がどのあたりにあるのか、ここにいたってようやくほの見えてきたようである。

なお、ここで「意図」という言い回しにこだわる理由について、スピヴァクは《わたしたち

☆29 Ibid., p. 7.〔小栗訳、三〇頁〕

は意図の価値に投資しようとしているのではない》とことわりながらも、《それにもかかわらず、エージェンシーの領域では、意図というこわれやすい道具がわたしたちを駆動する》と付言している。そして《したがって、わたしたちがわたしたちをシラーから区別することができるのは、意図された取り違えと意図されたものではない取り違えとの対比にもとづいてのことなのだ》と説明している（p. 20）。

9

このあとスピヴァクは、デリダが『ならず者たち』所収の第二論考「来たるべき啓蒙の「世界」」において示している「来たるべき啓蒙」に向かっての最後の動きについての、わたしたちがさきに見たような批判的考察を介して、同じく彼女の師であったポール・ド・マンの『美学イデオロギー』（一九九六年）に収録されている一九八三年の講演録「カントとシラー」[☆30]の検討に入っていく。そしてその講演録のなかでド・マンがカントを《最終審級まで哲学することによって哲学することとそのものが脅威にさらされるのを認識していた哲学者》ととらえるとともに、シラーを《カントの批判の刺すように辛辣な部分を飼い慣らしてカントが思考していたものを「美的なもの」として評価し直そうとしている》というように読んでいるのを確認する（p. 24）。

じっさいにも、講演録「カントとシラー」においてド・マンはカントの三大批判書のなかで

☆30　Paul de Man, "Kant and Schiller," in: Id., *Aesthetic Ideology*, edited with an Introduction by Andrzej Warminski (Minneapolis/London: University of Minnesota Press, 1996), pp. 129-162.〔ポール・ド・マン著、上野成利訳『美学イデオロギー』（平凡社、二〇一三年）、三〇七―三八四頁〕

も『判断力批判』の第一部「美的判断力」の第一篇「美的判断力の分析論」中の第一章「美の分析論」につづく第二章「崇高の分析論」を取り上げ、そこでのカントの言説には《それに接する者たちにきわめて直接的に脅威をあたえるなにものか》が存在しているのを見てとっている。とともに、その言説を受容する側では、およそ受容行為一般に通有のことながら、なんとかして原典のもつ辛辣さを飼い慣らそうとするこころみが出てくることになると述べ、その代表例として『人間の美的教育について』をはじめとするシラーのカントに言及した一連のテクストを挙げている。☆31

しかし、ド・マンの講演録「カントとシラー」をめぐってのスピヴァクの考察のなかでもとりわけ注目されるのは、その講演録の最後でド・マンが言及しているジェンダーにまつわる問題へのスピヴァクの応答である。

ド・マンは講演録「カントとシラー」の最後の部分でカントが『判断力批判』の第五九節で取り上げているヒュポテュポシス（hypotyposis）という修辞学的技法、すなわち情景や事件の生彩ある絵画的な描写法について言及し、カントにとってヒュポテュポシスは哲学的な言説をそのつど脅かすこととならざるをえないアポリア的な問題であったのにたいして、シラーは「美しい諸形式の使用にさいしての必然的な限界にかんして」と題された小論（一七九五年）のなかでそれをむしろ理性と感性との対立を解消するための方策として提供していることに読者の注意をうながしている。そしてそこでは、《感性的なものは、カントにおけるヒュポテュポシスの場合とはまったく異なって、なんの緊張もないまま理性のメタファーとなる》としたうえで、

☆31 Ibid., p. 130.〔上野訳、三〇九―三一〇頁〕

同じくシラーの場合には、《これと瓜二つの仕方で、女性もなんの対立もないまま男性のメタファーとなる》と指摘している。☆32

ド・マンが問題にするのは、シラーの「美しい諸形式の使用にさいしての必然的な限界にかんして」に登場するつぎのような一節である。

《もう一方の性〔女性〕は、その自然本性およびそれにあたえられている美しい規定からして、科学的認識を男性と共有しえず、また共有すべきでもないが、しかし表象力を手立てとして男性と真理を共有することができる。男は、悟性の内的な内容が補償さえしてくれるなら、自分の趣味が害されようともいっこうに気分を損なうことはない。規定性がより強固になればなるほど、そして内的本質が現象から分離されて純粋になればなるほど、通常はそれだけいっそう気分がよくなる。ところが女は、きわめて豊かな内容を前にして形式がなおざりにされるのを許そうとはしない。そしてその本質の内的な配置構成全体が女にこの厳格な要求を提出する権利をあたえるのである。美をつうじて支配するわけではないにしても、すでに美しい内的配置構成をもっているということだけで美しい性と呼ばれるべきこの性は、自分の眼前に立ち現われるすべてのものを感覚の裁判官席の前に連れ出す。そして感覚に訴えることがなかったり感覚をすこしも害することがなかったりするものは、それだけで見捨てられてしまう。もちろん、この通路をつうじてこの性に伝達されうるのは、もっぱら真理の素材だけであって、真理そのものではけっしてない。〔中略〕かくて男は、自然がもう一方の性には禁じている仕事を〔自分の仕事とあわせて〕二重に引き受けなければならないこととなる。〔中略〕それゆえ男は、自分が君

☆32　Ibid., pp. 153-154.〔上野訳、三六四―三六六頁〕

臨して抽象の国から、女がモデルであるとともに裁判官でもある構想力と感覚の国へと、可能なかぎり移ろうとこころみることになるだろう。〔中略〕趣味は両性のあいだに生来横たわっている精神の違いを改善する──あるいは覆い隠す。それは男性的な精神の産物を用いて女性的な精神を育成し飾り立てるのであり、美しい性〔女性〕に、その性が思考しなかったことを感覚させ、その性が産み出さなかったことを享受させるのである》[☆33]。ド・マンはこの一節をとらえて《シラーの人間主義はおそらくここにその限界の一部をさらけ出しているのではないか》と言うのだった。

これにたいして、スピヴァクは《わたしはシラーかド・マンかのいずれかを良きジェンダー・ポリティクスへと救済することにはまったく関心がない》とことわりながらも、《「女性化すること（feminization）」そのものはかならずしも非難されるべきことではありえない》と異議を申し立てる。そしてシラーにとっては「美的なもの」はそれ自体力にあふれた逞しいことがらであって君主に似つかわしいものであったことを指摘したうえで、《女性をこのような仕方でデプロイする〔配置・展開する〕ことが置き換え（displacement）を求めている逸脱の契機であるということは否定できない。そしてわたしの仕事はそうした置き換えを引き受けることである》と言明する。そして提案するのである。《「女性」がひとつのアイデンティティなき立場になるまで古くからの二項対立を裏返し（reverse）置き換える（displace）ようこころみてみようではないか》と（p. 32）。

スピヴァクは「序文」の初めのほうでギリシア神話に登場する老女バウボのことに触れてい

☆33 Friedrich Schiller, "Über die notwendigen Grenzen beim Gebrauch schöner Formen," in: Id., *Werke: Nationalausgabe* (Weimar, Hermann Böhlaus Nachfolger, 1963), Bd. 21, pp. 16-17.

た。冥界の王ハデスに愛娘コレを連れ去られ消沈しているデメテル女神を慰めようと、突然恥部をあらわにして滑稽な姿で踊り、これを見た女神が思わず笑い出したという老女である。そしてそのバウボのような年老いた女性との《関係なき関係》のなかで倫理的＝政治的な規範一般を脱構築しようとこころみたテクストとして、ティリー・オルセンの『なぞをといてごらん』（一九六一年）とクリスティーン・ブルック＝ローズの『サブスクリプト』（一九九九年）ならびに『人生、その終わり』（二〇〇六年）を挙げていた（p. 3）。「女性」がひとつのアイデンティティなき立場になるまで古くからの二項対立を裏返し置き換えるというのは、「女性」のカテゴリーのなかにバウボをもふくめることによって男性と女性とのジェンダー的差異そのものを脱臼させてしまうことを指している。この意味で右のスピヴァクの提案は注目のうえにも注目に値する提案であると言ってよいだろう。

「序文」の最後は、本書に収録されている論考はいずれも素材を支配的なものから採っており、支配的なもののなかで利用することを余儀なくされているため、《サバルタン的なものへの途上でアンドゥされなければならない》とするとともに、《なんらかの読者が時間を費やしてもろもろの集合的な事例の（必要ではなくて）欲求をパースする〔構文解析する〕すべを学習してくれることがわたしの空頼み（my false hope）である》という言葉でもって締めくくられている（p. 34）。このスピヴァクの「空頼み」にはたして『グローバリゼーションの時代における美的教育』の読者たちはよく応えることができるだろうか。

「惑星思考」のその後

コロンビア大学で比較文学を教えているインド出身の批評家、ガーヤートリー・チャクラヴォルティ・スピヴァクは、地域研究との連携を強化することをつうじて比較文学の根底からの刷新をこころみた二〇〇三年の著作、*Death of a Discipline* のなかで、「惑星思考」(planet-thought) という概念を提出している。

スピヴァクは、ソ連・東欧社会主義圏の瓦解後、ＩＴの進歩とあいまって急速に勢威を増しつつあるかにみえる、資本主義のグローバリゼーション(地球全域化)の流れに対抗するべく、惑星(planet) という言葉を地球(globe) という言葉への「重ね書き」として提案する。《集合体とみなされているさまざまな存在が地域研究によって補完された比較文学の援助のもとで境界を横断しようとするとき、それらの集合体は、大陸的、地球的、あるいは世界的なものというよりはむしろ、惑星的なものとして、みずからを形象化する――みずからを想像する――ことをこころみるのではないか》というのだ。ひいては、新しい比較文学は、それらの集合体が境界を横断しようとこころみ、「ヨーロッパの他者」との出会いをつうじてみずからを「他者化」するなかで紡ぎ出す、「惑星思考」についての比較文学となるだろう、と。

惑星思考の比較文学へ――。このプランは、同書を鈴木聡との共訳で『ある学問の死』と題して二〇〇四年にみすず書房から刊行したさい、「訳者あとがき」でも記しておいたように、多くの読者の眼にはあまりにも夢想的と映るかもしれない。

スピヴァク自身も、「惑星思考」という問題提起のしかたには彼女が西ベンガルの農村などで実践しているプライマリー・ヘルス・ケア的な「オープンプラン・フィールドワーク」とどこかそぐわないものを感じていたとみえて、二〇〇七年夏、一橋大学で「人文学における学問的アクティヴィズム」について講演したさい、わたしがこの点を問い質したところ、《いまから考えれば「惑星性」という言葉を使わないほうが良かったかもしれない》と答えている（『スピヴァク、日本で語る』鵜飼哲監修、本橋哲也・新田啓子・竹村和子・中井亜佐子訳、みすず書房、二〇〇九年、参照）。

また、二〇一二年の京都賞を受賞したさいの国際文化会館における講演「ボーダーレス世界における人文学の役割」では、自分は現在「オセアニア」という発想に《世界が島であることのモデルとして、大陸性を超えた島の意識を育むことへの誘いとして》魅惑されていると語って、むしろ今福龍太の「群島－世界論」に近い世界像を描いてみせてもいる（『いくつもの声――ガヤトリ・C・スピヴァク日本講演集』星野俊也編、本橋哲也・篠原雅武訳、人文書院、二〇一四年、参照）。

それでも、『ある学問の死』で提示された「惑星思考」という概念は、著者の思惑を超えて、読者の脳髄を激しく揺さぶり、イェール大学でアメリカ文学を教えている中国系米国人ワイ・チー・ディモックの *Through Other Continents: American Literature across Deep Time*（二〇〇六年）をはじめ、いくつかの注目すべき批判的発展のこころみを生み出してきた。

日本でも、二〇〇七年には宮内勝典のずばり『惑星の思考――〈9・11〉以後を生きる』と銘打ったルポルタージュが刊行されている（岩波書店）。そして最近も巽孝之の『モダニズムの惑星――英米文学思想史の修辞学』（岩波書店、二〇一三年）と下河辺美知子の『グローバリゼーションと惑星的想像力――恐怖と癒しの修辞学』（みすず書房、二〇一五年）があいついで本になっている。

　なかでも注目されるのは、『モダニズムの惑星』の終章「来るべき惑星思考」である。その章で巽は、二〇〇一年の〈9・11同時多発テロ〉と二〇一一年の〈3・11東日本大震災〉を例にあげて、《人災と天災とを問わず、ありとあらゆる災厄は、それに対する集合的応答責任を呼び起こす限りにおいて「国家」の問題を……浮上させる》としながらも、《しかしまったく同時に、一国の問題どころか一国のうちの一局所の問題と全地球の問題とが思いもよらぬかたちで交錯し、一時代の問題が歴史的過去はもちろん人類規模の未来とも絶妙な連動をくりかえし、近代合理主義的尺度では到達不能な〔ディモックのいう〕「深い時間《ディープ・タイム》」の流れが実感されるとき、わたしたちはこれまでになく切実なかたちで「惑星」という名の他者を意識せざるをえない》と述べている。そしてデリダのいう「来るべき民主主義」が不可能だからこそ真にその名に値する夢だったのと同じく、《スピヴァクが一度は提唱しながら断念することになる「惑星思考」は、だからこそ「来るべき惑星思考」として、言い換えればもうひとつのユートピアニズムとして意味をもつ》と結んでいる。

　一方、下河辺の本では、スピヴァクと同じく「大陸」との対比で「島」に着目しながらも、島は《陸地のすべてを一望することで、やって来た人間がその空間を「包含」し、そこにあるすべての生き物を「支配」する幻想を現実化するための実験の場になりうる》として、《まさにcontinentの語源が示していた「共に含む」という大陸的欲望の根源》となっているとの指摘がなされているのが目にとまった。

ヘテロトピアからのまなざし

エドワード・W・サイードと批評の可能性

＊本稿は、二〇一四年十月二十五日に明治大学で開催された社会思想史学会第三九回大会におけるシンポジウム「社会思想としての批評」でおこなった報告に少しばかり加筆・修正をほどこしたものである。

アメリカ合州国で活躍している批評家にアブドゥル・R・ジャンモハメド（Abdul R. JanMohamed, 1945-）がいる。長らくカリフォルニア大学バークレイ校で教えながら、『カルチュラル・クリティーク』*Cultural Critique* という雑誌を主宰していた。現在はアトランタのエモリ大学でアフリカン・アメリカン文学研究科の August Baldwin Longstreet Chair をつとめている。主要な著作に『マニ教的美学——植民地アフリカにおける文学の政治』*Manichean Aesthetics: The Politics of Literature in Colonial Africa*（一九八三年）と『死に拘束された主体——リチャード・ライトの死の考古学』*The Death-Bound-Subject: Richard Wright's Archaeology of Death*（二〇〇五年）がある。

この批評家が一九九二年、マイケル・スプリンカーの編集になるクリティカル・リーダー『エドワード・サイード』に寄せた「世界をもつことなく世界的でありつづけること、家郷なき境涯を家郷として生きること——スペキュラー・ボーダー・インテレクチュアルの定義にむけて」という論考のなかで[☆1]、今日のポストコロニアル時代における世界文化の動向全体のなかにあってその役割がとみに高まりつつあるかにみえる存在に、「ボーダー・インテレクチュアル」、つまりは「境界知識人」と呼ばれる存在があると述べている。そしてそれには二つのタイプがあると指摘している。ひとつは、自分がそこから出てきた文化とそこに入り込んだ文化とをひとつの新しい形態の文化へと折衷的に統合していこうとするシンクレティックなタイプの知識人。いまひとつは、双方の文化を相互批判的に照らし出す「鏡」の役割を演じているスペキュラーなタイプの知識人である。

ジャンモハメドの論考は、なかでも後者のスペキュラーなタイプの知識人について、その代表的な存在と目されるエドワード・W・サイードの場合に即して定義づけをこころみたものであるが、論考の最後で著者が注意をうながしているところによると、スペキュラーなタイプの境界知識人が今日の言説空間全体のなかにあって占めている場所は、ミシェル・フーコーが一九六七年三月十四日チュニスの建築研究サークルでおこなった講演「異他なる空間について」[☆2]において「ヘテロトピア」(hétérotopie) と規定している場所にほかならないとのことである。「ヘテロトピア」というのは、ユートピアとは異なって、みずからも実在するひとつの場所である。みずからも実在するひとつの場所でありながら、あるひとつの文化の内部に見出される他のすべての実在する場所を表象すると同時に異議申立てをおこない、ときには転倒もしてしまう、異他なる「反場所」(contre-emplacements)。フーコーによると、それが「ヘテロトピア」に

☆1 Abdul R. JanMohamed, "Worldliness-without-World, Homelessness-as-Home: Toward a Definition of the Specular Border Intellectual," in: Michael Sprinker ed., *Edward Said. A Critical Reader* (Cambridge, Mass. and Oxford: Blackwell, 1992), pp. 96-120. 同論考には崎山政毅による日本語訳がある(『みすず』一九九六年二月号、三月号)。

☆2 Michel Foucault, "Des espaces autres" (1967), *Architecture, Mouvement, Continuité*, n° 5 (octobre 1984), pp. 46-49; Id., *Dits et écrits*, t. IV (Paris: Gallimard, 1994), pp. 752-62〔工藤晋訳「他者の場所——混在郷について」、『ミシェル・フーコー思考集成』X(筑摩書房、二〇〇二年)、二七六—八八頁〕——この講演原稿については、どういう

ほかならない。共同墓地、公園、市場、図書館、監獄、等々。あるいはまた植民地。しかし、もし「ヘテロトピア」というのがそのような性格をもった場所だとすれば、これはとりもなおさず、今日のポストコロニアル時代における言説空間全体のなかにあってとりわけスペキュラーなタイプの境界知識人が占めている場所でもあろう、とジャンモハメドはとらえるのである。

これはまことに興味深いとらえ方であるとおもう。本報告では、このジャンモハメドのとらえ方を水先案内人にして、言説の「ヘテロトピア」にみずからの立ち位置をさだめたところからの「境界知識人」サイードによる状況への批判的介入の軌跡を、ごく簡単にではあるがたどり直してみたい。そこからは現代における批評の可能性についてなにほどかの示唆が得られるのではないか、と期待している。

ちなみに、フーコーは「ヘテロトピア」という言葉を講演「異他なる空間について」に先立って一九六六年に公刊された『言葉と物――人文科学の考古学』の序文でも使っている。[☆3] そしてこれに同書の日本語訳者（渡辺一民・佐々木明）は「混在郷」という訳語をあてがっている。同書で「ヘテロトピア」という語の意味するところを説明するにあたって、フーコーはボルヘスが『続・審理』（一九五二年）所収のエッセイ「ジョン・ウィルキンズの分析言語」で引用している「シナのある百科事典」の分類表を例に挙げている。そしてそこに《おびただしい数の可能な秩序のもろもろの断片を法則も幾何学もないエテロクリット（hétéroclite）なもの〔不規則なもの〕の次元できらめかせる混乱》を見てとるとともに、そこでは《物はじつに多様な座に「横たえら

わけか、フーコーは一九八四年に死去する直前まで公刊を許さなかったという。また、ジャンモハメドが参照しているのは、同論文の英訳、Michel Foucault, “Of Other Spaces,” *Diacritics*, 16, 1 (Spring 1986), pp. 22-二七である。ちなみに、Michel Foucault, *Les corps utopique, Les hétérotopies* (Paris: Nouvelles Éditions Lignes, 2002)〔佐藤嘉幸訳『ユートピア的身体／ヘテロトピア』（水声社、二〇一三年）〕には、フーコーがラジオ局「フランス・キュルチュール」で一九六六年十二月二十一日におこなった「ヘテロトピア」と題する講演の記録が収められている。趣旨そのものは一九六七年三月十四日にチュニスの建築サークルでおこなわれたものとほぼ同一であるが、表現には大きな差異が認められる。

☆3　Cf. Michel Foucault,

れ」「置かれ」「配列されている」ので、それらの物を収容しうるひとつの空間を見出すことも、物それぞれのもとにある共通の場所を規定することも、ひとしく不可能である》と指摘している。[☆4]「混在郷」という訳語はこのフーコーの説明からひねり出されたものではなかっただろうか。しかし、少なくともチュニスでの講演「異他なる空間について」に登場する「ヘテロトピア」には「混在郷」という意味あいはない。そしてわたしが注目したいのは、その講演でフーコーが「ヘテロトピア」という語にこめている〈反〉の機能のほうである。

また、フーコー自身もそうであったが、「ヘテロトピア」は多くの場合、批評主体の立ち位置ではなく、対象の位置するある特異な場所を指して用いられる。たとえば、姜尚中は吉見俊哉との共著『グローバル化の遠近法——新しい公共空間を求めて』（二〇〇一年）のなかで《沖縄は、二〇世紀の日本のなかで近世の対馬や「蝦夷地」あるいは居留地と同じような、国民の空間を「異化」する特異な場所であり続けてきた。沖縄は、それによって国民の均質な空間の「非連続性」が照射される「ヘテロトピア」であった》と述べている。[☆5] また『ホモ・モーベンス——旅する社会学』（一九九七年）で注目を集めた新原道信も、西成彦・原毅彦編『複数の沖縄——ディアスポラから希望へ』（二〇〇三年）に寄せた論考を「ヘテロトピアの沖縄」と題している。[☆6] しかし、わたしが「ヘテロトピア」という言葉を用いるとき、それはあくまでも状況への批判的介入をめざそうとする知識人がみずからを定位すべき場所のことを指している。[☆7]

＊＊＊

Préface à: *Les mots et les choses. Une archéologie des sciences humaines* (Paris: Gallimard, 1966), pp. 9-10.〔ミシェル・フーコー著、渡辺一民・佐々木明訳『言葉と物——人文科学の考古学』（新潮社、一九七四年）、一六頁〕

☆4　Ibid., p. 9.〔渡辺・佐々木訳、一六頁〕

☆5　姜尚中・吉見俊哉『グローバル化の遠近法——新しい公共空間を求めて』（岩波書店、二〇〇一年）、一八二頁。

☆6　新原道信「ヘテロトピアの沖縄」、西成彦・原毅彦編『複数の沖縄——ディアスポラから希望へ』（人文書院、二〇〇三年）、四〇八—三〇頁。

☆7　この点については、上村忠男『知の棘——歴史が書きかえられる時』（岩波書店、二〇一〇年）のエピローグ「〈沖縄〉とヘテロトピアの思考」も参照されたい。

さて、サイードであるが、言説空間のヘテロトピアに身を置いてみずからをヘテロトピア的主体として構成しようとする彼の姿勢は、すでに一九七五年の著作『始まり——意図と方法』においても明瞭に見てとることができる。

実際にも、サイードは同書の第一章で現代の批評家が置かれている状況についての診断をおこなって、それをことさらにホームレスな放浪者の境遇に見立ててみせている。

> 今日では、文学批評を書くとき、自分があるひとつの伝統のなかで書いていると想像するのは、もはや容認しがたいことである。しかしながら、これは、どの批評家もいまでは革命家になって従来正典《カノン》と目されてきたものを破壊し、自分の正典《カノン》でもって置き換えようとしているという意味ではない。よりよいイメージは放浪者（wanderer）のそれである。今日の批評家は、自分の素材を求めて場所から場所へと移り歩いていきながら、本質的に家郷と家郷のあいだにある人間（a man essentially *between* homes）にとどまりつづける。そしてその過程で、ある場所からとられたものは、最終的には、それの習慣的なありかたに違反するにいたる。そこには不断の転位がみられるのだ。☆8

「放浪者」。「本質的に家郷と家郷のあいだにある人間」。「不断の転位」。——サイードが注記しているところによれば、これらのイメージはジョージ・スタイナーの文学と言語革命にかんする論考『エクストラテリトーリアル』（一九七一年）からとってこられたものであるとのことで

☆8 Edward W. Said, *Beginnings: Intention and Method* (New York: Basic Books, 1975), p. 8.〔山形和美・小林昌夫訳『始まりの現象——意図と方法』（法政大学出版局、一九九二年）、九頁〕

あるが、ここに描き出されているホームレスでエクストラテリトーリアルな〈あいだ〉的存在としての批評家というのが、言説空間のヘテロトピアに身を置いてみずからをヘテロトピア的主体として構成しようとしているサイード自身の自己像を重ね合わせたものであることも、容易に見てとれるのではないかとおもう。ちなみに、「エクストラテリトーリアル」というのは、一般的には「治外法権」を指すのに用いられる法律用語である。しかし、これにスタイナーの同書の日本語訳を手がけた由良君美は「脱領域」という絶妙な訳語をあてがっている。☆9

☆9　ジョージ・スタイナー著、由良君美ほか訳『脱領域の知性――文学言語革命論集』（河出書房新社、一九七二年）を見られたい。

＊＊＊

ついで注目されるのは、一九七八年の著作『オリエンタリズム』でのユダヤ系ドイツ人ロマンス語文献学者エーリヒ・アウエルバッハへの言及である。

アウエルバッハはヨーロッパ文学の伝統にかんする記念碑的大著『ミメーシス』（一九四六年）をナチズムによる迫害を逃れて亡命したトルコのイスタンブールで書きあげた。このときの体験を反映してであろうか、彼は晩年のエッセイ「世界文学の文献学」（一九五二年）の結びでつぎのように述べている。

わたしたちの文献学の故郷は地球である。もはやネーションではありえない。たしかに、文献学者が受け継ぐもっとも貴重で欠かせないものは、依然として、彼自身のネーションの文化と言語である。しかし、それは、それから切離することによって、それを克服する

ことによって、はじめて有効なものとなる。[☆10]

そしてこう述べたうえで、そうした流離の境涯をむしろ自己修練のかけがえのない場ととらえていた、国民国家誕生以前の中世的精神への回帰を求めて、十二世紀の哲学者、サン゠ヴィクトルのフーゴーの『ディダスカリコン〔学習論〕』（三・二〇）からつぎのような言葉を引いている。

> 徳の大いなる原理は、修練を受けた精神が、まずは目に見える移ろいやすいものが姿を変えていくありさまを少しずつ学びとり、ついでそれらを放棄することができるようになるということである。生まれた土地が快いという者は未熟な初心者である。どの土地も自分の故郷であるという者はすでに強い。しかし、世界全体が異郷であるという者こそは熟達者である。[☆11]

サイードは、『オリエンタリズム』のなかで、この「世界文学の文献学」のアウエルバッハのうちに《自分の属する文化や文学とは異なったネーションの文化や文学のなかに分け入っていこうとする人文主義的伝統》の精神のひとつの模範的な姿を見てとる。[☆12] とともに、アウエルバッハの引いているサン゠ヴィクトルのフーゴーの言葉をつぎのように解釈してみせる。

☆10 Erich Auerbach, "Philologie der Weltliteratur" (1952), in: Id., *Gesammelte Aufsätze zur romanischen Philologie* (Bern und München: Francke, 1967), p. 310.〔高木昌史・岡部仁・松田治訳『世界文学の文献学』（みすず書房、一九九八年）、四一六―一七頁〕

☆11 サン゠ヴィクトルのフーゴー著、五百旗部博治・荒井洋一訳「ディダスカリコン（学習論）――読解の研究について」、上智大学中世思想研究所編『中世思想原典集成』第九巻「サン゠ヴィクトル学派」（平凡社、一九九六年）参照。

☆12 Edward W. Said, *Orientalism* (New York: Vintage Books, 1979), p. 259.〔板垣雄三・杉田英明監修、今沢紀子訳『オリエンタリズム』（平凡社ライブラリー、一九九三年）、下、一三八頁〕

ひとは、自分の文化的故郷を離れれば離れるだけ、ことがらの真の姿をとらえるのに必要な精神的な距離と寛容性を獲得することができ、ひいては自分の文化的故郷を、そして同時に世界全体を、いっそう容易に判断できるようになる。また、自分自身をも、異文化をも、その同じ親近感と距離感の組み合わせでもって、いっそう容易に査定することができるようになる。[☆13]

そしてこの一方で、イスラーム研究をおこなうオリエンタリストたちの場合には、イスラームからの疎外感が自分たちの文化のよりよい理解のために必要な〈距離化〉の契機とはならず、かえってイスラームにたいするヨーロッパ文化の優越性の感覚をひたすら強化する結果となっていると指摘している。[☆14] これも、言説空間のヘテロトピアに身を置いた〈境界知識人〉サイードならではの発言とみてさしつかえないだろう。

ついでながら、サイードは比較文学の研究者としての道を歩みはじめてまもない一九六九年、アウエルバッハの「世界文学の文献学」をみずから英訳して『センテンニアル・レヴュー』誌に発表している。[☆15]

＊＊＊

ところで、アウエルバッハ晩年のエッセイ「世界文学の文献学」は、ゲーテが夢見たような〈世界文学〉とそれについての文献学的研究の時代がすでに過去のものとなりつつあることを

☆13 Ibid., p. 259.〔今沢訳、一三八―一三九頁〕
☆14 Ibid., p. 260.〔今沢訳、一四〇頁〕
☆15 Cf. Erich Auerbach, "Philology and Weltliteratur," translated by Maire and Edward Said, *The Centennial Review*, Vol. XIII, No. 1 (Winter 1969), pp. 1-17.

も、その二十世紀における第一人者自身の口をとおして告げ知らせていた。実際にも、アウエルバッハのエッセイは、のっけから「〈世界文学〉という言葉は、ゲーテの考え方にならってそれを現在的なことがらと将来に期待すべきことがらとに関連させた場合、どのような意味をなおもちうるのだろうか、といまや問われるべき時である」と書き起こされている。そして〈世界文学〉とはたんに共通のもの、人間的なもの一般にかかわるのではなくて、多様で個性的なものの相互的な関係のなかから生み出されたものとしての共通のもの、人間的なものにかかわるのであるにもかかわらず、〈世界文学〉の故郷である地球はますます小さくなり、多様性が消失しつつあること、地球上の人びとの生活はおしなべて画一化の傾向を強めつつあること、かくては〈世界文学〉の文献学の発生母胎であった《歴史－遠近法的な感覚(historisch-perspektivische Sinn)》がもはやさしたる実践的意味をもちえないような世界が成立しつつあることの指摘へと進んでいる。[☆16]

しかし、サイードが一九九三年の著作『文化と帝国主義』で突き放すように診断しているところによると、ここに吐露されているアウエルバッハのペシミズムは、つまるところ、この文献学者の体現していた「ヨーロッパ的ブルジョワ的人文主義」の限界を証し立てたものでしかないのだった。そしてサイード自身は、「ヨーロッパ的ブルジョワ的人文主義」の時代が同時にそれの随伴していた「文化的ナショナリズム」自体を掘り崩していく「帝国主義的植民地支配」の時代でもあって、そのなかから「重なりあう領土、絡まりあう歴史」(overlapping territories, intertwined histories)を特徴とするポストコロニアルの現在が出現していること、そこではむしろ、

☆16 Auerbach, *Gesammelte* cit., pp. 301-02.〔高木ほか訳、四〇五—〇六頁〕

文学やさらには文化一般をホミ＝バーバのいう意味での「混血的／雑種的」(hybrid) な存在としてとらえるほうが理に適っていることに読者の注意をうながす。そのうえで、――ゲーテの〈世界文学〉の構想やそれを文献学的研究の場へと引き取ってきたアウエルバッハにいたるまでの比較文学がそうであったように――個々の国民的＝民族的文学がその独自の個性なるものを発揮しつつ奏でるシンフォニーとしてではなく、むしろ「無調のアンサンブル」(atonal ensemble) としてあるような〈新しい世界文学〉の可能性を探ろうとするのである。☆17

そこでは、「放浪」よりも強い語調の「亡命」という言い回しを意図的に選びとったうえで、「重なりあう領土、絡まりあう歴史」を特徴とするポストコロニアルの現在にあって「亡命」体験のもつ意義について、つぎのように主張されてもいる。

〔ポストコロニアルの現在にあっては〕亡命 (exile) は、生まれ育った土地を奪われて国外に追放され、ほとんど忘れ去られた存在になってしまった不幸な者たちの運命であるどころか、なにか規範《ノルム》に近いものに変化する。それは、たとえそれのもたらす喪失と悲しみがどれほど多大なものであろうとも、正典《カノン》を中心に形成された古典的な文学研究の閉域に挑戦して、境界を横断し、新しい領土の地図作成を敢行しようとする経験のことなのだ。☆18

ここからは、言説空間のヘテロトピアに身を置いたサイードのスペキュラーな境界知識人としての自覚が十分な成熟の域に達しているのを見てとることができる。

☆17 Edward W. Said, *Culture and Imperialism* (New York: Knopf, 1993), pp. 316-18.〔大橋洋一訳『文化と帝国主義 2』(みすず書房、二〇〇一年)、二一一―二一六頁――ただし、同訳書では、“atonal ensemble”が「調性的なアンサンブル」と誤訳されている〕

☆18 Ibid., p. 317.〔大橋訳、二一三―二一四頁〕

＊＊＊

しかし、そのような境界知識人サイードの面目がもっともよくあらわれているのは、『文化と帝国主義』が公刊されたのと同じ一九九三年に彼がＢＢＣでおこなったリース講演をもとにまとめられた著作『知識人のさまざまな表象』（一九九四年）[☆19]ではないかとおもう。

サイードがリース講演をおこなった当時、一方ではポール・ジョンソンの『インテレクチュアルズ』（一九八九年）に代表されるような底意地の悪い知識人批判が横行しており、その一方で、かつての進歩的文化人や左翼系知識人の側には韜晦のみが目立つという状況があった。こうしたなかで、サイードはジョンソンによって揶揄の対象とされたジャン＝ポール・サルトルやバートランド・ラッセルの例をあえて引き合いに出しながら、権力にたいして臆することなく真実を語ることこそが知識人たるものの使命であると言い放っている。このサイードの剛直な物言いにわたしは深く共鳴した記憶がある。

しかしまた共鳴したのは、この剛直な物言いだけが理由ではなかった。リース講演においてサイードが力強く描き出してみせている知識人のあるべき像には、サルトル型の反体制的知識人像と深く呼応しつつも、同時にそれを超える独特のスタンスが見受けられるのだった。それはほかでもない、言説空間のヘテロトピアに身を置いたスペキュラーな境界知識人に特有のスタンスである。わたしが共鳴した最大の理由はこの点にあった。

サイードは述べている。知識人たるものの本来の使命は、強大な権力を前にして満足にみず

☆19　Edward W. Said, *Representations of the Intellectual: The 1993 Reith Lectures* (London: Vintage, 1994).〔大橋洋一訳『知識人とは何か』（平凡社、一九九五年）〕

からをレプリゼント（表象）することができないでいる社会的または民族的な弱者に代わって、その者たちの意見や思想をレプリゼント（代弁）することにある、と。[☆20]

しかしながら、このことは、たとえばアントニオ・グラムシの定義にある「有機的知識人」(intelletuale organico) のように、みずから支配階級たらんとしてヘゲモニー闘争を展開する社会階級の知的前衛ないし尖兵たれということではない。そもそも、サイードの視野のうちにある社会的または民族的な弱者というのは、グラムシ的ヘゲモニー論の見地からは、永遠に被支配的地位にとどまるべく運命づけられた存在でしかないだろう。そのうえ、グラムシによって来たるべき革命の前衛に位置づけられていた「有機的知識人」は、いまや、みずからをシステム社会に組織しとげた資本主義のもとにあっての専門技術者《テクノクラート》として、むしろ体制補完的な役割を演じるにいたっているというのが、サイードの診断である。[☆21]

さらに注目されることには、これら今日の知識産業にたずさわるプロフェッショナルとしての「有機的知識人」の問題性をきわだたせるために、サイードはジュリアン・バンダが一九二七年の著作『知識人の裏切り』において提示した普遍的かつ超越的な価値に奉仕する「聖職者＝知識人」(clerc) 像をあえて対置してみせている。バンダの議論には、それが権力を超越した普遍性の原則にのっとって真実を語ることをもって知識人の使命であるとしているかぎりで、いまもなお傾聴すべきものがあるとサイードはみるのである。[☆22]

しかしまたサイードによると、その普遍性への超越は、だんじて神々への帰依であってはならないのだった。知識人たるものは、徹底してセキュラーな存在、人間たちがみずからつくり

☆20　Cf. ibid., pp. 9, 17, 84.〔大橋訳、三二、四九、一七二―一七三頁〕
☆21　Cf. ibid., pp. 3-4, 7.〔大橋訳、二三―二四、三〇頁〕
☆22　Cf. ibid., pp. 4-7.〔大橋訳、二五―二九頁〕

だした歴史的かつ社会的な世界の住人であらねばならないというのは、一九七五年の『始まり』以来、サイードが一貫して主張してきたことであった。[☆23] そしてそのような世界内的でセキュラーな知識人のとるべき方法はそれ自体セキュラーな方法しかありえないのであり、神々は「つねに失敗する神々」でしかないだろうとサイードは警告するのである。[☆24]

では一体全体、どこへの超越なのか。アウトサイダーにしてマージナルな存在、あるいは〈亡命者〉の位置する場所への超越。これがサイードの答えである。

「知的亡命――故国喪失者とマージナル・マン」と題された第三章を見てみよう。《亡命は数多くある運命のうちでももっとも悲しい運命のひとつである》。サイードはその章をこのように語り出しながら、ただちに言葉を接いで、現代世界において故国喪失者たちの大部分にとっての真の困難はたんに故国から離れて生活することを強いられているという点にあるよりはむしろ、自分が故国を喪失した境遇にあることを思い起こさせるとともに、今日では交通が発達しているため、故国はそれほど遠くにはないことをも思い起こさせる多くのことどもがあり、それらといっしょに生活していかなければならないという点にあると述べている。[☆25]

そのうえで、サイードは本題の「知的亡命（intellectual exile）」の問題に入って、ここでの主たる関心は同じ故国を喪失した知識人のうちでも新しい環境にうまく適応して成功をおさめている知識人ではなく、《故国を喪失したため、適応できないでいるというか、あるいはより正確にいえば適応しようとはせず、受け入れられることも組み込まれることもなく、主流の外に抵抗者としてとどまりつづけるほうを好んでいる知識人》であるとことわる。[☆26] そしてそのような

☆23　とりわけ一九八三年の批評論集『世界・テクスト・批評家』の序論「セキュラー・クリティシズム」を見られたい。そこでは知識人のいとなむ批評活動についてつぎのような性格づけがなされている。「要するに、批評はつねに状況のもとに置かれている。そしてそれは何ごとにも懐疑的であり、どこまでもセキュラー〔世俗的・非宗教的〕であり、それ自身の犯すさまざまな失敗へと反省的に開かれている」――Edward W. Said, *The World, the Text, and the Critic* (Cambridge, Mass.: Harvard University Press, 1983), p. 26.〔山形和美訳『世界・テクスト・批評家』(法政大学出版局、一九九五年)、四一頁〕

☆24　Cf. Said, *Representations* cit., pp. 89-90.〔大橋訳、一八三―一八五頁〕

☆25　Cf. ibid., pp. 35-36.

知識人の代表例として、ナチス政権下でイギリスを経由して米国に亡命した体験をもつユダヤ系ドイツ人哲学者のテオドール・アドルノと、トリニダードに生まれ、汎アフリカ主義を説くジャーナリストとしてイギリスから米国へと転々と居所を移したのち、最後には米国政府から強制退去を言い渡されて故国に帰還したC・L・R・ジェイムズの名を挙げ、《わたしたちには、彼らのような亡命者の運命は真似しようにも真似できないかもしれない》とことわりながらも、つぎのように続けている。

たとえ実際に移民や故国喪失者でなくとも、自分のことを移民や故国喪失者と思いなすことはできるし、かずかずの障害にもめげることなく想像力をはたらかせて探究することはできる。そしてすべてを自己のもとに収斂させようとするもろもろの権威から離れ去って、周辺へとおもむくことはできる。そこでは、慣習的なものや心地よいものを乗りこえて旅をしたことのない者には通常見えないでいるものが、かならずや見えてくるはずである。[☆27]

これはサイード自身がひとりの亡命者としてニューヨークというメトロポリスに身を置きながら、一九六七年の第三次中東戦争（六日戦争）以来三十年間にわたって幻の故国パレスティナの解放のために闘いつづけるなかでつかみとったスタンスなのだろうが、まことにユニークなスタンスというほかない。しかも、言説空間のヘテロトピアに身を置いたところからのまなざ

〔大橋訳、七九―八二頁〕
☆26　Ibid., pp. 38-39.〔大橋訳、八六頁〕
☆27　Ibid., pp. 46-47.〔大橋訳、一〇二頁〕

しが開示しうる批評の可能性を模索しようとしているわたしたちにとって、このうえなく啓発的なスタンスでもある。

なお、サイードは一九九一年、五十五歳のときに白血病と診断されている。それ以来、自分の生い立ちについて綴ってきたメモワールが、一九九九年に『アウト・オヴ・プレイス』と題して本になった。"out of place"というのは「本来いるべき場所から外れた」という意味である。実際にも、メモワールの最後は《人生のなかでかくも多くの不協和音を奏でているうちに、わたしは、本来いるべき場所ではなくて、そこから外れたところにいるほうを好むようになってしまった》と結ばれている。☆28 この「アウト・オヴ・プレイス」という言葉も言説空間のヘテロトピアに身を置いてみずからをヘテロトピア的主体として構成しようとしてきたスペキュラーな境界知識人サイードのスタンスを表現するのにまたとない言葉であるとおもう。

後記

本報告では時間の制約があって言及することをしなかったが、サイードが十八世紀ナポリの哲学者ジャンバッティスタ・ヴィーコにことのほか親近感を示していたことは、少なくともサイードの読者にはよく知られているところだろう。

実際にも、サイードはすでに一九七五年の著作『始まり』でも、まずエピグラフに「学説はそれのあつかう素材が始まるところから始まるのでなければならない」というヴィーコの『新

☆28 Edward W. Said, *Out of Place: A Memoir* (New York: Knopf, 1999), p. 295.〔中野真紀子訳『遠い場所の記憶——自伝』(みすず書房、二〇〇一年)、三四一頁〕

しい学』（一七四四年）の公理を掲げるとともに、全体で六章からなる本文のうちの最終第六章「結び——彼の著作とこの著作におけるヴィーコ」において、ヴィーコについてのじつに斬新かつ啓発的な読解をこころみている。[☆29] またBBCで放送された『知識人のさまざまな表象』にかんする一九九三年のリース講演には、《いつのころからかわたしのヒーローになってすでにひさしい十八世紀イタリアの哲学者、ジャンバッティスタ・ヴィーコ》という一句も登場する。[☆30]

しかし、本報告との関連でとりわけ注目されてしかるべきであるとおもわれるのは、『世界・テクスト・批評家』の序論「セキュラー・クリティシズム」でのヴィーコへの言及である。

そこでは、サイードはまず、亡命地、それもイスタンブールという《ヨーロッパからの／またヨーロッパへの究極的な疎外と対立》[☆31]を表現したものにほかならないオリエントとイスラームの地にあって、『ミメーシス——西欧文学における現実描写』という《ヨーロッパの具体的にして批判的な再発見》[☆32]の記念碑的大著をものしたロマンス語文献学者アウエルバッハのうちに「みずからの生まれ育った文化とのフィリエイション（filiation 自然的継承関係・血縁関係）と、亡命を余儀なくされたがための、批判的意識と学者的仕事をつうじてのそれとのアフィリエイション（affiliation 人為的継承関係・養子縁組関係）との、ひとつの典型的事例」[☆33]を見てとったうえで、しかしまた、そのフィリエイションとアフィリエイションのいずれもが現代世界にあってはむしろ危険な誘惑として作用していることをつぎのように指摘している。

☆29　サイードの『始まり』におけるヴィーコ読解が斬新かつ啓発的である理由については、上村忠男「ヘテロトピアの思考」、『現代思想』第二三巻第三号（一九九五年三月）、三一二—三二二頁〔その後、上村忠男『ヘテロトピアの思考』（未來社、一九九六年）に収録〕を見られたい。

☆30　Said, *Representations* cit., p. 45.〔大橋訳、九八頁〕

☆31　Said, *The World* cit., p. 6.〔山形訳、一〇頁〕

☆32　Ibid., p. 16.〔山形訳、二六頁〕

☆33　Ibid., p. 16.〔山形訳、二六頁〕

現代の批判的な意識は批判的な注意を払うに値する二つの相互に関連しあった恐るべき権力のしかけてくる誘惑のうちにある。ひとつは、批評家たちがフィリエイティヴに（生まれ、国籍、職業によって）そこに拘束されている文化である。いまひとつは、アフィリエイティヴに（社会的ならびに政治的な確信、経済的ならびに歴史的な環境、自発的な努力とみずから意志してなされた決断によって）獲得される方法または体系である。これらの権力の両方ともが長期間にわたって圧力をかけてきた結果として現代の状況はつくりだされているのだ。☆34

そしてこう指摘したのち、ジョナサン・スウィフトとともにヴィーコの名を挙げ、自分がつねづね両人に格別の関心を寄せている理由を説明して、つぎのように続けている。

たとえば、ヴィーコやスウィフトのような十八世紀の人物にわたしが関心を寄せるのは、彼らの時代もまた文化と体系の両面において時代の要求を彼らにむりやり突きつけているという認識を彼らがもっていたことによっている。それゆえ、自分たちのおこなうあらゆることがらにおいて、これらの圧力に抗することこそが、彼らの仕事のすべてとなったのだった。もちろん、彼らはあくまでも世界のうちにあって〔世界内的存在として〕活動している著述家であり、物質的には彼らの時代にしばられていたのではあったが。☆35

☆34 Ibid., pp. 24-25.〔山形訳、三九頁〕
☆35 Ibid., p. 25.〔山形訳、三九頁〕

ここからも、ヘテロトピア的批評主体としてのサイードの自己認識のありようと、そのなかにあってヴィーコがどのような位置を占めているのか、その片鱗をうかがい知ることができるのではないだろうか。

ちなみに、ヴィーコの著作のうち、イタリア語で書かれた『自伝』と『新しい学』一七四四年版、それにラテン語でおこなわれた一七〇八年のナポリ大学における開講講演『われらの時代の学問方法について』にはすでに当時、英訳が出ていた。そしてサイードはそれらの英訳を参照するよう読者に指示している。ただし、サイード自身は原著にも目を通していて、原著と英訳との異同にかんする確認作業を怠ってはいない。

また、サイードが比較文学研究の道に進むにあたって少なからぬ影響をあたえたアウエルバッハも、『新しい学』のドイツ語訳を手がけているほか、ヴィーコについての論考も何本か書いている。サイードがヴィーコに関心を寄せるにいたったのも、アウエルバッハのヴィーコ論に接したのがそもそもの機縁であった可能性が高い。

ヘテロトピアとしてのアメリカ

宇野邦一は、『アルトー　思考と身体』、『ジャン・ジュネ　身振りと内在平面』、『ドゥルーズ　群れと結晶』など、主として現代フランスの作家や思想家について論じた著作で知られる。

その宇野が、ここ数年来、〈アメリカ〉にことのほか熱い関心を寄せてきた。『アメリカ、ヘテロトピア――自然法と公共性』（以文社、二〇一二年）はその宇野の〈アメリカ〉論を集成したものである。ネグリ／ハートの『〈帝国〉』についての所感をはじめとして、示唆に富む大小あわせて十本の論考からなる。

しかし、なによりもわたしの目を惹いたのは、宇野がみずから関心を寄せてきた〈アメリカ〉を指して「ヘテロトピア」と称していることである。

着想源はミシェル・フーコーである。フーコーが一九六七年三月十四日にチュニスの建築研究サークルでおこなった講演「異他なる空間について」のなかで述べているところによると、わたしたちがその内部で生活し文化を形成している空間のなかには、「ヘテロトピア」とでも称すべき特別の機能と意義を担った場所があるという。それはユートピアのように非在の場所ではなく、実在の場所である。実在の場所でありながら、ひとつの文化の内部に見出すことのできる他のすべての場所を表象すると同時にそれらに異議申立てをおこない、ときには転倒もしてしまうような異他なる反場所——それがヘテロトピアである。

自分が関心を寄せてきた〈アメリカ〉はここでフーコーが「ヘテロトピア」と称しているものにあたる、と宇野は言うのである。一見したかぎりでは、なんとも奇抜で意表をつく受け止め方である。が、少しばかり立ち入って見てみるならば、本書に収められている宇野の〈アメリカ〉論を総括するにふさわしい、まことに言い得て妙な表現であることがわかる。

じっさいにも、宇野が関心を寄せてきた〈アメリカ〉とは、ハナ・アーレントが『革命について』のなかで新しい〈政治的公共性〉の創設に取り組んでいるのを確認した独立期のアメリカである。あるいはD・H・ロレンスが『アメリカ古典文学研究』においてとりわけメルヴィルの作品世界に描かれているのを見出した法外な生命力とそれに対峙する「反生命」とのすさまじい葛藤劇である。

宇野はアーレントが独立期アメリカにおいて創設されつつあるのを見てとった新しい〈政治的公共性〉のうちには古代ギリシア以来の自然法の伝統が脈打っていたととらえる。ともに、その根底には、メルヴィルが「死から生をもたらす」と述べたような、もうひとつの自然法があったと言う。そしてこの〈根源の自然法〉の典型的な一事例をフォークナーの作品『アブサロム、アブサロム！』の舞台となっている「ヨクナパトーファ」の世界のうちに見てとるのだった。

今日でもなお、現実のアメリカにたいして、まさに「ヘテロトピア」として存在しうるのではないだろうか。ひいては、それは現実のアメリカを批判的に映し出す鏡としての役割を担うことができるのではないだろうか。あるいは、これまた宇野がドゥルーズを援用しながら巧みに言い表わしているように、《歴史的現実としてのアメリカに接しながらも、けっしてそれに一致するのではなく、接線として現実から遠ざかる異様な線分をもつもの》なのではないだろうか。目を惹いたゆえんである。

ちなみに、フーコー自身も一九六七年の講演のなかで《いくつかの場合には、なんらかの植民地が、地上の空間の全般的組織という面から見たとき、ヘテロトピアの役割を演じてきた》と述べており、例として、《十七世紀に最初の植民の波が生じたとき、イギリス人がアメリカに創設したピューリタンたちの社会》を挙げている。しかし、宇野のいう「ヘテロトピアとしてのアメリカ」の視野はフーコーのそれよりもはるかに遠方にまで及んでいる。

なお、フーコーは一九六七年の講演原稿の活字化を死の直前まで許可しなかった。宇野はこの点に触れて、フーコーはおそらく「ヘテロトピア」というトポス＝場所を名づけないままの状態に保っておきたかったのではないか、と推測している。しかし、ニュアンスこそいささか異にするものの、「ヘテロトピア」という言葉自体は前年の一九六六年に公刊された『言葉と物』の序論にもすでに姿を見せている。

ヘイドン・ホワイトの「歴史の詩学」について

＊この論考はヘイドン・ホワイト『歴史の喩法』（上村忠男編訳、作品社、二〇一七年）の付論「ヘイドン・ホワイトと歴史の喩法」にヘイドン・ホワイト『実用的な過去』（上村忠男監訳、岩波書店、二〇一七年）の監訳者解説「ホロコーストをどう表象するか――「実用的な過去」の見地から」の一部を織り込んだものである。

1

ヘイドン・ホワイト（Hayden V. White, 1928-）は、一九七三年に世に問うた『メタヒストリー――十九世紀ヨーロッパにおける歴史的想像力』によって世界の歴史学界に衝撃を与えたことで知られるアメリカ合州国の批評家である。一九五一年、ウェイン州立大学（ミシガン）を卒業後、ミシガン大学の大学院に進学し、一九五五年、「グレゴリウス七世からクレルヴォーの聖ベルナールにいたるまでの教皇権理想をめぐる抗争――とくに一一三〇年の教会分裂について」で同大学から博士号を授与されている。

一九五八年から六八年までロチェスター大学、一九六八年から七三年までカリフォルニア大学ロスアンジェルス校の歴史学部で教え、一九七三年から七七年まで同校の人文学センター長。さらに一九七六年から七八年までウェズリアン大学（コネチカット）で歴史・文学教授をつとめたのち、一九七八年、カリフォルニア大学サンタ・クルーズ校人文科学部に新設された「意識の歴史（History of Consciousness）」コースの教授に就任し、同コースを合州国における代表的な革新的かつ学際的コースのひとつに育てあげる。一九九五年に同職を退いてから二〇一四年までスタンフォード大学で比較文学・ドイツ研究のコンサルティング・プロフェッサーをつとめた。現在、カリフォルニア大学サンタ・クルーズ校名誉教授。一九九一年にはアメリカ芸術・科学アカデミーの会員に選出されている。

刊行された著作に以下のものがある。

・『自由主義的ヒューマニズムの出現——西ヨーロッパ思想史：第一巻：イタリア・ルネサンスからフランス革命まで』 *The Emergence of Liberal Humanism: An Intellectual History of Western Europe*, vol. I: *From the Italian Renaissance to the French Revolution* (New York: McGraw-Hill, 1966)（Willson Coates, J. Salwyn Schapiro との共著）

・『歴史の利用法——ウィリアム・J・ボッセンブルークに献げられた思想史・社会史論集』 *The Uses of History: Essays in Intellectual and Social History Presented to William J. Bossenbrook*, edited by Hayden V. White (Detroit: Wayne State University Press, 1968)

・『ジャンバッティスタ・ヴィーコ——あるひとつの国際シンポジウム』 *Giambattista Vico: An International Symposium* (Baltimore & London: The Johns Hopkins University Press,

1969)（編著 Giorgio Tagliacozzo の共編著）

・『ケネス・バークを表象する』*Representing Kenneth Burke* (Baltimore & London: The Johns Hopkins University Press, 1969)（Margaret Brose との共編）

・『自由主義的ヒューマニズムの試練——西ヨーロッパ思想史：第二巻：フランス革命以降』*The Ordeal of Liberal Humanism: An Intellectual History of Western Europe*, vol. II: *Since the French Revolution* (New York: McGraw-Hill, 1970)（Willson Coates との共著）

・『ギリシア＝ローマ的伝統』*The Greco-Roman Tradition* (New York: Harper & Row, 1973)

・『メタヒストリー——十九世紀ヨーロッパの歴史的想像力』*Metahistory: The Historical Imagination in Nineteenth-Century Europe* (Baltimore & London: The Johns Hopkins University Press, 1973)

・『言述の喩法——文化批評論集』*Tropics of Discourse: Essays in Cultural Criticism* (Baltimore & London: The Johns Hopkins University Press, 1978)

・『形式の内容——物語的言述と歴史的表象』*The Content of the Form: Narrative Discourse and Historical Representation* (Baltimore & London: The Johns Hopkins University Press, 1987)

・『フィギュラル・リアリズム——ミメーシス効果の研究』*Figural Realism: Studies in the Mimesis Effect* (Baltimore & London: The Johns Hopkins University Press, 1999)

・『物語というフィクション——歴史・文学・理論（一九五七—二〇〇七）』*The Fiction of*

Narrative: Essays on History, Literature, and Theory (1957-2007), edited and with an introduction by Robert Doran (Baltimore: The Johns Hopkins University Press, 2010)

・『実用的な過去』*The Practical Past* (Evanston, Ill.: Northwestern University Press, 2014)

そのほか、日本でも讃井鉄男によって訳され、一九五九年に未來社から出版されたカルロ・アントーニ『歴史主義から社会学へ』*Dallo storicismo alla sociologia*（一九四〇年）の英訳を手がけている。Cf. Carlo Antoni, *From History to Sociology: The Transition in German Historical Thinking*, with a foreword by Benedetto Croce, translated from the Italian by Hayden V. White (Detroit: Wayne State University Press, 1959).

そのホワイトが二〇〇九年秋に来日し、十月二十四日、東洋大学白山キャンパスでおこなった講演「過去と歴史」へのコメントのなかでも述べたが、わたしがかれの存在を最初に知ったのは、『新しい学』によって知られるナポリの哲学者、ジャンバッティスタ・ヴィーコ（一六六八—一七四四）の生誕三百年を記念して、米国でニュー・スクール・フォー・ソーシャル・リサーチの講師などをしていたジョルジョ・タリアコッツォが編んだ『ジャンバッティスタ・ヴィーコ——ある国際シンポジウム』の共編者としてであった。

ヴィーコ生誕三百年にあたる一九六八年は、わたしがそのナポリの哲学者の仕事に本格的に取り組み始めた年であった。こんなこともあってさっそく入手したところ、本にはホワイト自身の「クローチェのヴィーコ批評における生きているものと死んでしまったもの」というエッセイが収録されていた。クローチェに「ヘーゲル哲学における生きているものと死んでしまったもの」（一九〇六年）という論考がある。これになぞらえたエッセイだったが、クローチェにはわたしも大学生のころから親しんできた。そんなこともあって、親近感をおぼえたのを記憶している。

しかし、わたしをいっそう深く刺激したのは、タリアコッツォが今度はドナルド・フィリップ・ヴェリーンの協力を得て編んだ二番目の論集『ジャンバッティスタ・ヴィーコの人文学』（一九七六年）にホワイトの寄せた「歴史の喩法――『新しい学』の深層構造」という論考であった。

ヨーロッパで古典古代以来用いられてきた詩的な喩《トロウプ》にメタファー（隠喩）、メトニミー（換喩）、シネクドキー（提喩）、アイロニー（反語）という四つの喩がある。ヴィーコは『新しい学』のなかでこれらの喩を「人間的な観念の歴史」の基軸に据えたところから、諸国民の創建者たちの「詩的知恵（sapienza poetica）」の世界についての推理をこころみている。ホワイトはこのヴィーコのトロポロジカル（喩法論的）なアプローチに着目する。そしてこのアプローチをみずからのアプローチとしたところから『新しい学』の深層構造を明らかにしようとするのである。

ホワイトの同じアプローチはこの論考に先立って世に問われた『メタヒストリー』でもすでにこころみられていたが、この歴史へのトロポロジカルなアプローチにわたしは痛く刺激されるところがあった。なかでも、『メタヒストリー』の序論「歴史の詩学」は、ホワイトの第一批評論集『言述の喩法』の序論「トロポロジー、言述、人間的意識の諸様式」とあわせて、繰り返し読ませてもらった。

わたしは当時、歴史学は社会科学の補助学としての地位から脱却して、本来の土壌である人文的教養の原点に立ち戻ったところから起死回生を図るべきではないかと考えていた。そしてそのための方策をいろいろと模索しているところだった。この点については、樺山紘一が編者をつとめた『社会科学への招待　歴史学』（日本評論社、一九七七年）に寄せたわたしの論考「歴史の論理と経験——ヴィーコ『新しい学』への招待」を参照してほしい。このわたしの暗中模索にホワイトのトロポロジカルなアプローチは一定の方向を指し示してくれたのだった。

2

このホワイトのアプローチに代表される立場を指して、わたしは「表象の歴史学」と名づけた。そしてホワイトのその後の議論の展開とそれにたいするイタリアの歴史家カルロ・ギンズブルグの批判にも目を配りながら、その「表象の歴史学」の可能性をわたしなりに追求してきた。この経緯については『歴史家と母たち——カルロ・ギンズブルグ論』（未來社、一九九四年）に収録してある「表象と真実——ヘイドン・ホワイト批判によせて」を参照してもらえると幸いである。

そうしたなか、一九九〇年春のことである。「歴史の詩学」ないし「表象の歴史学」のプログラムにとって死命を制するといっても過言ではない深刻な事態がホワイトにおとずれる。カリフォルニア大学ロスアンジェルス校で「〈最終解決〉と表象の限界」をテーマにした会議が開催されたのだ。会議の記録は『表象の限界を検証する――ナチズムと〈最終解決〉』と題して一九九二年にハーヴァード大学出版会から出た。同書の編者ソール・フリードランダー（ドイツ名ザウル・フリートレンダー）が序文で述べているところによると、時あたかもドイツでナチスの強制収容所におけるガス室の存在をめぐっていわゆる「歴史家論争」が展開されていたのと、一九八九年に《歴史、事件、言述》をめぐってホワイトとギンズブルグのあいだで交わされた討論が会議開催のきっかけだったとのことであるが、なにしろ「表象の限界」が会議のテーマなのだ。ナチスによってヨーロッパ・ユダヤ人問題の〈最終解決〉策として遂行されたホロコーストという「表象の限界」に位置するかにみえる事件をめぐって、その表象の可能性そのものを問い直してみようというのである。ホワイトの目には、自分の「歴史の詩学」のプログラムへの挑戦状と映ったのではないだろうか。

じっさいにも、会議にはホワイトもギンズブルグとともに参加した。そして「歴史のプロット化と真実の問題」という報告をおこなっているが、そこでは、フリードランダーも注意をうながしているように、ホワイトは彼の構想する「歴史の詩学」が招来しかねない「相対主義」のもっとも極端な帰結――「なんでもあり（anything goes）」的な帰結――からの脱出の道を探ろうとしているように見受けられる。

そうした「相対主義」緩和のこころみの一端は、物語はつねにプロット化されるからこそ、物語同士の有意味な比較は可能となるのであり、物語のプロット化にはさまざまな様式があるからこそ、プロット・タイプの種類を識別することが可能となるとしながらも、《第三帝国にかかわるもろもろの出来事が喜劇的または牧歌的様式でプロット化されたものについていうなら、それらを第三帝国をめぐる競合しあう物語の一覧表から除外するにあたって、事実に助けを求めることが許されるのはいうまでもない》(傍点は引用者)とことわっている箇所などからうかがうことができる。

しかしまた、今回のホワイトの報告には、この点にもまして特記されることがある。それは、そこでは、ベレル・ラングが『ナチスによるジェノサイドにおける行為と観念』(一九九〇年)で提出した、ホロコーストは本質的に「反表象的(antirepresentational)な」出来事であって、もっぱら事実を直写することによってのみ語りうるというテーゼの意味するところが丹念に吟味されたうえで、ラングがロラン・バルトの一九六六年の講演原稿「書くは自動詞か」に登場する「自動詞的記述」という概念をホロコーストにかんする反省によって持ち上がった理論的諸問題を議論するのにふさわしい言述のモデルであるとしていることに着目して、アウシュヴィッツからの生還者プリモ・レーヴィの小説『周期律』(一九七五年)のなかの「炭素」の章からそれとおぼしき一節を引きながら、ホロコーストを表象するにあたっては、このレーヴィの一節にうかがわれるようなリアリズムのモダニズム的変奏版、とりわけ中動態的な叙述形式こそが要請される、と主張されていることである。

これは注目のうえにも注目に値する述言であるといってよい。ただし、このホワイトの述言をめぐっては、一部に誤解を呼んでいる向きがあるようである。たとえば、ハーマン・ポールは『ヘイドン・ホワイト――歴史的想像力』〔二〇一一年〕のなかで、「自動詞的記述」と「中動態の意識的採用」を同等視している。しかし、バルト自身が問題にしているのは、書くという動詞がいつのころからか自動詞的に用いられるようになったということそのことではない。そうではなくて、動詞の態には能動態と受動態のほかに中動態と呼ばれる態があったということ、そして少なくともインド＝ヨーロッパ諸語においては、態の観念が真に対立させているのは、能動態と受動態ではなくて、能動態と中動態であるということ――このことをこそ、バルトは言語学者エミール・バンヴェニストの一九五〇年の論考「動詞の能動態と中動態」に依拠しながら主張しようとしているのである。《ここで問題になっているのは、ほんとうに自動詞性なのだろうか。どのような時代に属していても、作家とはつねに何かを書く者であって、どのような作家もこの事実を無視することはできない。〔中略〕したがって、書くという現代的な動詞の定義を探し求めなければならないのは、見かけに反して、自動詞性の側ではないのである》。バルトはこう述べたうえで、動詞の態の観念こそが書くという現代的な動詞の定義の手がかりになるとして、つぎのように続けている。《能動態の場合、行為は主語＝主体の外で遂行される。〔中略〕これとは逆に、中動態の場合には、主語＝主体は行為するなかで自分自身に作用を及ぼす。主語＝主体は、たとえ目的語をともなっていようとも、つねに行為の内部にとどまっている。したがって、中動態は、他動詞性を排除するものではないのだ。このように定義されるとき、中動態は、書くの地位に完全に対応するものとなる。今日では、書くということは、みずからを言葉《パロール》の行為の中心にするということである。みずから作用を及ぼされながら書記行為を実践することである。書き手を心理的な主体としてではなく〔中略〕行為の動作主として書記行為の内部に放置しておくことである》と。そしてホワイトもまた明言しているのだった。《自動詞的記述ということでわたしたちが理解すべきであるのは、ホロコーストという出来事にたいする中動態によって表現されるような関係に似たなにものかであろうということである》と。誤解があってはいけない。

3

それ以来、ホワイトはホロコーストという「表象の限界」に位置するかにみえるモダニズム的な出来事の表象可能性をめぐる問題に本格的に取り組みはじめる。

そして省察の成果は、二〇〇四年の論考「目撃証言文学におけるフィギュラル・リアリズム」を経て、二〇一四年に出版された『実用的な過去』に収録されている五本の論考においてある程度まとまったかたちで発表されることとなる。そこでは、それまでホワイトが提唱してきた歴史への喩法論的《トロポロジカル》なアプローチの有効性があらためて確認されるとともに、ホロコーストというモダニズム的な出来事を表象するには文学や芸術の分野で誕生したモダニズムの技法から学びうるところが少なくないとして、そのためのいくつかの理論的・方法論的示唆があたえられている。

まず二〇〇四年の論考「目撃証言文学におけるフィギュラル・リアリズム」では、ホロコーストあるいはナチスによるユダヤ人問題の〈最終解決〉は二十世紀に特有の「極限的状況」であって、《「歴史的出来事」という概念そのものの修正、ひいては、それを「歴史的記憶」に同化・吸収するためにわたしたちがもっている証拠を分類し査定する仕方の修正が必要とされることを暗示している》としたうえで、そのような「極限的状況」を経験するなかで生み出された目撃証言文学がどれほど特異なものであるかに注意が喚起されている。ホロコーストにかんする目撃証言文学は、その出来事についてのわたしたちの知識に資するものとしてみずからを提供するのではあるが、しかし、ホロコーストの目撃証言者たちは、本質的に「信じがたい」ものであった事実を報告しなければならないという怖れのもとで証言してきた。じっさいにも、自分たちが耐え忍んできた出来事はあまりにも異様で、あまりにも「言表しがたい」ものであったため、自分たちの証言が真実であることを信じさせうるような声や書き方を見つけ出すことに多くの者たちが絶望してしまったほどであった。くわえて、彼らの証言の大部分はあまりにも情動的で苦痛に満ちたものであったため、一部の研究者たちはそれを「トラウマ（心傷）」的な性質のものとして精神分析学者の分析に委ねるよう進言してきた。こうして、ホロコーストにかんする証言は、一方では、それが語っている出来事の指標であるとされながらも、同時に他方では、理解よりも医学的ないし心理学的な種類の治療を要する傷ついた意識の所産として受け取られることとなっている、というのだった。

そしてホロコーストにかんして証言した真に偉大な作家のひとりであるプリモ・レーヴィの

場合を取り上げて、彼の場合には、ホロコーストの体験者が自分たちの体験を証言しようとするさいに直面するこのような事態がプレッシャーとなって、《客観的な観察力、判断の合理性、表現の明晰さ》を保持したいという願望が一種の強迫観念にまでなってしまっており、このため、自分が化学の学生として学んだ科学的な手順（化合物の測量と測定をおこなって、それをいったん元素に分解したうえで、ふたたび合成して別様に組み合わせてみるという手順）こそは収容所での出来事をありのままに観察するのに適していると考えて、『これが人間か』（一九四七年）でも『溺れてしまった者と救いあげられた者』（一九八六年）でも、化学者たちが化合物における変化した部分と安定している部分を記録するのに用いている量的な表現形式に似た種類の陳述スタイルをとろうとこころみている、との指摘がなされている。

そのうえで、ホワイトは「さて、わたしにかんしていうなら」と言葉を接いで主張するのである。《レーヴィ自身が実際におこなっている書記行為《エクリチュール》は彼がひとりの文体論者《スタイリスト》として言明している狙いとは正反対の方向に向かっていることを現代の言説理論にもとづいて示すことができる》と。《彼の書記行為《エクリチュール》は一貫して（そしてあざやかにも）比喩形象的（figurative）である。そしてレトリックの文彩や装飾を欠いていることからはほど遠く、ことのほか文学的な書記様式がどれほどまで事実的言述の指示的ならびに意味論的な価値を高めうるかのひとつのモデルを構成している》というのだった。そしてこのことを『これが人間か』のうち、それぞれ「一九四四年十月」、「オデュッセウスの歌」、「溺れてしまった者と救いあげられた者」と題された章に即して具体的に立証しようとしている。要するに、レーヴィの作品を終始鼓舞し領導しているのは、自分がアウエルバッハにならって「フィギュラル・リアリズム」と呼んできた力にほかならないというのが、二〇〇四年の論考においてホワイトが言わんとしていることなのだった。

4

つぎに二〇一四年に出版されたホワイトの最新論文集『実用的な過去』であるが、ここには、論文集のタイトルにもなっている「実用的な過去」を筆頭に、「真実と環境――ホロコーストについてなにを（もしなにかが語りうるとして正しく語りうるのか」、「歴史的な出来事」、「コンテクスト主義と歴史的理解」、「歴史的言述と文学理論」の計五本の論考が収められている。

うち、第一章「実用的な過去」は、ホワイトが二〇〇九年十月二十四日に東洋大学でおこなった講演の原稿である。自分の両親がナチスの死の収容所で処刑されたかもしれないという情報を得たたひとりのユダヤ人青年、ジャック・アウステルリッツが情報の真偽を確かめるべく、その痕跡をとどめている「記憶の場所」を旅して回る、W・G・ゼーバルトの『アウステルリッツ』（二〇〇一年）――この作品をホワイトは「ポストモダン的歴史小説」と称している――についての分析を枕に、歴史と文学、あるいは事実とフィクションの関係をめぐってのホワイトのこれまでの考察の要点が、イギリスの哲学者マイケル・オークショットが『歴史について、およびその他のエッセイ』（一九八三年）に収録されている論考「現在、未来、および過去」において提出した「歴史的な過去（historical past）」と「実用的な過去（practical past）」の区別を援用しつつ、あらためて提示されている。

ただ、そのさい、オークショット自身は、過去の行為や発話についての歴史的理解とは、それを現在との関係においてではなく、それ自体の過去との関係において理解することであるとの認識に立って、現在に生きる人びとの実践的・実用的な関心から自由になった、いわば「死んだ過去」としての「歴史的な過去」の意義を強調していた。これにたいして、ホワイトのほうでは、オークショットのいう「歴史的な過去」を歴史研究の専門家の手になる「歴史学的な過去」と等置したうえで、普通の人びとの日常のなかに息づいている過去としての「実用的な過去」の意義を力説しているのが目を惹く。

また、ホワイトは今回の考察の最後でこれまでの彼の考察の仕方を自己批判して、つぎのように述べている。《かつて問題が一方における「事実」と他方における「フィクション」という二つの実体の関係でもって構成されていると主張したことで、わたしがミスを犯したのは、いまではよくわかっている。ここはむしろ、問題は、指示対象に忠実であろうとしながら、しかし、文字どおりの記述以上の意味を生み出し、その効果という点で、フィクション化するとまではいわないにしても、どう見ても文学的であるような表象の慣習を受け継いできた言述（歴史）と関係している、と述べるのが妥当だったのかもしれない》。この反省の弁にも注目しておきたい。

さらにもう一点、十九世紀に歴史の科学化への傾向が強まるなかで専門の歴史家たちによって排除されていった思弁的な「歴史の哲学」がじつはオークショットのいう「実用的な過去」への人びとの関心に応えようという意図をもっていたこと、ひいては、それは二十世紀のモダニズム的・ポストモダニズム的小説家たちを動機づけているのと同じ種類の実践的関心によって動機づけられていたということは二〇〇九年の来日時の講演でも指摘されていたが、ホワイトは同講演を今回の論文集に収録するにあたって《わたしはかつて『メタヒストリー』において、どの歴史叙述作品も歴史についてのなんらかの全体的な哲学を前提としている、と論じたが、ここでも同じように、どの現代小説も歴史の哲学を前提としていると論じるだろう》と述べ、トニ・モリスンが小説『ビラヴド』の第四版（二〇〇四年）に寄せた序文についての考察を付け加えている。これも留意しておいてよい点かとおもう。

第二章「真実と環境——ホロコーストについてなにを（もしなにかが語りうるとして）正しく語りうるのか」はダン・ストーン編『ホロコーストと歴史の方法論』（二〇一二年）への寄稿論文である。

ここでは、ある発語への応答の正しさはコンテクストに依存しており、適切さの条件が適用される、とするJ・L・オースティンの言語行為《スピーチ・アクト》理論を援用しながら、ホロコーストのような特異な出来事についての目撃証言の場合、「それは真実か」という問いを発することがはたして適切なのかどうかが、二〇〇四年の論考「目撃証言文学におけるフィギュラル・リアリズム」につづいて、ここでもまた、アウシュヴィッツからの生還者プリモ・レーヴィの回想記

『これが人間か』を取り上げて検討されている。

オースティンにとって言語行為《スピーチ・アクト》とは「発語内的（illocutionary）」行為である。すなわち、なにごとかを言うなかで、同時になにごとかをおこなう行為、いいかえるなら、世界にたいする話者の関係か、世界のある部分とほかの部分との関係か、話者にたいする世界の関係かのいずれかを変化させる行為である。まずはこのことにホワイトは注意を喚起する。そしてもしオースティンの言うことが正しいとするなら、そのときには、言語行為《スピーチ・アクト》理論は、歴史叙述のような言述についても、それをひとつの実践、すなわち、世界についてなにごとかを言うことによって世界を変化させたり世界に影響を与えたりすることを企図した行動として利用できるのではないか、と言う。

そのうえで、ホワイトは、レーヴィの『これが人間か』を《明らかに現実の世界、具体的にはアウシュヴィッツの世界についてのものではあるけれども、「それは（歴史的に）真実か」というかたちで応答したのではいかにも不適切というほかないテクストの一例》であるとする。そしてホロコーストのようなトラウマ的出来事についての目撃証言の場合には、記述の事実的な真実にかかわる問いがさして重要性をもたず、ことがらをどう模倣するかということよりも、どのような叙法を使用して叙述するかということこそが問題になることを、本のタイトルにもなっている冒頭の詩「これが人間か」の分析をつうじて明らかにしている。

第三章「歴史的な出来事」は『ディファレンシーズ』誌二〇〇八年夏号の特集《出来事のなかで》に寄稿された。

自分たちが歴史から排除されてきたと考える集団の立場からすれば、歴史は支配的な集団の占有物以外のものではない。また、自分たちが歴史に属している、あるいは歴史を有していることを誇る集団のあいだでも、歴史とは勝者によって勝者に都合よく書かれるものであり、歴史叙述は敗北した集団から過去とアイデンティティを奪い去ることで敗北した集団への抑圧を倍加するためのイデオロギー的な武器であると考えられてきた。くわえて、そもそも「歴史」は西洋において発明され育成されたものであり、西洋固有のさまざまな偏見にとらわれていて、人類一般に普遍的に適用できるものではない。こういった近年の議論のコンテクストを踏まえつつ、「歴史的な出来事（historical event）」とはなにかが問題にされている。考察の過程では、アラン・バディウの『無限の思考』（二〇〇四年）における「出来事」についての定義なども参照されており、現代哲学の最先端の状況への、年老いてもなお衰えを見せぬ旺盛な好奇心には脱帽のほかない。

しかし、この論考でとりわけ目を惹くのは、ひとつには、つづいて「歴史小説」という歴史と小説の混淆体の意義に言及して、それがモダニズム文学の土台をなしていることが確認されたうえで、モダニズム文学は――アウエルバッハも指摘するように――けっしてリアリズムと歴史から逃避しようとしているわけではなく、ただ、「プロット」そのものを捨て去ることによって、歴史的な出来事を「プロット」に取り込もうとする誘いかけから解放しようとしていることに注意が喚起されていることである。

そしていまひとつは、モダニズム文学は、歴史的な出来事の及ぶ範囲を横方向に広げて、隣接する時間の領域にそれを流し入れるだけではなく、歴史的な出来事の深層に分け入って、それが幾重にも重なる意味を隠しもっていること、その内圧力がきわめて変化しやすいこと、みずからが固定化することに強い抵抗力を示していることを明らかにしようとしているとして、この点でモダニズム文学の方法とフロイトの精神分析学の方法とのあいだに「トラウマ的出来事」への接近の仕方において共通性が見られることに着目されていることである。

フロイトへの言及そのものはホワイトの従前の論考中でもしばしばなされている。とくにフロイトの「夢作業」にかんしては、『フィギュラル・リアリズム』のなかで一章を割いて論じられている。しかし、「トラウマ」の概念、なかでもフロイト晩年の著作『モーセという男と一神教』(一九三九年)にうかがえる「予型の成就」モデルについて本格的な考究がなされたのは、この論考が初めてではないだろうか。特記に値するゆえんである。

第四章「コンテクスト主義と歴史的理解」はホワイトが来日直前の二〇〇九年十月十九日に国立台湾大学でおこなった講演の原稿である。

講演原稿のタイトルにある「コンテクスト主義(contextualism)」というのは、アメリカの哲学者スティーヴン・ペッパーが『世界仮説――証拠の研究』(一九四二年)において、西洋の形而上学と認識論の伝統のなかで哲学者たちが生み出した世界についての四つの「相対的に適切な」仮説のうちの、フォーミズム(形相論)、機械論、有機体論とならぶ仮説のことである。ペッパーによると、わたしたちの世界認識は「常識(common sense)」から発して「洗練された知識(refined knowledge)」へと進展していくのであり、「常識」はそれを支える「ルート・メタファー

(root metaphor)」からなるという。そしてコンテクスト主義、すなわち、ある出来事の証拠をそれが置かれている文脈ないし状況との関連性のうちに見出そうとする世界仮説の場合の「ルート・メタファー」を代表する最良の語としてペッパーは「歴史的な出来事」を挙げているのだが、このホワイトの講演では、理解とはアーサー・ダントーのいう「認知による説明(explanation by recognition)」、すなわち、適切に記述ないし描写された客体が特定の時と場所における「常識」の提供する命名と類別のシステムのなかで固有の場所を占めていることが示されたという感覚に立脚した説明のことであるという前提に立って、とりわけ言葉によるコンテクスト主義的な描写からなる歴史的理解の場合の「認知による説明」のありようが取り上げられている。

短いものながら密度の高い講演である。世界についての命題の真偽を判断するにあたって西洋では慣習的に事物と知性の一致という「対応性」の基準と論理的な「整合性」の基準という二つの基準が採用されてきたことにあらためて聴衆＝読者への注意喚起がなされるとともに、それが記号と指示対象の関係についてチャールズ・サンダース・パースが立てたイコン(類像)的関係とシンボル(象徴)的関係に対応するとしたうえで、現実に起きた出来事についての物語的説明の真実性とはシンボル的な真実性にほかならないと主張されているなど、従来からの喩法論的なアプローチに記号論を援用した新しい境地が開拓されてもいる。

しかし、なかでも目を惹くのは、ホワイトが、コンテクスト主義は理論主導でないばかりか、原則的に反理論的であるとしていることである。ペッパーは、コンテクスト主義の特徴を綜合的であると同時に拡散的である点に求めていた。そこでは、事実は、それらがどこからやってきたものであれ、ひとつまたひとつと逐一取り上げられ、それらがやってきたままに解釈されるというのだった。また、プラグマティストに代表されるように、概念はそれに対応する方法的操作の集合と同義であるとする「操作主義（operationalism）」的な真理概念を有していると見ていた。この点に着目した評価であろうが、本書全体の基調をなす「実用的な過去」の見地とも深く響きあうところがある。注目しておきたい点である。

第五章「歴史的言述と文学理論」は二〇一一年六月にイェーナで開催された《ホロコーストについて物語ることはできるのか》をテーマにした研究会議での報告で、会議の報告集『ホロコーストを物語る――科学的な経験的知識と物語的な創造性のはざまに立つ歴史叙述』（二〇一三年）に収められている。

イェーナの会議では、参加者はザウル・フリートレンダーの『絶滅の歳月――ナチス・ドイツとユダヤ人（一九三九―一九四五年）』（二〇〇七年）とクリストファー・ブラウニングの『自分たちは生き延びたのだということを忘れずに記憶していること――ナチスの奴隷労働キャンプの内側で』（二〇一〇年）のどちらかに焦点を合わせて議論するよう、事前に要請されていた。そこでホワイトはフリートレンダーの本を取り上げつつ、歴史的言述と文学理論の関係について論じたのだった。

ここでも、ホロコーストをすぐれてモダニズム的な出来事であるととらえたうえで、これを表象するには文学において開発されたモダニズム的なテクニックが有効なのではないかという見方が提示されているのだが、この点にかんして、ホワイトの本報告において注目される点が二点ほどある。

第一点。――フリートレンダーの『絶滅の歳月』は『ナチス・ドイツとユダヤ人』第一巻『迫害の歳月(一九三三―一九三九年)』(一九九七年)の続篇で、叙述は第一巻の序文で言明されていたところにしたがって、出来事を年代順にたどるというかたちで進められている。このかぎりで、同書は伝統的な物語ふうの歴史叙述であるとみられる。しかし、第一巻『迫害の歳月』では全体が第一部「始点と終点」と第二部「罠」に分けられたうえ、全部で一〇章からなるそれぞれの章にも第一章「第三帝国のなかへ」、第二章「同意するエリート、脅かされるエリート」などと各章であつかわれる出来事を具体的に指示する見出しがつけられていたのと異なって、第二巻にあたる『絶滅の歳月』では、同じく一〇章からなるそれぞれの章には日付しかついていない。その一方で、「恐怖(一九三九年秋―一九四一年夏)」、「大量虐殺(一九四一年夏―一九四二年夏)」、「ショアー(一九四二年夏―一九四五年春)」と見出しされたそれぞれの部には、犠牲者たちの残した日記の一節がエピグラフに掲げられている。

ホワイトは、このように『絶滅の歳月』を構成する各章の見出しが日付だけからなっていること、その一方で、三部構成のそれぞれのエピグラフにホロコーストの犠牲者たちの日記が引用されていることに着目する。そしてそこには、主題をあるドラマを構成するひと続きの「場景《シーン》」としてではなく、ベンヤミンのいう「星座的な布置関係」の集合として提示することによって、歴史をプロット化しようとするあらゆる傾向にたいするモダニズム的な抵抗の姿勢がうかがえると指摘する。

第二点。――ホワイトによると、フリートレンダーは、自分が報告しているさまざまな行動の「外」にいるとともに、報告するさいの言述の「外」にもいるような、全知の語り手のポーズをとることを注意深く避けていて、バルトがバンヴェニストにならって「中動態的なありかた」と呼んでいるありかたをとって書記行為の内部にいると言う。《彼の書記行為は、指示対象にたいしては、他動詞的なありかたと自動詞的なありかたのあいだを揺れ動く(それは語っている対象が迫害者たちであるのか犠牲者たちであるのかで変わる)。しかし、自分自身の言述にかんしては恐ろしく「中動態化されている」。いいかえるなら、彼はホロコーストが起こりつつあったときにその内部から書いていた日記の作者や目撃証言者や生存者たちに場を譲ることができるようなかたちで表象行為の「内部」にいる》というわけである。

以上二点は、いずれも特記に値する。「ナレーション、ナラティヴ、ナラティヴ化についての付記」も興味深い。

なお、その後、イェーナ会議でのホワイトの報告の縮約版とおぼしきエッセイが、ニコラス・チェアーとドミニク・ウィリアムズの共編になる論集『アウシュヴィッツを表象する――証言の限界点において』(二〇一三年)に「コーダ――目撃証言言述を読む」と題して掲載されたとの情報を得たた。そこで、抜き刷りを送ってくれるようホワイトに要請したところ、その"up-to-date version"であるという「歴史的真実、違和、不信(Historical Truth, Estrangement, and Disbelief)」と題する論考(二〇一一年執筆。二〇一六年、クラウディオ・フォグ、ウルフ・カンスタイナー、トッド・サミュエル・プレスナーの共編になる論集『ホロコースト文化の倫理を検証する』に公表）が送られてきた。『実用的な過去』第五章の議論を引き継いで、フリートレンダーの本の精読《クロース・リーディング》をこころみた刺激的な論考で、さっそく翻訳し、『思想』第一一一一号（二〇一六年十一月）に掲載してもらった。そして二〇一七年、わたしの編訳になるホワイト主要論文集成『歴史の喩法』が作品社から出たのにつづいて、わたしの監訳になる『実用的な過去』の日本語版が岩波書店から出たさい、そこに収録しておいた。

5

話を少しもどすとして、ソール・フリードランダー編『表象の限界を検証する——ナチズムと〈最終解決〉』は、わたしにとってもいろいろな示唆を与えてくれる本であった。そこでまずはカルロ・ギンズブルグの「ジャスト・ワン・ウィットネス」とヘイドン・ホワイトの「歴史のプロット化と真実の問題」を『みすず』に訳載させてもらった。そして当時東京外国語大学で同僚だった小沢弘明と岩崎稔の協力をえて、フリードランダーの序文と、ペリー・アンダーソン、ドミニク・ラカプラ、アントン・カエス、ベレル・ラングの論考を加え、一九九四年に『アウシュヴィッツと表象の限界』と題して未來社から刊行させてもらったのだが、これと符節を合わせるかのようにして、一九九五年にはホロコーストの加害者であるドイツ人と犠牲者であるユダヤ人と傍観者のポーランド人の証言だけに依拠したクロード・ランズマン監督のフィルム『ショアー』*Shoah*（一九八五年）が日本で上映された。じつに衝撃的な作品で、その衝撃の余韻が冷めやらぬなか、「凍てついた記憶」と「映画『ショアー』に見る〈状況の演劇〉の現在」という二本のエッセイを立て続けに書いたほか、『現代思想』編集部の求めに応じて、多木浩二と「歴史と証言」というテーマで対談をさせてもらったりもした。対談の記録は『現代思想』一九九五年七月号に掲載されている。

一九九〇年代前半のこうした出来事がきっかけとなって、わたしのなかでも、歴史学への介入の仕方に変化が生じる。「歴史の論理と経験」以来の歴史学へのわたしの介入は、主としてはヴィーコから読み取ったものに拠りつつも、同時にソシュールの衣鉢を継ぐ構造主義／ポスト構造主義者たちが社会・人文科学界一般にもたらした「言語論的転回」を背景にして、歴史記述のもつ言語活動としての性質をポジティヴにとらえたところから、「表象の歴史学」の秘めている学問論的批判力に期待をかけてのものであった。ところが、その「表象の歴史学」の遂行する表象行為、ないしは言語活動そのもののはらむ抑圧性に目を向けざるをえなくなったのである。

こうして問題は倫理的なレヴェルへと大きくシフトさせていかざるをえなくなった。そしてこのレヴェルにあっての問題の解決の手がかりを求めて、わたしはそれ以来、なかでも精神分析理論から「表象の歴史学」ないし「歴史の詩学」が学びとりうるものを探りあてていくことになる。と同時に、さらには、「歴史のヘテロロジー」なるものの構築に向けて、微力ながらも努力していくことになる。歴史を「歴史の他者」との関係のなかで異他化しようということころみである。考察は一九九七年秋から二〇〇〇年春にかけて『思想』の誌面を借りて計六回にわたって進められた。そしてこれらの論考は、そこに岩波書店刊の『新・哲学講義⑧歴史と終末論』に寄せた「敗北の記憶と廃墟からの物語」を織り込んで、二〇〇二年に『歴史的理性の批判のために』と題して岩波書店から刊行された。

6

ところで、未來社から『アウシュヴィッツと表象の限界』を出した直後、この本について寄せられた書評のなかに、ホワイトの「歴史の詩学」の可能性と限界を考えるうえでひとつ気になる書評があった。鵜飼哲が『インパクション』一九九四年八月号に寄せた書評がそれである。

鵜飼は、その書評のなかで、ホワイトの「歴史の詩学」には《けっして現前へともたらされることのない歴史の他者たちの眼差し》を受けたところで歴史の倫理への厳しくも切実な問いを開く可能性がはらまれているという趣旨の指摘をおこなっている。ホワイトは「歴史の詩学」を二つの理論的前提に依拠して構想していた。ひとつは、歴史家が過去に起こった出来事について記述するためには、それらの出来事のすべてをもれなくみずからの上に住まわせた「ヒストリカル・フィールド（historical field）」についての全体的なイメージを前もって形象化していなくてはならないということ。そしてもうひとつは、「ヒストリカル・フィールド」の前もっての形象化は歴史家の前認知的な無意識のレヴェルで遂行されるということである。鵜飼の指摘はこのうちの後者に着目したものではないかと推測される。

だが、これはどうだろう。『思想』一九九六年八月号に寄せた一文「「歴史の詩学」再考」でも述べさせてもらったが、ホワイトの「歴史の詩学」が真に鵜飼の要請に応えるものになるためには、省察をさらに一歩深く掘り下げて、そもそも「ヒストリカル・フィールド」の前もっての形象化が歴史家の前認知的な無意識のレヴェルで遂行されざるをえないのはなぜなのか、その根拠理由を問うてみなければならない。ところが、ホワイトには考察をそこまで深化させようとした形跡は見あたらないのである。

したがって、ホワイトの「歴史の詩学」が鵜飼の期待するような意味での歴史の倫理への問いを開くことのできるものになるためには、視座と方法そのものの一大転換が必要とされるのではないかとおもわれる。そしてわたしたちのもとにどこからとも知れず注がれてくる《けっして現前へともたらされることのない歴史の他者たちの眼差し》の気配を手がかりに、歴史の言説がそこから立ち上がってきた起源の場所にまで戻っていくのでなくてはならない。多木浩二が『思想』一九九五年十二月号に寄せた一文のタイトルを借りるなら、「方法としての退行」が必要とされるのである。多木がアンゼルム・キーファーを例にとって確認しているところによると、《歴史が記述化される以前の、それが可能的言説として胚胎する領域》においては、歴史は芸術とのあいだに実りゆたかな相互扶助的関係を取り結んでいたとのことである。そのような起源の場所にまで戻っていく必要があるのではないかとおもわれる。

なるほど、多木自身は述べている。みずからが誕生したときの始原的な経験を反復するというのは芸術に固有の出来事であって、他の知的領域では、その学が成立したときの事情を繰り返すことはない、と。しかし、そうだろうか。他の知的領域も、芸術と同様、みずからが学として成立したときの事情を反復するのではないだろうか。いや、反復してしかるべきではないのか。「方法としての退行」は、芸術だけでなく、他の知的領域においても、知としてのみずからの活力を維持し、あるいは蘇生させるための、必要にして不可欠の要件であるといってよい。なかんずく歴史の場合にはそうである。ホワイトの「歴史の詩学」を鵜飼が期待するような意味での歴史の倫理への問いを開くことのできるものにするためには、多木のいう「方法としての退行」が必要とされるのではないかとおもわれる。

7

それでは、そうした「方法としての退行」は、具体的にはどのようにして可能となるのだろうか。

ここで、そのためのひとつの手がかりとなるのではないかとみられる例として、ヴィーコの『新しい学』（第一版一七二五年、第二版一七三〇年、第三版一七四四年）を挙げたいとおもう。わたしのみるところ、すでにヴィーコが同書においてそうした退行をくわだてていたのだった。

見てみよう。ヴィーコには彼が『新しい学』の第三版において《この学の親鍵》であると自負している「発見」がある。《異教の最初の諸国民は自然本性上の必然からして詩人たちであり、詩的記号（carattere poetico）によって語っていた》というのがそれである。「詩的記号」とは《それぞれの類に類似したところのあるすべての個別的な種があたかも理念的なモデルまたは肖像に還元されるかのようにしてそこに還元されるべき想像的な類または普遍（genere o universale fantastico）》のことを言う。具体的には、ギリシア＝ローマ神話に登場する神々や英雄たちの像のことを指している。一見したかぎりではなんとも奇抜な推理であり「発見」である。しかし、少しばかり立ち入って検討してみると、なかなかよくできた推理であることがわかる。

ヴィーコによると、異教諸国民の世界を創建することになった「最初の人間たち」は、悟性的判断力はいまだ全然持ち合わせていなかった反面、全身がこれ感覚と想像力のかたまりであったにちがいないのだった。ひいては、彼らには詩的創作の能力が生まれつきそなわっていたはずなのだった。いやそれのみか、彼らはその能力にことのほか恵まれていたにちがいない、とヴィーコはみる。つまり、異教世界の「最初の人間たち」は、天性の詩人ないし創作の天才であったというわけである。そしてこの天性の詩人ないし創作の天才であった異教世界の「最初の人間たち」によって、その天性の「詩的知恵」を発揮しつつ仮構的に創造されていったものが、ヴィーコによると、神話に登場する神々であり、さらにはまた英雄たちの像なのであった。

しかも、ヴィーコの推理によると、彼ら異教世界の「最初の人間たち」は、彼らが彼らの特異な経験のなかで想像力をたくましくしつつ作りだしていった形像を、つぎには、それに類似する経験を表示しようとするさいの記号つまりは語彙として使用していくことになったのにちがいないのだった。

それというのも、これについては『新しい学』第一版に要領を得た説明が与えられているのでこちらのほうを引用しておくと、つぎのような理由によってである。

《ある国民が、知性がなおもきわめて不足しているために、ある特性を表現するのに抽象的あるいは類的な言い方をするすべを知らないとしよう。また〔その一方で〕ある人間を呼ぶのに最初に目にとまった特性におうじて種的な（in ispecie）呼び方をし、その人間が最初にその相貌のもとに見られたところの特性によって呼んでいるとしよう。たとえば、ある大仕事を家族の必要から命ぜられてなしとげ、その仕事によって、彼の家または氏族、そして彼に割り当てられた部分にかんして、人類を守ったということで栄光に輝く存在となった人物をまさしくこの相貌のもとでとらえて、婚姻ひいては家族の女神であるヘラのクレオス〔栄光〕ということから、ヘラクレスと呼んだとしよう。すると、そのような国民は疑いもなく、その後ほかにもさまざまな人間がさまざまな時にその仕事と同じ特性をもつ行為をなしとげていたことに気づいた場合には、まずはそれらの行為に目をとめて、それらの人間にその当の特性によって最初に名づけた人物の名前を与えるだろう。そしていまの例でいうと、それらのだれをもヘラクレスと呼ぶだろう。しかも、そのように未開で無教養と想定される国民は同時に愚鈍でもあって、きわめて強烈な印象を与える行為にしか目をとめないにちがいないので、さまざまな人間によってさまざまな時に同一の種類の特性においてなされる行動の、もっとも強く感じ取られる部分――いまの例でいうと家族の必要の命ずるところにしたがって果たされる大仕事――にもっぱら目をとめて、それらのすべてを最初にその特性によって名づけた人物の名前に結びつけることだろう。そしていまの例でいうと、そのような人間の全員をヘラクレスという共通の名前でもって呼ぶだろう》。

このような呼称法――詩的アレゴリー――は、一般には、詩人たちの意図的な作為による換称であると解釈されている。しかし、これをヴィーコは《そのようにして思考し、また自分の考えていることを説明するほかなかった、すべての異教諸国民に共通の自然本性上の必要性》から生じたものであったとみる。そしてこのようにして自然本性上の必要性によって作りだされていった〈想像的普遍〉たる詩的記号から最初の異教諸国民の言語はできあがっていた、というのがヴィーコの推理＝「発見」なのだった。これは言語ないし一般に記号というものの本質とそれが人間存在にとってもつ意味を考えるうえで教示されるところの少なくない推理であり「発見」であるといってよいとおもう。

8

もっとも、ヴィーコの推理は、これを「発見」と称するにはあまりにもレトリック〈弁論術＝修辞学〉の伝統的概念からの借用が目立つことも事実である。

ヴィーコは、一六九九年に王立ナポリ大学に採用されて以来、一七四二年に退官するまで雄弁術の教授を務めた、その筋の専門家であった。また、詩作のほうも若いころからたしなんでおり、詩学にも通じていた。この弁論術と詩学の双方にわたるレトリックの素養をいかんなく活かしつつ、ヴィーコの推理は展開されているとみられる。

しかし、このようにヴィーコの「発見」にはレトリックの伝統からの借用とおぼしきものがすくなからず認められるからといって、ここからただちにヴィーコの〈詩的知恵〉の世界を――マイケル・ムーニィという研究者が『レトリックの伝統におけるヴィーコ』*Vico in the Tradition of Rhetoric* (Princeton, NJ: Princeton University Press, 1985) で指摘しているように――《レトリカルな行為の一般化》であると断定するのは妥当ではないだろう。

それというのも、第一に、レトリックの世界には、みずからは学識があり悟性的判断力を十二分にそなえた弁論家がいる。なるほど、彼らが相手とする聴衆は、アリストテレスも述べているように、《野暮で知性を欠いている》かもしれない。しかし、その聴衆に向かう弁論家自身はあくまでも学識ある存在であり、悟性的判断力を十二分にそなえた者たちなのだ。

これにたいして、異教世界の最初の諸国民は詩人たちからなっていたとヴィーコが述べるときの詩人たちは、彼ら自身が《野暮で知性を欠いている》存在である。というか、ヴィーコによると、異教世界を創建した「最初の人間たち」は、いってみれば《人類の幼児》なのだった。ひいては、彼らが詩人たちであったと言われる場合の彼らの詩的創作活動なるものも、本質的に幼児の遊戯に等しいものとして理解されるのである。

第二に、《異教の最初の諸国民は自然本性上の必然からして詩人たちであり、詩的記号によって語っていた》というヴィーコの「発見」が開き示しているものはなにかといえば、それはまさしく、ドイツの哲学者ハンス＝ゲオルク・ガダマーが解釈学の哲学的基礎づけをこころみた著作『真理と方法』*Wahrheit und Methode* (3., erweiterte Aufl.: Tübingen: Mohr, 1972) において「言語意識の基礎的隠喩作用」と名づけているものにほかならない。

ガダマーによると、語るという行為には、あるひとつの「自然的な」概念形成の過程が最初からすでにつねにともなっているとのことである。ただし、その段階では、たがいに相異なることどものあいだに共通的なものが存在するということについてのなんらの明確な反省もいまだ生じてはいない。類という意味での普遍性は、なおも言語意識から遠く離れたところにある。ひとがそこでたどっているのは、むしろ、類似性を見つけ出していく自己拡大的な経験である。そしてそのようにして《類似性に表現を与える》ことができるということのうちにこそ、言語意識に固有の天賦の独創性が存在しているのだった。

この《類似性に表現を与える》言語意識に固有の作用を指してガダマーは「言語意識の基礎的隠喩作用」と呼ぶのだが、これはとりもなおさず、ヴィーコによって悟性的類概念の形成に先立つ〈想像的普遍〉の形成としてとらえられていたものでなくて、なんであろうか。ヴィーコは、その「発見」によって、ほかでもなく、そのような「言語意識の基礎的隠喩作用」の場、概念形成の自然的な作用の場に到り着いていたのだった。

もっとも、この場合にも、たしかに「隠喩」ではある。そしてヴィーコもまた、「隠喩」という言葉を用いているのは事実である。ヴィーコは、最初の異教諸国民の世界、その〈詩的知恵〉の世界の根源に隠喩作用の存在を確認するとともに、その世界の歴史的展開過程をも、そこに隠喩法から換喩法へ、さらには提喩法、そして反語法へというように修辞学上の四種類の喩法を段階的に重ね合わせつつ説明している。そしてヘイドン・ホワイトも言うように、この「歴史の喩法」をもって〈新しい学〉の世界の深層構造となしている。

また、この場合「隠喩」という言葉によって意味されているところも、語の定義そのものとしては、おそらく、「隠喩とは、あることがらにたいして、本来は別のものを指す名を転用することである」というアリストテレスの『詩学』(一四五七b六―七)における有名な定義を出るものではない。

しかし、とガダマーは言う。この〈名の転用〉をもってこれをただちに「本来の語義の非本来的な使用」というように受け取ってしまうのは《言語に疎遠な論理学的理論の先入見》以外のなにものでもない、と。一般にレトリックの伝統のなかでは、隠喩とは「本来の語義の非本来的使用」という意味においての語の転義的使用のことであると解されてきた。しかし、ガダマーによると、このような意味における隠喩は、彼が「言語意識の基礎的隠喩作用」と名づける自然的概念形成の原理が悟性的反省の場へと吸いあげられ、そこで文法学者たちの手によって喩法化されたものにほかならないのだった。そしてこれと「言語意識の基礎的隠喩作用」そのものとは断じて混同されてはならないのだった。

そして同様の指摘は、さきに紹介した詩的記号「ヘラクレス」の説明個所にもあったように、ヴィーコによってもなされているのだった。ここにもう一個所、この点についての総括的な指摘がなされている部分を引いておこう。いまも述べた太古の〈詩的知恵〉の世界における隠喩法から換喩法、そして提喩法から反語法への展開順序にかんする説明の最後に置かれている一節である。そこにはつぎのようにある。

《これらすべてのことから、これまで著作家たちの機知に富む発明物だと信じられてきた喩のすべては〔中略〕、最初の詩的諸国民の必然的な説明様式であり、起源においてはその生まれつきの特性をそっくりそのまま有していたこと、ところがのちに人間の知性が展開するようになるにつれて、抽象的な形式や、種を包括したり部分を全体に合成したりする類概念を指す言葉が発明され、最初の諸国民のそのような語りは本来の語義の転移態に転化してしまったことが明らかになる。ひいては、ここから文法家に共通の二つの誤謬が作動しはじめる。散文家の語りが本来的なものであって、詩人の語りは非本来的なものであるとする誤謬と、散文による語りが初めにあって、そのあとに韻文の語りが登場したとする誤謬である》。

「隠喩」とはいいながら、ガダマーのいわゆる「言語意識の基礎的隠喩作用」、そしてまたヴィーコの〈詩的知恵〉の世界におけるそれは、論理学的思考の成立を前提としてこれの平面上で文法学者たちによってとらえられているレトリカルな文彩の一種としての隠喩とは、およそその位置と性質を異にしている。この点、誤解があってはならない。

同様のことはガダマーとヴィーコの双方によって言及されている「トピカ」についても指摘することができる。

ガダマーは、彼のいわゆる「言語意識の基礎的隠喩作用」にかんする論述のなかで、概念と言語の連関の不可分離性の豊富な確証例を提供しているものとしてアリストテレスの『トピカ』を挙げている。そして《そこでは、共通的な類の定義的定立は、共通的なものにまず目をやることから導き出されている》ことに注意をうながしている。類似性を見つけ出していく言語意識の自己拡大的経験としての基礎的隠喩作用は、それ自体、一種のトピカ的な発見の技法を内包した作用であるというのである。しかし、ガダマーにとってのトピカは、もはやアリストテレス自身の場合にはそうであったような論理学的思考の平面上における推論の一技法、あるいはそのための用例集ではない。このことは、基礎的隠喩作用の場において実現されていると彼のみる概念形成が「自然的」と形容されていることから明らかである。

またヴィーコのほうも、同じく注目されることに、『新しい学』の段階では、トピカに「感覚的」という形容詞を付している。

《文明の最初の創始者たちは感覚的トピカ (una topica sensibile) に専念していた。それによって彼らは個や種の言ってみれば具体的な特性や性質あるいは関係をひとつにまとめ、そこからそれらの詩的な類概念をつくりあげていたのである。／だから、世界の最初の時代は人間の知性の第一の操作に専念していたと、偽ることなく言うことができる。／また、まずもってはトピカが彫琢されはじめた。ひとが或ることがらを十分にあるいは完全に知りたいと思う場合には、そのことがらのなかに存在しているかぎりの論拠をくまなく渉猟していなければならない。トピカとは、そのような論拠の在り場所を教えることによって、わたしたちの知性の第一の操作をうまく規制する術にほかならないのである》。

これは「詩的論理学」と題された章の「学者たちの論理についての最後の系」という見出しの付いた節に出てくる文章である。ヴィーコの場合にも、ここでいわれる「論理学」、ひいてはまた「トピカ」は、あくまでも感覚的なそれであって、悟性的な推論のための道具ないし技法とは断じて混同されてはならないものなのだった。

9

それだけではない。第三に、ヴィーコは、その「発見」にいたりつく過程で、ガダマーのいう「言語意識の基礎的隠喩作用」の場自体をも突き抜けて、いっそう原初の場面にまで降りていっている。そしてその原初の場面に降り立ったところから、当の「言語意識の基礎的隠喩作用」そのもののよって来たるところを見さだめうる視座を獲得している。

ガダマーの理解のうちにある隠喩作用というのは、あくまでもすでに形成されて秩序を構成している言語の内部においての出来事である。要するに、それは言語意識の作用なのだ。

一方、ヴィーコもまた、〈詩的知恵〉の世界の始源には、まずもっては隠喩的な作用が存在したと言う。しかし、ヴィーコがそう述べるときの隠喩的な作用とは、すでにできあがった言語の世界の内部にあってのものではない。ヴィーコは、当の言語の世界の成立過程そのものを視野のうちにとらえこもうとする。そしてほかでもなく、その言語の創出過程そのもののうちに隠喩的な作用を見てとるのである。

たとえば最初の神、〈天神〉ゼウスの誕生がそうである。ゼウスとは、その自然的原因がわからず、また初めての経験であったために類似する事物によって説明する手立てすらなかった「最初の人間たち」によって、彼ら自身のイデア、つまりは自己観念像から、自己差異化的に創出されていった形像にほかならないのだった。この異教諸国民の〈詩的知恵〉の世界のもっとも原初の、言語が成立する以前の場面において働いていたとみられる自己差異化的な転移の作用を指して、ヴィーコは「隠喩」と称しているのである。

したがって、ヴィーコが〈詩的知恵〉の世界の始源に措定している隠喩的な作用というのは、ガダマーの「基礎的隠喩作用」におけるような《類似性に表現を与える》ことではない。それは《類似性に表現を与える》以前に、なによりもまず人間の心的世界のなかに事物がそもそも自己同一性をそなえて立ち現われてくるさいの当の事物の自己同一性の原理にほかならないのである。

ソシュール言語学に造詣の深いイタリアの言語学者トゥッリオ・デ・マウロがアリストテレス的＝約定説的と呼んでいる、言語の起源についての見方がある。世界は、そこに人間が介入する以前に、すでに自己同一性をそなえ、相互に区別されて存在する事物の布置関係からなっている。そしてそれらの相互に区別された事物が人間の心のなかに反映して観念は作りあげられるのであって、事物の観念自体はだれにとっても同一であるが、ただそれらを表現する音声形式はそれぞれの社会を構成する人びとのあいだの約定によって相異なったかたちで成立しているとする見方である。

これにたいして、ヴィーコのほうでは、事物の自己同一性自体が人間のイデアないし自己観念像の自己差異化的な転移の作用をつうじてはじめて確立されるものとみる。

そしてこのようにして最初の人間たちが彼ら自身のイデアないし自己観念像から自己差異化的に作りだしていった形像がやがて〈想像的普遍〉としての条件をそなえた詩的記号――こちらのほうは類似性の発見をつうじて形成されていくわけであるが、そのような詩的記号として機能するにいたるまでには、なおもその間に、まさに相異なることどものあいだに類似性を見出すことができるようになるだけの、類似する経験の少なからざる積み重ねが必要とされるはずなのだった。

以上がホワイトの「歴史の詩学」についての、簡単ながらわたしの所見である。ヴィーコにかんしては、『新しい学』の拙訳（全3分冊、法政大学出版局、二〇〇七―二〇〇九年。近く中央公論新社で文庫化されることになっている）のほか、拙著『ヴィーコ――学問の起源へ』（中公新書、二〇〇九年。その後『ヴィーコ論集成』みすず書房、二〇一七年、に収録）を見られたい。

カルロ・ギンズブルグは、マリーア・ルイーザ・カトーニ編『三つの形象――アキレウス、メレアグロス、キリスト』*Tre figure. Achille, Meleagro, Cristo*, a cura di Maria Luisa Catoni (Milano: Feltrinelli, 2013) に、「ヴァールブルクの鋏」と題する論考を寄せている。

美術史家アビ・ヴァールブルク（一八六六―一九二九）に「情念定型（Pathosformel）」という概念がある。イタリア・ルネサンスの芸術家たちは苦痛や哀悼などの激しい情念を表現するさい、古代の彫刻や絵画に描かれている定型によって表現しようとしていたという事実に注目したところから編み出された概念で、ルネサンス時代における「古代の残存」を主題とするヴァールブルクの研究のなかで中心的な位置を占める概念である。

ギンズブルグの今回の論考はこの「情念定型」という概念の成立経緯とその後の展開について考察したものであるが、ヴァールブルクの言葉「神は細部に宿る」をみずからのモットーにしてきたギンズブルグらしく、テクストの細部への行き届いた目配りを見せていて、教えられるところが少なくない。

ヴァールブルクが一八八八年、フィレンツェ国立図書館で資料調査中に読んで、《やっとわたしを助けてくれる本に出会った》と日記に記しているチャールズ・ダーウィンの『人間と動物における感動の表現』（一八七二年）の欄外注で十八世紀イギリスの画家ジョシュア・レノルズの『芸術についての講話』（一七六九―七〇年）への言及がなされているのを目ざとく見つけているのなども、そのひとつである。

そもそものきっかけは、エドガー・ヴィントが一九三七年『ウォーバーグ研究所紀要』第一号に寄せた「十字架の下のマイナデス――レノルズの観察への評注」という覚え書きであった。

その覚え書きのなかで、ヴィントは、ヴァールブルクが没後に公刊された「古代ふうの理想様式のルネサンス初期の絵画への流入」という一九一四年の講演においてベルトルド・ディ・ジョヴァンニの《十字架磔刑図》で描写されているマグダラのマリアを「マイナデス（酒神バッコスの信女たち）」であると同定していることに関連して、ルネサンス時代の画家や彫刻家がヴァールブルクの言う「情念定型」にのっとって作品を制作するにあたって、古代に担っていた意味とは反対の意味をそれに担わせていたことについては、すでにレノルズの『芸術についての講話』のバッチョ・バンディネッリ《十字架降架》の素描を分析した一節にも同趣旨の指摘がみえることに注意を喚起している。

そのうえでヴィントは言うのだった、ヴァールブルクはベルトルド・ディ・ジョヴァンニのマグダラのマリアのような像を《レノルズの『芸術についての講話』の一節を知らないまま》、類似する動作が反対の意味を帯びうることを示すために蒐集していたのだ、と（傍点は上村）。

これを受けて、ギンズブルグは《しかしヴィントは間違っていた。ヴァールブルクは「情念定型」の概念の起源とさらにはその後の歴史のいくつかの要素を照らし出してくれるコンテクストのなかで、レノルズの一節に出会っていたのである》と主張する（傍点は上村）。そしてその証左として、ダーウィンの『人間と動物における感動の表現』の第八章の《笑いの爆発のあとに涙にぬれた顔と、号泣のあとのそれとではほとんど区別がつかない》と記されている箇所の欄外に《レノルズ卿（『講話』第十二巻、一〇〇頁）は述べている、「両極端の情動が、たいした違いもなく、同一の動作で表わされるといえば奇妙であるが、たしかにそうなのである」と。その例として、卿はマイナデスの熱狂的な歓喜と、マグダラのマリアの悲痛を引き合いに出している》と注記されている事実を挙げるのである。テクストの細部への行き届いた目配りの成果の典型的な一例とみてよいだろう。

もっとも、これとてあくまで推測である。この欄外注にヴァールブルクが実際に目を止めたという確たる証拠はない。それでも当時のヴァールブルクの関心のありどころから見て、きわめて蓋然性の高い推測であるとはいえるのではないだろうか。

わたしは目下、ギンズブルグがここ十年間に発表してきた論考のなかから「ヴァールブルクの鋏」もふくめた七本を選んで、『ミクロストリアと世界史』と題する日本語版論集を準備中である（その後、二〇一六年にみすず書房から出版された）。その日本語版論集に寄せた「序文」で、ギンズブルグはヴァールブルクの言葉「神は細部に宿る」を「悪魔は細部に宿る」というヨーロッパに古くから伝わる諺をもじったものであるとしたうえで、今回の論集に収録される予定の論考「内なる対話――悪魔の代言人としてのユダヤ人」を引き合いに出しつつ、《悪魔ではないまでも、少なくとも悪魔の代言人が、わたしの知的旅における親しい同行者であった》と述懐している。注目に値する述懐かとおもう。

ちなみに、「悪魔の代言人」というのは、もともと、カトリック教会で故人を列聖するさい、判断の公正を担保するべく、その故人をあえて非難する役目を担って招き入れられていた人物のことである。

*

しかしまた、今回の論考「ヴァールブルクの鋏」におけるギンズブルグのメイン・テーマは、ヴァールブルクの仕事の《比類なき豊かさ》が《歴史家と形態学者のあいだの解消されない緊張》に由来しているという事実を浮き彫りにすることにあった。そして「情念定型」という概念もこの緊張の内部で分析されなければならないというのがギンズブルグの主張だった。

ヴァールブルクの仕事へのギンズブルグの関心は、彼がまだピサ高等師範学校の専修課程(日本の大学院に当たる)に在籍中の一九六一年にロンドンのウォーバーグ研究所を訪れたときにまで遡る。そして一九六五年から六六年にかけてヴァールブルクの『古代異教の再生』、F・ザクスルの講演集、E・H・ゴンブリッチの『芸術と幻影』のイタリア語訳があいついで出版された折には、「ヴァールブルクからゴンブリッチへ——方法の問題にかんする覚え書き」と題する長文の論考をイタリアの中世研究の学術誌に発表しているが、そこではヴァールブルクの研究と省察の中心にあったのは《図像証拠を歴史的資料として利用する》可能性にかんする方法上の問題であると指摘されていた。

また、ギンズブルグがジョヴァンニ・レーヴィとの共同企画になるエイナウディ出版社刊《ミクロストリア叢書》の第一巻として一九八一年に世に問うた『ピエロにかんする調査』の序文でも、同書で自分がめざすのは《芸術表現の社会史》であると宣言したうえで、《だれよりも決然とこの方向に歩んでいった人物》としてヴァールブルクの名を挙げるとともに、《特定の社会的・文化的コンテクストに目を注いだことが、パノフスキーほどの大家ですら時には陥った解釈過剰からヴァールブルクを救っていた》ことに読者の注意を喚起している。

ところが、やがてギンズブルグは『ベナンダンテたち』（一九六六年）と『チーズとうじ虫』（一九七六年）では問題の所在に気づきながらも棚上げにしていた《サバトのフォークロア的根源》を求めての旅に本格的に乗り出す。そしてそこでは歴史的復元作業の場への「形態学」の導入がこころみられることとなるのだが、その旅の報告『夜の歴史』（一九八九年）の序文における述懐からうかがうに、探求の過程でギンズブルグはどうやら歴史研究と形態学のあいだには容易には解消しえない緊張関係が存在することを思い知らされたようである。

今回の論考では、そのときにみずから体験して思い知らされた歴史と形態学のあいだの緊張関係をそのままヴァールブルクの仕事にも重ね合わせているようなのだ。

だが、これはどうだろう。なかでも疑問におもうのは、ヴァールブルク晩年の図像アトラス『ムネモシュネ』（一九二九年）の「エネルギー論的反転における苦悩のパトス」という言葉で始まる長いタイトルがつけられたパネル42に展示されているシニョレッリの《死せるキリストへの哀悼》の処理の仕方をギンズブルグが問題視していることである。

ギンズブルグによると、オルヴィエートのサン・ブリーツィオ礼拝堂のシニョレッリのフレスコ画《死せるキリストへの哀悼》では背景に古代ギリシア神話に登場する英雄メレアグロスの遺骸が仲間によって移送される場面を描いた石棺が配されていた。ところが、ヴァールブルクの鋏はこの石棺の部分だけを切り取ってパネルに展示した。その結果、全体図のなかでは明示されていたキリストへの哀悼との「情念定型」的な関係を見えなくしてしまったというのだった。こうしてギンズブルグは断言するのである、《図像アトラス『ムネモシュネ』のなかに古代の像は無数に存在する。しかし、具体的な歴史的現象としての古代は、そのなかになんらの居場所ももたない》と。

はたしてそうだろうか。『アビ・ヴァールブルク　記憶の迷宮』（青土社、二〇〇一年）という著作のある田中純は、日本語版『ムネモシュネ・アトラス』（アビ・ヴァールブルク／伊藤博明／加藤哲弘／田中純著、ありな書房、二〇一二年）の解題のなかで、『ムネモシュネ・アトラス』の多変量解析からは《一見したところ恣意的に見えたイメージの関係性の背後に潜む、歴史的・文化的なコンテクストの存在》が浮かびあがってきた、と述べている。図像アトラス『ムネモシュネ』にかんするかぎり、田中の調査報告のほうがギンズブルグの臆断よりもはるかに説得性に富んでいるとみてよいのではないだろうか。

ジョルジュ・ディディ＝ユベルマンのヴァールブルク論への対応の仕方も気にかかる。ギンズブルグは、ディディ＝ユベルマンが『残存するイメージ』（二〇〇二年）の出版に先だって肝の部分を『アート・ヒストリー』誌第二四巻第五号（二〇〇一年十一月）に披瀝した「怪物の弁証法――アビ・ヴァールブルクと症候型パラダイム」を「情念定型」についての自分の解釈とは大きく隔たった解釈として参照するよう求めているが、どの点で相違するのかについては説明していない。『アトラス、あるいは不安な悦ばしき知』（二〇一一年）にいたっては、『ムネモシュネ』という企てを《昨今の流行に還元することによって馴致しようとする軽率で満足げな試み》と切って捨てている。もっと内容に踏み込んだ批判が欲しかったところである。

II

アントニオ・ラブリオーラと「不実な」弟子たち
イタリア版「マルクス主義の危機」論争（一八九五―一九〇〇）

1

マルクス＝エンゲルスの『共産主義者宣言』の刊行五十周年を三年後にひかえた一八九五年の七月、ローマの書肆レッシャーから『共産主義者宣言を記念して』と題する一冊の本が出版された。著者の名はアントニオ・ラブリオーラ（一八四三―一九〇四）。当時ローマ大学で歴史哲学の講座を担当していた哲学者である。☆1

といっても、アントニオ・ラブリオーラとはそもそも何者なのか、経歴すら知らない日本の読者も多いことだろう。そこで、経歴を簡単に振り返っておくと、イタリア中部ラツィオ地方のフロジノーネ県カッシーノで中学教員の息子に生まれ、新生イタリア王国が誕生した一八六一年、ナポリ大学の文哲学部に入学したラブリオーラは、在学中に知己を得たナポリ・ヘーゲル学派のうちでも批判的潮流を代表する哲学者ベルトランド・スパヴェンタ（一八一七―一八八三）の影響もあって、ひとりの少壮ヘーゲル学徒として出発するものの、やがてヘルバルトの新カント派的な倫理学の理念に惹かれていく。そしてそのヘルバルト倫理学の理念に導かれて執筆し、一八七三年にナポリで出版した『道徳的自由について』と『道徳と宗教』が評価されて、

☆1 Antonio Labriola, *In memoria del Manifesto dei comunisti* (Roma, Loescher, 1895).〔アントニオ・ラブリオーラ著、小原耕一・渡部實訳『思想は空から降ってはこない――新訳・唯物史観概説』同時代社、二〇一〇年、五一―一〇四頁〕

翌一八七四年からローマ大学で道徳哲学と教育学の教鞭を執りはじめる。

一八七七年、ローマ大学道徳哲学・教育学講座の正教授に就任。同時に、公教育省教育博物館の館長に任命され、一八七九年、政府の委嘱を受けて、ドイツへ学校教育制度の視察旅行。その旅の途上でしだいに社会主義思想に共鳴するようになり、一八八九年にはマルクスとエンゲルスの著作の研究に着手。ローマ大学で一八八七年から担当することとなった歴史哲学の授業でも、一八九〇―九一年度からマルクス主義学説と社会主義運動の起源についての講義を始める。同じく一八九〇年には、エンゲルスやカウツキーなど、国際社会主義運動の指導者たちとのあいだで書簡のやりとりを開始。ついで一八九一―九二年には、社会主義者のフィリッポ・トゥラーティ(一八五七―一九三二)らがミラーノで創刊した『クリティカ・ソチャーレ〔社会批判〕』誌での「民主主義と社会主義」をテーマにした論争に参加するとともに、一八九二年、同誌に拠るグループが中心となって「イタリア勤労者党」(のちに「イタリア勤労者社会党」、さらに「イタリア社会党」と改称)が旗揚げしたさいには、新党がアナーキストたちとの関係を断ち切ってマルクス主義の立場に立つ旨を宣言した綱領をまとめあげるうえで、理論的な貢献をなすこととなる。

しかし、その直後の一八九三年からシチリアで勤労者ファッシの運動が激化すると、《飢えの叛乱は党の叛乱ではない》としてこの運動に冷淡な態度をとったトゥラーティら社会党指導部への不満を募らせ、党からしだいに距離を置くようになる。とともに、政治の実践そのものからも身を退いていく。シチリアにおける勤労者ファッシの運動こそは《イタリアにおけるプロレタリアートの最初の行為》であり、《イタリア社会主義の最初の真正な形態》である。これにたいして、社会党指導部のとっている方針はたんに《事態を神秘化したものにすぎない》。こうラブリオーラは見るのだった。☆2

『共産主義者宣言を記念して』は、以上のようにしてマルクス主義者へと転じていったラブリオーラの、マルクス主義にかんする最初の論考である。これまで人類はなおも前史の段階にあった。ところがいまや、わたしたちはわたしたちが人類史へと最初の確実な一歩を踏み出したことを告げる「新しい時代」の門口に立っている。マルクスとエンゲルスによって『共産主義者宣言』が公布された一八四八年二月という日付は、まさしく、この「新しい時代」の幕開けをしるしづけるものである。ラブリオーラの論考は、こういった判断に立って、社会主義運動の来し方を振り返りつつ、『宣言』が画期的であるゆえんについて解説をほどこしたものであった。☆3

そこではとりわけ、『宣言』の腱をなす部分は《その根底に横たわっている新しい歴史観》のうちに求められるとの主張がなされている。いわく、《わたしたちの意図は、わたしたちをとおして、またわたしたちをめぐって遂行されるプロセスについての解釈がわたしたちに提供する与件を、理論的に表現し実践的に開示したものにほかならない。そしてそのプロセスはそっくりそのまま社会生活の客観的諸関係のうちに存しているのであって、わたしたちはその客観的諸関係の主体であるとともに客体なのであり、原因であるとともに結果なのであり、目標であるとともに部分なのである》。《わたしたちの意図が合理的であるのは、それが悟性的な推

☆2　一八九四年一月六日付けおよび一八九五年三月五日付けラブリオーラのヴィクトル・アドラー宛て書簡。Cf. Antonio Labriola, *Scritti filosofici e politici*, a cura di Franco Sbarberi (Torino, Einaudi, 1976), pp. 374-376 et pp. 448-450.

☆3　Labriola, *Scritti filosofici e politici* cit., p. 471.〔『思想は空から降ってはこない』八頁〕

理によって引き出された論拠にもとづいているからではなく、事物の客観的な考察から導き出されているからにほかならない》云々。ラブリオーラによると、《この新しい歴史観によって、共産主義は、人びとの希望とか熱望とか追憶とか推測とか当座しのぎの対策とかであることをやめ、それに固有の必然性の意識、すなわち、共産主義は現に繰りひろげられている階級闘争の結果であり解決であるという意識のうちに、それにふさわしい表現をはじめて見出すにいたった》というのだった。[☆4]

2

ラブリオーラの論考『共産主義者宣言を記念して』は、イタリア語版とほぼ時期を同じくして、一八九五年四月にパリで創刊されたばかりのマルクス主義系月刊誌『ドゥヴニール・ソシアル〔社会的変成〕』第一巻（一八九五年）の第三号と第四号にもフランス語で発表された。[☆5] そして発表されると同時に、フランスやドイツの社会主義者たちのあいだでも一定の反響を呼ぶこととなった。臨終の時を迎えつつあった老エンゲルスからも絶賛に近い評価が寄せられたという。[☆6]

だが、右の論考でラブリオーラが『宣言』にほどこしている意義づけのうちでもとりわけ理論的核心の部分にかんして言うなら、積極的な反響が返ってきたのはイタリア国内からであった。なかでも注目されるのは、それがベネデット・クローチェ（一八六六—一九五二）とジョヴァンニ・ジェンティーレ（一八七五—一九四四）という二人の青年の脳髄を激しく揺さぶり、マルクスと

☆4 Ibid., pp. 476-477〔『思想は空から降ってはこない』一五—一七頁〕

☆5 *Devenir social*, I (1895), pp. 225-252, 320-344.

☆6 一八九五年七月八日付けラブリオーラのベネデット・クローチェ宛て書簡。Cf. Benedetto Croce, "Come nacque e come mori il marxismo teorico in Italia (1895-1900)," in: Id., *Materialismo storico ed economia marxistica* (X ed.: Bari, Laterza, 1961), p. 286.〔上村忠男監修、イタリア思想史の会編訳『イタリア版「マルクス主義の危機」論争——ラブリオーラ、クローチェ、ジェンティーレ、ソレル』未來社、二〇一三年、一九四頁〕

エンゲルスの学説についての本格的な批判的考察へと導いていったことである。

まずはクローチェであるが、クローチェには『わたし自身の批判のために』という覚え書きふうの自伝がある。一九一五年、五十歳を迎えた折りにみずからの思想形成過程を回顧して書かれたものである。それによると、クローチェはナポリに住む富裕な地主の家に生まれ、ロマンと歴史物語を好んで読んでは息子に話して聞かせるのを常としていた母親の強い影響のもと、幼少のころから、文学と、ことに歴史を《心のなかの心》として育って、大学を出たときにはすでにひとかどの歴史家であったという。ただ、そのクローチェの研究はなおも狭く郷土ナポリに限定された、それも考証中心の研究であった。このことにやがてクローチェは飽き足らなくなり、《もっとことがらの内芯に触れた》歴史を求めて、そのための理論的・方法論的な基礎固めの仕事に着手する。[☆7]

ちょうどそんな折りの一八九五年春、かねてより面識のあったラブリオーラから、出版への協力依頼状を添えて『共産主義者宣言を記念して』の原稿が送られてくる。このラブリオーラの原稿に目を通したクローチェは、そこに歴史についての自分にとってはまったく新しいとらえ方や観念を見出して、まるで啓示を受けたかのような驚きに打たれる。[☆8]そこでクローチェは、つづいて翌一八九六年三月、『共産主義者宣言を記念して』の出版を引き受けたのと同じローマの書肆レッシャーから出たラブリオーラのマルクス主義にかんする第二番目の論考『史的唯物論について——予備的解明』[☆9]からもさらなる刺激と援助を得て、史的唯物論ないし唯物論的歴史観の意義をめぐっての考察に全精力を傾注していく。そしてその成果を「唯物論的歴史観

☆7　Benedetto Croce, “Contributo alla critica di me stesso” (1915), in: Id., *Etica e Politica* (IV ed.: Bari, Laterza, 1956), pp. 379-380, 391.〔クローチェ著、坂井直芳訳『十九世紀ヨーロッパ史』増訂版、創文社、一九八二年、三六九—三七〇、三八二頁〕

☆8　Croce, “Come nacque” cit., pp. 280-282.〔『イタリア版「マルクス主義の危機」論争』一八五—一八八頁〕

☆9　Antonio Labriola, *Del materialismo storico. Dilucidazione preliminare* (Roma, Loescher, 1896).〔『思想は空から降ってはこない』一〇五—二五八頁〕

について」と題する覚え書きにまとめ、一八九六年五月、ナポリのポンタニアーナ学会で発表する。[☆10]

それによると、史的唯物論は「歴史の哲学」ではないというのが、ラブリオーラの『共産主義者宣言を記念して』と『史的唯物論について——予備的解明』をつうじてクローチェが獲得した史的唯物論についての結論であったという。

ラブリオーラ自身は史的唯物論を「歴史の哲学」と規定していた。『共産主義者宣言を記念して』を見てみよう。ラブリオーラは述べている。『共産主義者宣言』がブルジョワジーの発展にかんして言及している部分は《もちろん加筆や補正、そしてとりわけ広範な展開の余地があるけれども、その本質においては修正を要しない、歴史の哲学の模範的な一章である》と。また、このくだりへの注のなかでも付言している。《これを発展させたのがマルクスの『資本論』であり、わたしは『資本論』を歴史の哲学と呼ぶことになんのためらいもない》と。[☆11]

この事実についてはクローチェも認めていて、《ラブリオーラは、一度は史的唯物論を指して「最終的で決定的な歴史の哲学」と呼んでいる》とも注記している。[☆12]だが、そもそも「歴史の哲学」とはなにか。歴史の流れを統率する法則のようなものを確立し、もろもろの複雑な歴史的事実をそこに還元してしまえるような概念を見出そうというくわだてのことであろう。だとすれば、どうだろう。史的唯物論は——《ラブリオーラがそれを提示しているような形態のもとにあっては》——こういったたぐいの主張を事実上すべて捨て去ってしまっているのではないだろうか。こうクローチェは問い返す。そしてこの点にこそ史的唯物論の独創性は存在し

☆10 Benedetto Croce, “Sulla concezione materialistica della storia,” *Atti dell'Accademia Pontaniana*, XXVI (1896), memoria n. 6. この覚え書きは *Critica Sociale*, IV (1896), pp. 172-174, 188-191 にも転載された。なお、クローチェはその後数年にわたって集中的に取り組むこととなったマルクス主義研究の成果を一九〇〇年『史的唯物論とマルクス主義経済学』と題する一冊本にまとめて、パレルモのサンドロン社から出しているが、そのさい、この覚え書きは「史的唯物論の学的形式について」と改題されている。Cf. Benedetto Croce, “Sulla forma scientifica del materialismo storico,” in: Id., *Materialismo storico ed economia marxistica* (Palermo, Sandron, 1900).

☆11 Labriola, *Scritti filosofici e politici* cit., p.

ているととらえるのである。《唯物論的な歴史観への最良の賛辞は、これを最終的で決定的な歴史の哲学と呼ぶことによってではなく、そもそもそれは歴史の哲学ではないと言明することによってなされる》というのがクローチェの意見なのであった。[☆13]

またラブリオーラは『史的唯物論について——予備的解明』のなかで《わたしたちの学説は遠大な計画や見取り図からなる知的ヴィジョンであると主張するものではなく、研究と構想のためのひとつの方法であるにすぎない》とも述べている。[☆14] だが、このラブリオーラの言う史的唯物論の「方法」の新しさについてもクローチェは疑義を呈して言う。《観念論的哲学者たちがもろもろの歴史的事実を合理的に演繹しようとこころみたとき、それはたしかに新しい方法であった。しかし、唯物論学派の歴史家たちは、言わせてもらうが文献学的な歴史家たちと同じ知的道具を採用し、同じ道をたどっているのであって、ただいくつかの新しい与件、新しい経験を彼らの仕事のなかに持ち込んでいるにすぎない。それゆえ、異なっているのは内容であって、方法上の形式ではないのだ》と。[☆15]

かくては、《史的唯物論は、ひとつの新しい歴史の哲学でも、ひとつの新しい方法でもなく、またそうではありえない。それはまさにつぎのようなもの、すなわち、歴史家の意識に入ってくる新しい与件、新しい経験の総体であり、またそうでなくてはならない[☆16]》。これがラブリオーラの二篇の論考をつうじて史的唯物論についてクローチェが得た結論である。

ラブリオーラの議論をつぶさに追跡したのち、クローチェは断定をくだして言う。《ラブリオーラは、わたしが見誤っていなければ、史的唯物論のなかに厳密な意味での理論を求める必

490.〔『思想は空から降ってはこない』三三頁、九〇頁〕

☆12 Croce, "Sulla forma scientifica del materialismo storico," in: Id., *Materialismo storico ed economia marxistica* cit. (ed. Laterza), p. 2.〔『イタリア版「マルクス主義の危機」論争』四四頁〕

☆13 Ibid., pp. 3-9.〔同前三〇頁〕

☆14 Labriola, *Scritti filosofici e politici* cit., pp. 559-560.〔『思想は空から降ってはこない』一四七頁〕

☆15 Croce, "Sulla forma scientifica del materialismo storico," in: Id., *Materialismo storico ed economia marxistica* cit. (ed. Laterza), p. 9.〔『イタリア版「マルクス主義の危機」論争』三一頁〕

☆16 Ibid., p. 10.〔同前〕

要はないことを認めるにいたっている。それどころか、その学説には本来の意味で理論と言われるものはまったくないことを認めるにいたっている》と。そしてもしその理論が厳密な意味においては真実でないのなら、それが発見したものとはいったい何なのか、どこに新しさがあるのか、と問う人があるかもしれないとしたうえで、こう問い返すのである。《厳密で哲学的な概念と並んで、近似的な観察、ふだん起こることについての認識、要するに、生活の経験と呼ばれ、概括的ではあるが絶対的ではない定式で表現しうるいっさいのものもまた、同じだけの価値をもってはいないのだろうか》と。[☆17]

こうしてまたクローチェは報告を締めくくるにあたって、歴史のとらえ方にかんするかぎり、「唯物論」という名称はなんらの存在理由ももたないとして、自分としては「唯物論的歴史観」に代えて「現実主義的歴史観」という名称をあてがいたい、とも述べるのだった。[☆18]

なお、クローチェは同じ一八九六年、『ドゥヴニール・ソシアル』誌第二巻に、当時イタリアの社会主義者たちのあいだで「イタリアの生み出した傑出した社会主義理論家」との評判を得ていた経済学者アキッレ・ロリア（一八五七―一九四三）の歴史理論を批判した論考も寄せているが、そこでも唯物論的歴史観について同様の見解を提示している。マルクスとエンゲルスは唯物論的歴史観を厳密で堅固な論証に裏打ちされた理論に還元しようなどとは一度としてこころみたことはなかったのであって、いくつかの一般的な言明をアフォリズムのかたちで提出するとともにそれらの個別的な適用例を挙示したにすぎない。そして唯物論的歴史観が歴史叙述にたいして真実にして実り豊かな観念でありつづけようとするなら、この条件の外に出るべきで

☆17　Ibid., p. 13.〔同前三五頁〕
☆18　Ibid., p. 15.〔同前四三頁〕

はないというのだった。[☆19]

3

ついではジェンティーレ。——ジェンティーレはシチリア島のカステルヴェトラーノで薬剤師の家庭に生まれ、ピサ高等師範学校に進んでいるが、同校文哲学部に在学中の一八九六年夏、「ピサ高等師範学校年報」に発表した十六世紀イタリアの詩人・劇作家、ラスカことアントン・フランチェスコ・グラッツィーニ（一五〇三―一五八四）の喜劇作品にかんする論文[☆20]をクローチェに献呈。これを機に、クローチェとのあいだで文通が始まる。[☆21]

そのクローチェに宛てた一八九七年一月十七日付け書簡のなかで、ジェンティーレは、自分もまたクローチェ同様、マルクスとエンゲルスの提唱する「科学的社会主義」の学問的地位におおいに関心がある旨を伝える。[☆22] そして史的唯物論にかんするクローチェの第一論考と、そのクローチェが同論考のなかで取り上げているラブリオーラの前記二篇の論考を主たる支えにして、一八九七年、ピサ高等師範学校で近代史の教授をしていたアメデーオ・クリヴェッルッチ（一八五〇―一九一四）の主宰する『歴史研究』誌に「史的唯物論の一批判」と題する論考を発表するのだったが、[☆23] この論考のなかでジェンティーレがまずもって確認しているところによると、歴史には明らかに《ひとつの必然的で内在的な進展》が認められるのであって、ひいては、その進展法則を規定するひとつの学、つまりは《歴史の哲学》が存在してしかるべきであるとい

☆19 Cf. Benedetto Croce, "Les théories historiques de M. Loria," *Devenir Social*, II (1896), pp. 881-905. この論考はその後、冊子のかたちでイタリア語でも刊行されている。Cf. Benedetto Croce, *Le teorie storiche del prof. Loria* (Napoli, Giannini, 1897). ここでは、Croce, *Materialismo storico ed economia marxistica* cit. (ed. Laterza), pp. 23-56所収のテクスト"Le teorie storiche del prof. Loria"を使用する。

☆20 Giovanni Gentile, "Delle commedie di A. F. Grazzini deto Lasca," *Annali della R. Scuola normale superiore* (Pisa, Nistri, 1896).

☆21 Cf. *Lettere di Giovanni Gentile a Benedetto Croce*, a cura di Simona Giannantoni, I (1896-1900) (Firenze, Sansoni, 1972); Benedetto

うのだった。[☆24]

それでは史的唯物論の場合はどうなのか。史的唯物論もまた、もうひとつの歴史の哲学であるのだろうか。あるいはそうでありたいと望んでいるのだろうか。ジェンティーレはこうみずから問いを立てたうえで、マルクスも、この点ではヘーゲルの立場に忠実に従って、人間の歴史を弁証法的な対立の過程をつうじて発展していくものととらえており、内容ないし主体としてはヘーゲルの〈理念〉に代えて社会的現象を本源的に規定するとみなされた「経済的事実」を設定しているものの、形式にかんしては、歴史の過程を経験に先立ってア・プリオリに規定することが可能であるとみていたと受け止める。[☆25] そして過程がア・プリオリに規定可能であると言う者はその過程が必然的なものであると言っているのだとして、マルクスに代表される「批判的共産主義」の理論的意識の本領は社会主義が発生の仕方からして歴史的に客観的な必然性を有していることを認識した点にあるとするラブリオーラの主張[☆26]に賛意を表しつつ、クローチェとは逆にこう結論するのだった。《唯物論的な歴史観も、それがわたしたちに提示されている形式からすれば、正真正銘の歴史の哲学と呼ばないわけにはいかない》[☆27]と。

ただし、ラブリオーラは史的唯物論を指して《事物に主観的に適用された批判ではなく、事物それ自体のうちに存在する自己批判を発見したものである》[☆28]というようにも述べているが、ジェンティーレは、このラブリオーラの述言を《たんに比喩的なものでしかない》とみる。史的唯物論も、歴史についてのひとつの理論、したがって歴史についてのひとつの見方、ひとつの解釈であろう。だとすれば、それらはすべて主観による操作ではないのか。そもそも、事物

Croce, *Lettere a Giovanni Gentile (1896-1924)*, a cura di Alda Croce (Milano, Mondadori, 1981).

☆22 Cf. *Lettere di Giovanni Gentile a Benedetto Croce* cit., I, pp. 17-28.

☆23 Giovanni Gentile, "Una critica del materialismo storico," *Studii Storici*, VI (1897), pp. 379-423. この論考はその後、Giovanni Gentile, *La filosofia di Marx. Studi critici* (Pisa, Spoerri, 1899) に収録された。ここでは、Giovanni Gentile, *La filosofia di Marx. Studi critici* (Firenze, Sansoni, 1955) 所収のテクストを使用する。

☆24 Ibid., p. 31. 〔『イタリア版「マルクス主義の危機」論争』四六頁〕

☆25 Ibid., pp. 36-37. 〔同前四七―四八頁〕

☆26 Labriola, *Scritti filosofici e politici* cit., p.

のうちには、またわたしたちの外部にわたしたちから独立して存在するなにものかとして理解された歴史のうちには、意味も法則も存在しない。歴史に意味があるとみているのはいつもわたしたちなのであり、いつもわたしたちこそが歴史は法則に従って動いていると考えているのである。要するに、いつもわたしたちこそが、歴史と歴史を支配する法則を作っているのだ。こうジェンティーレはとらえるのである。[☆29]

十八世紀ナポリの哲学者ジャンバッティスタ・ヴィーコ（一六六八―一七四四）が一七一〇年の『イタリア人の太古の知恵』第一巻『形而上学篇』において定式化しているところによると、《真理の規準は当の真理を作り出したということである》という。この命題をヴィーコは主著『新しい学』（第一版一七二五年、第二版一七三〇年、第三版一七四四年）のなかで《わたしたち人間が作ってきた》諸国民の世界の可知性の根拠に据えようとした。ジェンティーレの場合には、この命題の主観主義的な解釈が支えになっていると言ってよいだろう。

ついではまた、歴史が必然的な過程をたどって展開するとみる者は、少なくとも一定の形態で、そして一定の尺度で、将来の予見の基礎をすでに確立しているのだ、ともジェンティーレは言う。ひいては、共産主義の理論家たちがもくろんでいるのも、過去の批判のうちに未来の根拠を据えるということにほかならないのだ、と。[☆30]

この点にかんしてもクローチェは異議を唱えて、歴史についての予見はけっして必然的な確実性をもたないのであり、遅かれ早かれ社会主義的社会が到来するだろうという予見も例外ではないと述べている。[☆31] そして《あらゆる実践的行為がそうであるように、社会主義の実践的行

483.〔『思想は空から降ってはこない』一二五頁〕

☆27 Gentile, "Una critica del materialismo storico," in: Id., *La filosofia di Marx* cit. (ed. Sansoni), p. 40.〔『イタリア版「マルクス主義の危機」論争』四九頁〕

☆28 Labriola, *Scritti filosofici e politici* cit., p. 583.〔『思想は空から降ってはこない』一八〇頁〕

☆29 Gentile, "Una critica del materialismo storico," in: Id., *La filosofia di Marx* cit. (ed. Sansoni), pp. 37-38.〔『イタリア版「マルクス主義の危機」論争』四八頁〕

☆30 Ibid., pp. 39-40.〔同前四九頁〕

☆31 Croce, "Le teorie storiche del prof. Loria," in: Id., *Materialismo storico ed economia marxistica* cit. (ed. Laterza), p. 47.

為にもつきまとい、しかも注意深い批判的かつ学問的な思考とはつねに合致するとはかぎらない信念や期待を生み出す》信条によって引き起こされかねない誇張の危険に注意するよう警告を発している。☆32

だが、ジェンティーレによると、予見がなければ、言い換えるなら、過去の現象、すでになされてしまった事実だけでなく、未来の現象、まだこれからなされるべき事実をも含むような法則がなければ、学知は存在しないのだった。なるほど、個別的で具体的な事実、時間的・空間的な関係、そしてそれらの事実や関係から生じる偶然的な出来事は、すべて経験の領域に属しており、経験の場から引き抜かれる場合には、学知の支配しうるところとはならない。しかしながら、事実間の個別的な関係に目配りしつつ個々別々に考察される事実を超えたところに、さらには偶然的な出来事を超えたところに、恒常的なもの、必然的なもの、したがって本質的なものに照準を合わせて、一般的なかたちで考察される事実が存在している。そしてこの場合には、過去の事実にたいして種別的な規定がなされたなら、将来の事実にたいしてもア・プリオリに規定することが可能となるはずである。こうジェンティーレはとらえる。☆33 とともに、『共産主義者宣言』が示唆した予見は年代記的なものでもなければ前兆とか予言といったたぐいのものでもなく、社会全体がその一般的発展過程のある瞬間にみずから光を発した《形態学的予見》であるというラブリオーラ☆34の受け止め方に賛意を表明して断言するのである。そうした規定は《あたかもこれら将来の事実がまさに生じようとするときに身にまとう形態のようなもの》であり、《この意味では学知が生み出すのはつねにもろもろの形態学的予見であって、

☆32 Croce, "Sulla forma scientifica del materialismo storico," in: Id., *Materialismo storico ed economia marxistica* cit. (ed. Laterza), p. 8.〔『イタリア版「マルクス主義の危機」論争』二九頁〕

☆33 Gentile, "Una critica del materialismo storico," in: Id., *La filosofia di Marx* cit. (ed. Sansoni), p. 41.〔同前五一頁〕

☆34 Labriola, *Scritti filosofici e politici* cit., p. 497.〔『思想は空から降ってはこない』四三―四四頁〕

それ以上のものではない》と。[☆35]

4

さて、クローチェがナポリのポンタニアーナ学会で発表した覚え書き「唯物論的歴史観について」が同学会の『紀要』で印刷物になった直後の一八九七年、唯物論的歴史観にかんするラブリオーラの二篇の論考――『共産主義者宣言を記念して』と『史的唯物論について――予備的解明』――を一冊にまとめたフランス語版『唯物論的歴史観にかんする論考』がパリのジアール・エ・ブリエール社から出版された。[☆36] 出版が実現したのは、当時、同社が発売元を引き受けていた『ドゥヴニール・ソシアル』誌に深く関与していた批評家、ジョルジュ・ソレル（一八四七―一九二二）の尽力によるものだったが、そのソレルが同書に寄せた「一八九六年十二月」の日付をもつ「まえおき」には、唯物論的歴史観の学的地位をめぐってのクローチェのとらえ方とも密接に関連する興味深い述言が登場する。

見てみよう。当時のフランスでは、マルクスを歴史上の諸事実が天文現象のような必然性の鉄則に支配されているかのようにとらえる宿命論的決定論者であるとする見方が流布していた。この通俗的解釈を批判して、ソレルは述べている。《マルクスの学説のなかにはこれに似た考え方はなにひとつ見あたらない》と。マルクスの場合には、もろもろの出来事はもっぱら《経験的な観点から》考察されている。そこでは、《人はただ、諸事実の合理的認識のための対

☆35 Gentile, “Una critica del materialismo storico,” in: Id., *La filosofia di Marx* cit. (ed. Sansoni), p. 41.〔『イタリア版「マルクス主義の危機」論争』五一頁〕

☆36 Antonio Labriola, *Essais sur la conception matérialiste de l'histoire* (Paris, Giard et Brière, 1897).

象を作り出すのに十分な程度に規則的で特徴のはっきりした諸時期を諸原因の絡み合いが産み出すのを認定したいと望んでいるにすぎない》というのだった。つづけては、《あまりにも厳格で堅固な哲学体系を後世に残そうという考えほどマルクスが恐れていたものはないようにみえる。〔中略〕したがって、人間の思考を師によって建設された輪型の檻の中に閉じ込めようとしていると言ってマルクスの弟子たちを非難する批判者たちのなんと盲目的なことよ》といった述言も見える。☆37

そうであってみれば、どうだろう。さきほども見たように、クローチェもまた述べていたのだった。ラブリオーラは、史的唯物論には本来の意味で理論と言われるものはまったくないことを認めるにいたっている、と。そしてそのうえで、史的唯物論の提出している《近似的な観察、ふだん起こることについての認識、要するに、生活の経験と呼ばれ、概括的ではあるが絶対的ではない定式で表現しうるいっさいのもの》には、《厳密で哲学的な概念》に優るとも劣らない価値があると主張していたのだった。二人の科学観のあいだにはたんなる偶然の一致以上の呼応関係が認められると言ってよいだろう。

しかしまたソレルは、幼少のころから、文学と、ことに歴史を《心のなかの心》として育って、大学を出たときにはすでにひとかどの歴史家であったというクローチェとは異なって、もとはといえばエンジニアであった。ノルマンディ地方のシェルブールに生まれ、一八六七年、パリのエコール・ポリテクニークを優秀な成績で飛び級卒業したソレルは土木局に採用され、コルシカ島と南フランスのいくつかの町、さらにはアルジェリアと東ピレネー地方のペルピニ

☆37 Georges Sorel, Préface à Labriola, *Essais cit.*, pp. 6-7, 14-15.〔アントニオ・ラブリオーラ著、小原耕一・渡部實訳『社会主義と哲学——ジョルジュ・ソレルへの書簡』同時代社、二〇一一年、二四七、二五一—二五二頁〕

ヤンで、政府の土木技師として鉄橋建設の仕事に従事する。そして一八九二年、四十歳台なかばで土木局を退職して本格的に文筆活動を開始するようになってからも、この前半生におけるエンジニアとしての経験は彼の科学観に決定的と言っても過言ではない影響を与えていくこととなるのであって、彼がマルクスにおける《経験的な観点》に着目して高い評価を与えていること自体、エンジニアとしての経験に由来するものとみてさしつかえないのではないか、と推察されるのである。

実際にも、ソレルは土木局を退職してまもない一八九三年、かねてより何本かの論考——「精神物理学の応用について」（一八八六年）、「確率計算と経験」（一八八七年）、「物理学における原因」（一八八八年）——を寄せていた『哲学雑誌』（一八七六年創刊）の編集人テオデュール・リボー（一八三九—一九一六）に宛てた書簡「科学と社会主義」のなかで、「新しい現実的な形而上学」ということでマルクスの理論に熱い関心を寄せていると打ち明けている。[☆38] そして翌年の一八九四年には、そのマルクスの理論がアリストテレス以来、ヨーロッパで長い伝統を誇ってきた形而上学の歴史のなかでも画期的であるゆえんを説明する目的で、「新旧形而上学」と題した長大な論考を前年に創刊された社会主義系の雑誌『新時代』誌に投稿している。[☆39] マルクスにかんするソレルの最初の本格的な論考であるが、そのなかでソレルは自然研究には《実際上の必要に応えるのに十分な程度の近似的接近》をこころみる行き方と《もろもろの科学的抽象概念を整理して、現実生活のあらゆる可能な状態から独立した法則にまとめあげる》ことをめざす《合理的科学》の行き方の二つがあるとしたうえで、彼自身が長年にわたる土木技師としての経験をつ

☆38 Cf. Georges Sorel, "Science et socialisme," *Revue Philosophique*, XVIII (1893), in: Id., *La décomposition du marxisme et autres essays*. Anthologie préparée et présentée par Thierry Paquot (Paris, Presses Universitaires de France, 1982), pp. 39-42.

☆39 Georges Sorel, "L'ancienne et la nouvelle metaphysique," *Ère Nouvelle*, II (1894). ここでは、Georges Sorel, *Scritti politici e filosofici*, a cura di Giovanna Cavallari (Torino, Einaudi, 1975) 所収のイタリア語訳 "L'antica e la nuova metafisica" を使用する。

うじて体得した応用力学＝機械工学の場合を例にとりつつ、製作の現場において要をなすのは《実際的な現実感覚（sens pratique）》であることを力説している。☆40

またソレルは、ラブリオーラのフランス語版『唯物論的歴史観にかんする論考』への「まえおき」で表明したマルクス解釈について、一八九八年にイタリアの自由主義経済学者フランチェスコ・サヴェリオ・ニッティ（一八六八—一九五三）が編集人を務める『リフォルマ・ソチャーレ〔社会改革〕』誌（一八九四年創刊）に寄せた論考「マルクス主義における必然性と宿命論」でさらなる敷衍をおこなっているが、そこには《実践家が大いなる正確さを求めるとき、彼は全体を小さなグループに分解し、多くの定式を構築する。たったひとつの定式でもってあまりにも多く包み込もうとすると、しばしばなんらの応用的価値ももたないいくつかの表現にしか到達しない。過去を鷲の眼でもって観想し、過去についての一般的理論を提供すると主張する歴史家や社会学者をあまり信用してはならない。彼らの方法には科学的直観が欠けているため、彼らは紋切型を越えることができず、二次的な特徴しか明らかにすることがない》とある。☆41これもエンジニアとしての経験に裏打ちされた警告とみてさしつかえないだろう。

5

ところで、『リフォルマ・ソチャーレ』誌に「マルクス主義における必然性と宿命論」を寄稿した一八九八年という年は、社会主義の理論家としてのソレルにとって大きな転換の年であ

☆40 Cf. Sorel, *Scritti politici e filosofici* cit., p. 65.

☆41 Georges Sorel, "La necessità e il fatalismo nel marxismo," *Riforma Sociale*, V (1898), in: Id., *Saggi di critica del marxismo*, pubblicati per cura e con prefazione di Vittorio Rocca (Milano-Palermo-Napoli, Sandron, 1903), p. 87.〔『イタリア版「マルクス主義の危機」論争』一二七頁〕

った。

まずは『ドゥヴニール・ソシアル』誌との訣別。

ソレルが後年のある文章のなかで回顧しているところによると、『ドゥヴニール・ソシアル』誌におけるソレルの批評活動は、《マルクス主義が一般に広く流布するにつれて著しく堕落していき、そこにマルクス本来の学説を見出すことがほとんど困難になりつつあった》なかで、《マルクス主義を現代科学の最新の流れに通暁させようという目的でなされた真摯なこころみ》であったという。☆42

ところが、たとえば一八九八年四月一日付けクローチェ宛て書簡では、ソレルは《わたしは『ドゥヴニール』誌には六ヶ月前から書いていません。これからも書くことはないだろうと思います》と打ち明けている。そして《〔それでもなお〕『ドゥヴニール』誌においてこころみてきたことはなんとしても継続していきたい、マルクスの諸原理に付き従うことによって、彼の書いている言葉よりは採っている方法に付き従うことによって、マルクス主義をよりよいものにしていきたいとは考えているのです》と述べて、『リフォルマ・ソチャーレ』誌への寄稿の可能性を同誌の編集人を務めるニッティに打診してくれるよう、クローチェに依頼している。☆43ニッティは自由主義経済学者で、『リフォルマ・ソチャーレ』誌は社会主義系の雑誌ではなかった。しかし、イタリア社会党の指導者トゥラーティの主宰する、同じ書簡のなかでのソレルの言葉によれば「かなり化石化した」『クリティカ・ソチャーレ』誌よりは、自由な議論ができる場所であるとソレルは判断したようである。「マルクス主義における必然性と宿命論」が『リフ

☆42 Georges Sorel, "Les polémiques pour l'interprétation du marxisme: Bernstein et Kautsky," *Revue internationale de Sociologie* (1900), in: Id., *La décomposition du marxisme* cit., p. 141.

☆43 Appunti e documenti: Lettere di Georges Sorel a B. Croce, *Critica*, XXV (1927), pp. 106-107. イタリア語訳：Georges Sorel, *Lettere a Benedetto Croce*, a cura di Salvatore Onufrio (Bari, De Donato, 1980), p. 56. 『ドゥヴニール・ソシアル』誌に結集する論者たちのマルクス主義批評の多くに不満足なものを感じていたということについては、ソレルはフランスのサンディカリスト系社会主義者ユベール・ラガルデルに宛てた一八九八年七月二十五日付け書簡でも打ち明けている。Cf. Georges Sorel,

ォルマ・ソチャーレ』誌に載ったのには、このような経緯があったのだった。
　ついでは、「社会主義の危機」をめぐる論争への関与と革命的サンディカリズム運動への接近。
　ソレルは一八九七年、その年に出版されたイタリアのアナーキスト系社会主義者フランチェスコ・サヴェリオ・メルリーノ（一八五六—一九三〇）の『社会主義への賛否——社会主義の諸原理と諸体系についての批判的陳述』を『ドゥヴニール・ソシアル』誌上で論評するとともに、同書のフランス語訳の出版を手配し、一八九八年に『社会主義の諸形態と本質』というタイトルで出たフランス語訳にみずから序文を寄せている。☆44
　また翌一八九八年には、パリの『政治・議会評論』誌に寄せた「社会主義の危機」という論考のなかで、最近、社会主義者たちの思考様式に重大な変化が生じていると指摘し、その代表的な例として、『社会主義への賛否』において社会主義者たちのあいだに根強く残っている破局論的なとらえ方を批判したメルリーノと並んで、一八九六年から一八九八年初めにかけて『ノイエ・ツァイト〔新時代〕』誌に連載された「社会主義の諸問題」のなかで同じく破局論を斥けているエドゥアルト・ベルンシュタイン（一八五〇—一九三二）の名を挙げている。そして破局論の否定という点で両者に賛意を表しつつ、《現在進行中の科学的社会主義の危機は、社会主義の権威の失墜を画するものであるどころか、大いなる進歩を画するものである》との診断をくだしている。その危機は《思考をもろもろの足枷から解き放つことによって進歩的運動を促進する》というのだ。☆45

Considerazioni politiche e filosofiche. Saggi vichiani e lettere a Lagardelle, a cura di Renzo Ragghianti (Pisa, ETS, 1983), p. 123.

☆44 Cf. Francesco Saverio Merlino, *Pro e contro il socialismo. Esposizione critica dei principi e dei sistemi socialisti* (Milano, Treves, 1897); Georges Sorel, “Pour et contre le socialisme,” *Devenir Social*, III (1897), pp. 854-889, in: Id., *La décomposition du marxisme* cit., pp. 43-76; Georges Sorel, Préface à Francesco Saverio Merlino, *Formes et essence du socialisme* (Paris, Giard et Brière, 1898).

☆45 Cf. Georges Sorel, “La crise du socialisme,” *Revue politique et parlementaire*, XVIII (1898), in: Id., *La décomposition du marxisme* cit., pp. 77-92.

ただし、ベルンシュタインが社会民主党は議会活動に全力を傾注して徐々に民主的制度を建設していくことを当面の任務とすべきであるとしていることにたいしては、ソレルは懐疑的である。《疑いもなく、もろもろの社会改革を獲得するためには、議会において社会主義議員団をもつことは有益でありうる。が、その議員団が演じうる役割にかんして大きな幻想を抱いてはならない》。こうソレルは警告するのだった。☆46

そもそも、社会主義というのは、ソレルによると、政治的な学説でも学派でも体系でもないのであって、《みずから組織し、教育を積み、新しい諸制度を創造していく労働者階級の解放の運動》にほかならない。こうしてまたソレルは論文の最後で言うのである。これが労働組合の社会主義的将来にかんする論文を《わたしの考えを一個の定式に凝縮して言わせてもらうなら、社会主義の将来はすべて労働組合の自律的発展のうちに存している》という言葉で締めくくった理由である、と。☆47

ちなみに、ここでソレルが言及している論文「労働組合の社会主義的将来」は『ユマニテ・ヌーヴェル〔新人類〕』誌一八九八年三―五月号に発表された。☆48 ソレルが社会思想史上に革命的サンディカリズムの理論家としての第一歩を印すこととなった記念碑的論文である。

6

メルリーノはソレルの論考「社会主義の危機」をイタリア語に訳す。そして訳文を『クリテ

☆46 Ibid., p. 88.
☆47 Ibid., p. 92.
☆48 Cf. Georges Sorel, "L'avenir socialiste des syndicats," *Humanité nouvelle*, II (1898), pp. 294-307, 432-445.

イカ・ソチャーレ』誌編集部に送ったところ、同誌第八巻第九号（一八九八年五月一日）にトゥラーティの批判的な注記を付して掲載された。[☆49]

このことは、ラブリオーラにはまさに青天の霹靂と言ってもよい出来事だったようである。

ラブリオーラは、一八九七年四月から同年九月にかけてソレルに宛てて十通の書簡をしたためている。そしてこれらの書簡をまとめた『社会主義と哲学について語る』が一八九七年にローマの書肆レッシャーから出たのにつづいて、一八九九年にはフランス語版『社会主義と哲学』と題してパリのジアール・エ・ブリエール社から出たのだったが、[☆50] そのフランス語版への一八九八年九月十日付け後記（第十一書簡）には、《ソレルが仕切り直しをおこなって、わたしには予想外の道を歩み始めたのではないかと怖れている》とある。[☆51] 同じフランス語版に寄せた一八九八年十二月三十一日付けの序言には、ソレルの最近の言動を指して《マルクス主義の危機》に身も心も打ち込んでいると評したうえで、《わたしたちはまさしくフロンドの乱の時代に居合わせているのだ！》といった述言も見える。つづけてはこうもある。本書に収められている書簡で自分が語りかけたのは、あくまでも、《『ドゥヴニール・ソシアル』の誌面でわたしが知っていたソレル氏、正式のマルクス主義者としてフランスの読者にわたしを紹介してくれたソレル氏、鋭い所見と興味深い批判的考察に満ちた書簡をわたしに書いて寄越したソレル氏》であって、そのときには《そのソレル氏がこんなにも早く、一八九八年に、分離独立戦争の伝令使になろうとは考えてもいなかった》と。[☆52]

「マルクス主義の危機」という表現は、プラーハ大学教授トーマシュ・G・マサリク（一八五〇

☆49 Cf. Georges Sorel "La crisi del socialismo scientifico," con una postilla di Filippo Turati, *Critica Sociale*, VIII, n. 9 (1 maggio 1898), pp. 134-138.

☆50 Cf. Antonio Labriola, Discorrendo di socialismo e di filosofia (Roma, Loescher, 1897), in: Id., *Scritti filosofici e politici* cit., pp. 658-780; Id., *Socialisme et philosophie (Lettres à G. Sorel)* (Paris, Giard et Brière, 1899).

☆51 Labriola, Post-scriptum à l'édition française, *Socialisme* cit., p. 207; Id., *Scritti filosofici e politici* cit., pp. 780-781.〔『社会主義と哲学』二三六頁〕

☆52 Labriola, Préface à l'édition française: *Socialisme* cit., pp. III-IV;（イタリア語版）Id., *Scritti filosofici e politici* cit., p.

―一九三七）が一八九八年二月ウィーンの『ツァイト〔時代〕』誌一七七―一七九号に発表し、翌月には冊子化された「現代マルクス主義の内部における科学的および哲学的危機」という論考[☆53]に由来する。論考はフランスでも『国際社会学雑誌』一八九八年七月号で紹介されたが、そのさいフランス語訳者は題名を「現代マルクス主義の科学的および哲学的危機」と表記した[☆54]。これがイタリアでも流布し、メディアはこぞって「マルクス主義の危機」を云々しはじめる。そしてラブリオーラの眼には、メルリーノの著書のフランス語訳に序文を添えたことに始まるソレルの最近の言動もまた、このメディアによる「マルクス主義の危機」プロパガンダのお先棒を担いでいるように映ったのである。

だが、そもそもラブリオーラからすれば、このようにしてフランスやイタリアのメディアがさかんに「マルクス主義の危機」を喧伝しているのは、きわめて奇妙なこととしか言いようがないのだった。

一八九九年にはマサリクの右の論考を大幅に拡充した「社会問題」についての研究のドイツ語訳『マルクス主義の哲学的および社会学的基礎』がウィーンで出版される[☆55]。『イタリア社会学雑誌』編集部から同書の書評を依頼されたラブリオーラは、同誌一八九九年第三号に掲載された論考「マルクス主義の危機について」のなかで述べている。こうした事態は《いまでは無知への権利とでも定義できるような、イタリア人の身に染みついた民族的悪弊の新しいドキュメント》にほかならない、と。メディアは何ヶ月も前から《マルクス主義は危機に陥った》とさかんに書き立てているが、そもそもマルクス主義はわが国においてなんらかの堅固な土台を

792.〔同前二五八―二五九頁〕

☆53 Th. G. Masaryk, *Die wissenschaftliche und philosophische Krise innerhalb des gegenwärtigen Marxismus* (Wien, Verlag "Die Zeit," 1898).

☆54 Th. G. Masaryk, "La crise scientifique et philosophique du marxisme contemporain," trad. fr. W. Bugiel, *Revue internationale de Sociologie*, 1898, pp. 511-528.

☆55 Th. G. Masaryk, *Die philoisophischen und sociologischen Grundlagen des Marxismus. Studien zur socialen Frage* (Wien, C. Konegen, 1899).

築き上げて確実な普及を達成したと言えるのだろうか。イタリア社会党は安定した持続的なプロレタリア組織としての特徴を具現するにいたっていると言えるのだろうか。さらに深く考えれば、資本主義システムと呼ばれるものが他国において露わにするにいたった経済的変容の苦難の道（via crucis）をわが国では他に先駆けて走り抜けたなどと、いったいだれが言うことができるのか。これらの疑問をみずから問うてみたなら、まだ存在もしていないものの危機などありえないという結論に到達するはずだ、というわけである。☆56

同様の判断は、ベルンシュタインが『ノイエ・ツァイト』誌で書き継いできた「社会主義の諸問題」の論旨を敷衍した著書『社会主義の諸前提と社会民主党の任務』が一八九九年に出版されたとき☆57、同書についての所見を求めてきた『ムーヴマン・ソシアリスト〔社会主義運動〕』誌の編集人、ユベール・ラガルデル（一八七四—一九五八）に宛てた一八九九年四月十五日付け書簡のなかでも表明されている。《事態をドイツ社会民主党の観点から考察した場合には、ベルンシュタインの考えと名前をめぐってなんらかの新しい潮流や新しい運動が生じることはないだろうし、それどころか、これまでもかずかずの抵抗に打ち克ち、かずかずの困難を克服してきたこの党は、この論争からエネルギーを増大させ意図を明確にして抜け出すだろう》と予測したうえで、ラブリオーラが診断をくだして言うには、《仰々しくマルクス主義の危機と称されているものはドイツでしか意味をもちえないだろう》という。なぜなら、ラブリオーラのみるところ、社会主義労働運動とマルクス主義のあいだにほぼ完全な融合にも似た結びつきが存在していたのはドイツにおいてだけだからである。それゆえ、ベルンシュタインの本をめぐっての論

☆56 Antonio Labriola, "A proposito della crisi del marxismo," *Rivista italiana di Sociologia*, III (1899), fasc. III, in: Id., *Scritti filosofici e politici* cit., p. 637.〔『社会主義と哲学』二六三頁〕

☆57 Eduard Bernstein, *Die Voraussetzungen des Sozialismus und die Aufgaben der Sozialdemokratie* (Stuttgart, Dietz, 1899).〔戸原四郎訳「社会主義の前提と社会民主党の任務」、『世界大思想全集——社会・宗教・科学思想篇15』河出書房新社、一九六〇年〕

争はドイツ人に任せておけばよい、というのがラブリオーラの見解なのであった。[☆58]

7

ラブリオーラのソレル宛て書簡集『社会主義と哲学について語る』は、クローチェとジェンティーレにもマルクス主義をめぐる新たな考察の機会を提供することとなった。

まずはクローチェから見ていくとして、今回もまた、クローチェはラブリオーラの新著に原稿段階で目を通している。そしてそこから得たいくつかの示唆を糸口にして、一八九七年十一月、ポンタニアーナ学会で「マルクス主義のいくつかの概念の解釈と批判のために」という覚え書きを発表している。[☆59] 第一章「マルクスの『資本論』における科学的問題について」、第二章「マルクスの問題と純粋経済学」、第三章「史的唯物論学説の対象範囲について」、第四章「科学的認識と社会綱領の関係について」、第五章「倫理的判断と社会問題の関係について」、第六章「結論」の六つの章からなる。マルクス主義にかんするクローチェのもっとも包括的な論考である。

うち、歴史理論との関連で史的唯物論の意義について論じられている第三章は、「唯物論的歴史観について」と「ロリア教授の歴史理論」で述べられていたことをあらためて述べたものであって、史的唯物論は歴史についての新しいア・プリオリな哲学的構築物としてでもなければ、新しい方法としてでもなく、もろもろの社会の形状をよりよく理解するためにそれぞれの

☆58 Antonio Labriola, "À propos du livre de Bernstein (Lettre à Lagardelle)," *Mouvement socialiste*, 1 mai 1899; Id., "Polemiche sul socialismo," in: Id., *Scritti filosofici e politici* cit., p. 914.

☆59 Benedetto Croce, "Per la interpretazione e la critica di alcuni concetti del marxismo," *Atti dell'Accademia Pontaniana*, XXVII (1897), memoria n. 17. Cf. Id., *Materialismo storico ed economia marxistica* cit. (ed. Laterza), pp. 57-114.

経済的基層に注意を差し向けるよう進言した、歴史解釈のひとつの規準《ヽヽ》（canone）として受け入れるべきであるとの主張がなされている。そのさい、「規準」という概念はいささかももろもろの成果の先取りを意味するものではなく、たんにそれらの成果を探求するための補助手段として使用されるものであって、まったく経験的な用途のものであるとの注記がほどこされている。[☆60]「結論」の章では、《マルクスは内容においては近似的で形式においては背理的なもろもろの命題によってでありながらも、実際にあるがままの社会（ciò ch'è la società nella sua realtà effettuale）に分け入るすべを教えている》のであって、《この点でどうしてこれまでマルクスのことを「プロレタリアートのマキャヴェッリ」と呼ぼうと思いついた者がだれもいなかったのか、驚きだ》とも述べられている。[☆61] マキャヴェッリは『君主論』の第一五章で自分の執筆態度を振り返って、《事態をめぐる想像よりも、その実際の真実（verità effettuale）に即して書き進めていくほうが、適切であるとわたしには思われたのだった》と記している。この『君主論』におけるマキャヴェッリの一節への言及である。

また第四章では、社会綱領についての判断は経験的な観察と実践的な説得の分野においてなされるべきであって、マルクス主義のものにかぎらず、総じて社会綱領なるものを純粋科学の諸命題から演繹することは不可能であると主張されている。《科学的な法則はすべて抽象的な法則である。そして抽象的なものは現実ではなく、思考の図式であり、わたしたちの思考様式のいわば省略形でしかないため、抽象的なものと具体的なものとのあいだには相互に往来できる橋は存在しない。そして法則についての認識は実在するものについてのわたしたちの知覚を

☆60 Ibid., pp. 80-81.
☆61 Ibid., p. 113.

明確にしてこそくれ、知覚そのものには転化しえない》というのだった。[☆62]

さらに第五章では、マルクス主義を本質的に非道徳的であるとか反倫理的であるというようにとらえる見方が否定されている。マルクスはたしかに一見したところ道徳の効力に否定的と思われかねない主張を繰り出している。が、こうした主張のもとでマルクスが意図していたのは、道徳の絶対性を否認して、道徳をなにか偶発的なものや相対的なものにしてしまおうということではなく、人類の進歩のための改善策を人びとの空想や敬虔な願望のうちにではなく、《事物の本性そのもののうちに》探り出そうということであったというのである。[☆63]

しかし、とりわけ注目されるのは、マルクス主義経済学の意義について論じられている第一章と第二章である。

クローチェはまずマルクスの『資本論』を形式とそれがあつかっている範囲の二つの面から検討する。そして形式としては、『資本論』はあくまでもひとつの抽象的な研究であって、歴史上の具体的事実について記述したものではないとみる。マルクスが『資本論』で取り上げている「資本主義社会」というのは《いくつかの仮定から演繹された理想的で図式的な社会》であり、歴史の過程のなかに実際の出来事としてはけっして立ち現われることがなかったような社会であるというのだ。また範囲としては、『資本論』は経済的事実の全領土を包括した百科全書的著作ではなく、ある特定の経済的構成体、つまりは資本の私的所有をともなった社会に対象を限定したものだととらえる。[☆64]

そのうえで、クローチェはラブリオーラがソレル宛て書簡のなかで『資本論』を経済につい

☆62 Ibid., pp. 101-102.
☆63 Ibid., pp. 104-106.
☆64 Ibid., pp. 58-59.〔『イタリア版「マルクス主義の危機」論争』八八—八九頁〕

ての《一篇の巨大なモノグラフィー》と称していることにも異を唱えて言う。[☆65]《もし『資本論』が純粋に経済のモノグラフィーであるべきであったとしたなら、それはけっして生まれることはなかったとさえ言えるかもしれないのである》と。経済学者となって純粋に理論的な関心にもとづいた研究をすることには、実践人および革命家としてのマルクスのパーソナリティが反撥したにちがいないというのだった。[☆66]

　それではマルクスは何をしたのか。純粋経済理論の論述ではないとしたら、資本主義社会の性格をどのような論述のもとに置いたのだろうか。この問いかけにたいしてクローチェは答える。マルクスは、純粋経済理論の分野の外において、「価値と労働とは等しい」という有名な命題を採用したのだ、と。[☆67]ともに、この労働価値説の本質的意義について、ラブリオーラがソレル宛て書簡のなかで《価値理論は経験的な事実を表象したものでもなければ、たんなる論理的な立場を表明したものでもなくて、それなしには他のすべてのことがらが考えられないような典型的な前提である》[☆68]と書いているのを受けて、こう述べるのだった。《マルクスのいう労働価値はたんに一般的な意味での論理的概念であるだけでなく、典型として考案され採用された概念でもある。〔中略〕それは無気力な抽象概念ではなくて、限定された個別的なものの力をそなえており、マルクスの研究のなかで、資本主義社会にかんして比較、尺度、典型の項としての任務を果たしている》と。[☆69]つづいては、《価値は社会的に必要な労働と等しいということがひとたび定立されたなら、つぎには、資本主義社会における商品の価格がそのような尺度からのどれだけの隔たりをもって形成されているかを示すことへ研究は進んでいくこととなる》と

☆65 Labriola, *Scritti filosofici e politici* cit., p. 674.〔『思想は空から降ってはこない』三三三頁〕

☆66 Croce, *Materialismo storico ed economia marxistica* cit. (ed. Laterza), pp. 59-60.〔『イタリア版「マルクス主義の危機」論争』八九―九〇頁〕

☆67 Ibid., p. 60.

☆68 Labriola, *Scritti filosofici e politici* cit., p. 675.〔『思想は空から降ってはこない』三三四頁〕

☆69 Croce, *Materialismo storico ed economia marxistica* cit. (ed. Laterza), p. 63.〔『イタリア版「マルクス主義の危機」論争』九三頁〕

も。[☆70]つまりは比較社会学的な経済研究——これが『資本論』であるというわけである。

クローチェは述べている。——ある社会のなかにあって本来の意味で経済的な生活と目されるものだけを考察の対象に取り上げることにしよう。すなわち、総体的な社会のなかにあって経済的な社会だけを取り上げることにしよう。ついでは、この経済的な社会から、抽象をつうじて、労働によって増大させることのできないすべての財を取り除いてみよう。また別の抽象をつうじて、あらゆる階級的な差異を取り除いてみよう。生産された富のあらゆる分配方法を捨象してみよう。こうした一連の抽象作業をおこなったあとには何が残るだろうか。労働社会であるかぎりでの経済的な社会にほかならない。このような階級的差異のない社会にとって、すなわち、労働の生産物のみが財を構成する経済的社会であるかぎりでの経済的社会にとって、価値とは何でありうるのだろうか。明らかに、多様な種類の財を生産するために要される努力の総和、すなわち、労働量である。そしてここでは問題になっているのは経済的な社会組織であって、そのなかで生きている個々人ではないのだから、当然ながら、この労働は平均値をとって、あくまでも社会的に必要な労働として計算されざるをえない。このようなわけで、いまの場合、労働価値は労働によって増大可能な財を生産するものであるかぎりにおいてのみ考察された経済的社会それ自体に固有の価値を規定するものとして立ち現われることになるだろう、と。[☆71]

クローチェによると、マルクスはこのようにとらえられた労働価値を「典型」に採用し、その「典型」を資本主義社会に適用することによって、《資本主義社会と抽象化され自立的な存

☆70 Ibid., pp. 63-64.〔同前〕
☆71 Ibid., pp. 67-68.〔同前九六—九七頁〕

在にまで高められたその一部分との比較、すなわち、資本主義社会と経済的社会それ自体（ただし、労働社会であるかぎりでの経済的社会）との比較》をおこなったのだった。言い換えれば、マルクスは労働の社会的問題を研究したのだった。そして彼によって確立された暗黙の比較によって、この問題が資本主義社会において解決される特別の仕方を示したというのが、『資本論』の経済学的意義についてのクローチェの見解なのであった。[☆72]

ちなみに、クローチェはマルクスのいう剰余価値（sopravalore）とは価値の外部にあるもの（extravalore）のことである以上、純粋経済学にとっては意味のない言葉であるとしながらも、ある経済的社会と別の経済的社会との比較に差異概念として用いる場合には、《たしかに意味があるし、馬鹿げたものではない》と述べている。[☆73]

また、以上の考察からは、（一）マルクス主義経済学は一般的経済科学ではないという帰結と（二）労働価値は価値の一般概念ではないという帰結が導き出されるとして、マルクス主義経済学と並んで、マルクスの採用した特殊な原理とは性質を異にしていて範囲もより包括的な原理からの演繹をつうじて獲得される一般的な価値概念の確立をめざす一般的経済科学が存在しうるとしながらも、[☆74]資本がもたらす利潤のいわば社会学的な解明については、マルクスが呈示した比較による考察なしにはなされえないとも述べている。[☆75]

☆72 Ibid., p. 70.〔同前九八頁〕
☆73 Ibid.〔同前九九頁〕
☆74 Ibid., p. 73.〔同前一〇〇頁〕
☆75 Ibid., p. 80.〔同前一〇三頁〕

8

つづいてはジェンティーレ。

クローチェがラブリオーラのソレル宛て書簡集からマルクス主義経済学の批判的考察のためのきっかけをつかみ取ったのにたいして、ジェンティーレが着目したのはマルクスにおける実践概念であった。

ラブリオーラは、ソレルに宛てた一八九七年五月十四日付け書簡（第四書簡）のなかで、史的唯物論には《認識理論の実践的転倒》が暗黙のうちにふくまれているとして、その要諦を《あらゆる思考行為はひとつの努力、つまりは新たな労働（lavoro）である》とした点に求めている。ひいては、この意味での「実践の哲学（filosofia della praxis）」こそが《史的唯物論の延髄》をなすと語っている。《行為しながらの認識にほかならない労働から出発して、抽象的理論としての認識へといたるのであって、その逆ではない》というのだった。[☆76]

たぶん、このラブリオーラの述言が糸口となったのだろう。ジェンティーレは、一八九七年に発表した「史的唯物論の一批判」のなかでなされた「歴史の哲学」としての史的唯物論の検討につづいて、つぎには「実践の哲学（filosofia della prassi）」としての史的唯物論の考察に取りかかる。そしてその成果を「史的唯物論の一批判」と合わせて『マルクスの哲学』と題する一冊本にまとめ、一八九九年、ピサのシュペーリ社から世に問うのだった。[☆77]

内容をかいつまんでみておくとして、まずもって目を惹くのは、ジェンティーレの場合、考

☆76 Labriola, *Scritti filosofici e politici* cit., pp. 701-702.〔『思想は空から降ってはこない』八一―八三頁、『イタリア版「マルクス主義の危機」論争』六七―六九頁〕

☆77 Cf. Giovanni Gentile, *La filosofia di Marx. Studi critici* (Pisa, Spoerri, 1899). 以下、引用にさいしては、「史的唯物論の一批判」の場合と同様、Giovanni Gentile, *La filosofia di Marx. Studi critici* (Firenze, Sansoni, 1955) 所収のテクストを使用する。

察のための基本テクストとして、一八八八年に刊行されたエンゲルスの『ルートヴィヒ・フォイエルバッハとドイツ古典哲学の終結』〔『フォイエルバッハ論』〕に付録として収められている、マルクスが一八四五年のノートに書きとめていたフォイエルバッハにかんする十一のテーゼからなる覚え書きが利用されていることである。

どういうわけか、ラブリオーラはこのマルクスの覚え書きには言及していない。これにたいして、この覚え書きに目を通したジェンティーレは、そこに《これまでのすべての唯物論――フォイエルバッハのものもふくめて――の主要な欠陥は、対象、現実、感性がただ客体あるいは直観の形式のもとでのみとらえられていて、人間の感性的な活動、実践としてとらえられず、主体的にとらえられていないことにある》〔テーゼ一〕と指摘されているのを知る。とともに、このようにして《実践的に批判的な活動》の意義を力説している点に師であるフォイエルバッハにたいする弟子＝マルクスの成長の跡がうかがわれるのを見てとって、それのイタリア語訳をこころみたうえで、解読の作業に入っていく。

分析はじつに鋭利である。かつまた独創的でもあって、ジェンティーレが史的唯物論を「実践の哲学」と称するときにそこに込めている含意は、ラブリオーラの場合とは微妙に異なっている。

なによりも特記されるのは、テーゼ三に《人間は環境と教育の所産であり、したがって人間の変化は環境の相違と教育の変化の所産であるという唯物論的学説は、環境はまさに人間たちによって変えられるのであり、教育者みずからが教育されることにならざるをえないということとを忘れている》と指摘されたうえで《環境の変化と人間の活動との一致は、ただumwälzende Praxisとしてのみとらえられ、合理的に理解されることができる》とある箇所に出てくる“umwälzende Praxis”をジェンティーレが“prassi rovesciata”と訳していることである。「裏返った実践」あるいは「反転する実践」である。☆78

ちなみに、“umwälzende Praxis”はマルクス自身の手稿では“revoluzion¨re Praxis”（革命的実践）となっていたことが、一九三二年、アドラツキー版『マルクス＝エンゲルス全集』においてはじめて『ドイツ・イデオロギー』の全文が公表され、そこにフォイエルバッハにかんするマルクスの覚え書きが「付録」として収められたことから判明する。しかし、マルクスの手稿がエンゲルスによって一部改変されていたなどということは、ジェンティーレが『マルクスの哲学』を世に問うた一八九九年当時、だれひとりとして知るよしもなかった。

しかも、このテーゼ三については、注目すべきことにも、ジェンティーレはつぎのような註解をほどこしている。

《一方には教育する社会があり、他方には教育される社会がある。同一の社会が、ひとたび教育されたのちには、教育する存在に立ち戻る。それゆえ、およそ教育というものはすべて社会自身のおこなう実践であり、人間のたえざる活動なのであって、人間とは、かつて言われたことがあるように、この世に生まれてはたえず成長していく（crescit et concrescit）存在のことなのだ。教育は自身を教育しつつ、そしてみずからの教育能力をしだいに増大させつつ、教育をおこなうのである。だから、環境が人間を形成するのであると同時にまた環境自身が人間によって形

☆78 Cf. Gentile, *La filosofia di Marx* cit. (ed. Sansoni), p. 69.

成されるのであってみれば、つねにそこには活動する人間がいて環境を生み出しているわけであり、こうして生み出された環境がつぎにはそれを生み出した人間に逆に作用するのである。〔中略〕かくては、結果が原因に逆に作用するのであり、両者の関係は反転する（si rovescia）。結果が原因の原因となり、原因は原因にとどまりつづけながらも結果に転化する。要するに、原因と結果との総合が生じるのだ。主体を始点＝原理とし、対象を終点＝目標としていた実践は、ここで反転して、対象から主体へと立ち戻り、こんどは対象を始点＝原理とし、主体を終点＝目標とすることとなる。だからこそマルクスは記したのだった。環境の変化と人間の活動の合致は、ただ反転する実践としてのみ（nur als umwälzende Praxis）とらえられ、合理的に説明されることができる、と[☆79]》。

ジェンティーレのみるところ、これはすでに観念論によって、しかしながら抽象的思考の分野で記述されていたことにほかならない。《それをフィヒテはテーゼ、アンチテーゼ、ジンテーゼと呼び、ヘーゲルは存在〔有〕、非存在〔非有〕、変成と呼んだ》。そして《マルクスの言う主体、実践的活動は、テーゼである。環境、教育は、アンチテーゼである。環境と教育によって変容をこうむった主体は、ジンテーゼである》。また、《主体は対象を措定する本源的活動であるから、この主体は存在でありながら、対象を措定することによって自己を否定する。〔中略〕ひいては、対象（環境、教育）は、ヘーゲルの言う非存在に等しい。そしてその存在に内在する矛盾は、存在それ自体の変成、すなわち、対象（環境、教育）によって変容を受けた主体の変成を生み出すのである[☆80]》。

☆79 Ibid., pp. 84-85.〔『イタリア版「マルクス主義の危機」論争』一五四頁〕
☆80 Ibid., pp. 85-86.〔同前一五六頁〕

それでは、マルクスが《頭で立っていた》ヘーゲルの弁証法をひっくり返して《足で立たせた》と言っていることはどう解釈すればよいのだろうか。

この問いにたいするラブリオーラの答えは、マルクスによって確立された「実践の哲学」は《事物に内在してそれらを哲学しようとする哲学》にほかならないというものであった。[☆81]

だが、ジェンティーレは「実践の哲学」をこのように《事物に内在してそれらを哲学しようとする哲学》と規定することには異議を唱える。もしマルクスの言う「実践の哲学」がそのようなものであるとしたなら、それはすでに《理性的なもの、それは現実的であり、現実的なもの、それは理性的である》と述べたヘーゲルの哲学そのものがそうであったのではないか、というわけである。[☆82]

では、どうなのか。ヘーゲルの弁証法にたいしてマルクスが遂行しようとした「転倒」の本質はどこにあったのか。「観念論的な形而上学」から「唯物論的な形而上学」への転換。これがジェンティーレの解答である。

《見てきたように、フォイエルバッハにとっても、マルクスにとっても、現実的なものの原理はヘーゲルにとってそうであったような理念ではなく、感性的な対象である。しかし、この感性的な対象にフォイエルバッハはヘーゲル的理念のものであった弁証法を適用することをしなかったのにたいして、マルクスは適用した。だから、フォイエルバッハがヘーゲルとのあいだに取り結んでいる関係のなかにあっては、マルクスの弁証法はヘーゲルの弁証法が占めているのと同じ位置を占めていることになる。ひいては、マルクスは、〔ラブリオーラが主張するように〕抽象

☆81 Labriola, *Scritti filosofici e politici* cit., p. 702.〔『思想は空から降ってはこない』八三頁、『イタリア版「マルクス主義の危機」論争』六九頁〕

☆82 Cf. Gentile, *La filosofia di Marx* cit. (ed. Sansoni), pp. 126-127.

的な思考に具体的な事物を置き換えたのではなくて、観念論的な形而上学に唯物論的な形而上学を置き換えているのである》[☆83]。

だが、このマルクスの「唯物論的な形而上学」は、ヘーゲルの「観念論的な形而上学」同様、あくまで弁証法的であろうとする。それゆえ、《それは観念論的な形而上学のもっているよいもののすべて、つまりは実践の概念、現実的なもののたえまない自己形成という概念を自分のものにしなければならない》[☆84]。ひいては、ここから出てくる「史的唯物論」との自己規定。

しかしまたジェンティーレの診断によれば、この唯物論は、歴史的であろうとするやいなや、《感性的なものの外には他のいかなる現実的なものも存在しないというみずからの基礎命題自体をその思弁的な構築作業のなかで否定することを余儀なくされる》[☆85]。こうしてジェンティーレは最後に断定をくだして言うのだった。《要するに、これは歴史的であろうとしてもはや唯物論的ではない唯物論である。ひとつの本質的な、深くて治癒しがたい矛盾がそれを悩ませている》[☆86]と。

9

ラブリオーラは、イタリア語版『社会主義と哲学について語る』(一八九七年)から新たな思索のきっかけを得て、以上に見たような考察をこころみたクローチェとジェンティーレのうち、ジェンティーレにたいしては、どういうわけか、なんらの応答もしていない。

☆83 Ibid., p. 131.
☆84 Ibid.
☆85 Ibid., p. 161.
☆86 Ibid.

ただ、クローチェにたいしては、同書のフランス語版（一八九九年）への後記（第一一書簡）のなかで峻烈きわまりない批判をおこなっている。クローチェの覚え書き「マルクス主義のいくつかの概念の解釈と批判のために」は『社会主義と哲学について語る』への「自由な書評」として構想されたもののようにみえるものの、《実際には、歴史方法論上の何点かの有益な観察と政治戦術上のいくつかの賢明な注記を別とすれば、わたしの出版物や見解とはなんの関係もないばかりか、それとは真っ向から対立する理論的諸言明を含んでいる》というのだった。[☆87]

とりわけラブリオーラが問題視するのは、クローチェがマルクスの労働価値説は純粋経済理論の外にある比較社会学的な理論であるとし、マルクスの採用した特殊な原理とは性質を異にしていて範囲もより包括的な原理からの演繹をつうじて獲得される一般的な価値概念の確立をめざす一般的経済科学が存在しうるとしている点であった。ラブリオーラによると、このようなクローチェの主張は《悪性の形而上学菌》[☆88]に冒されたものとしか言いようがないのだった。

クローチェのほうでは、このラブリオーラの批判に『リフォルマ・ソチャーレ』誌第六巻第五号（一八九九年五月）に寄せた論考「マルクス主義的価値理論についての近年の諸解釈とそれらをめぐる論争」のなかで反論をこころみている。[☆89]また同じ一八九九年には、利潤率の傾向的低落法則にかんするマルクスの仮説に異議を唱えた論考をポンタニアーナ学会で発表してもいる。[☆90]そして一九〇〇年、それまでさまざまな雑誌に発表してきたマルクス主義研究の成果を『史的唯物論とマルクス主義経済学』と題する著作にまとめてパレルモのサンドロン社から上梓、[☆91]これをもってマルクス主義との格闘の五年間に終止符を打つこととなる。

☆87 Labriola, *Socialisme et philosophie* cit., pp. 208-209; Id., *Discorrendo di socialismo e di filosofia*, in: Id., *Scritti filosofici e politici* cit., pp. 781-782.〔『社会主義と哲学』二二七―二二八頁〕

☆88 Labriola, *Socialisme et philosophie* cit., p. 214; Id., *Discorrendo di socialismo e di filosofia*, in: Id., *Scritti filosofici e politici* cit., p. 785.〔同前〕

☆89 Benedetto Croce, "Recenti interpretazioni della teoria marxistica del valore e polemiche intorno ad esse," *Riforma Sociale*, a. VI (1899), vol. XI, serie II, pp. 413-426.

☆90 Benedetto Croce, "Una obiezione alla legge marxistica della caduta del saggio di profitto," *Atti dell'Accademia Pontaniana*, XXIX (1899), memoria n. 5.

☆91 Benedetto Croce,

Materialismo storico ed economia marxistica (Palermo, Sandron, 1900).

10

ラブリオーラはその後、ローマ大学での一九〇〇―一九〇一年度の歴史哲学にかんする講義で、世紀末における世界政治の諸問題に取り組む。そしてこれを糸口にして、史的唯物論にかんする第四番目の論考、「ひとつの世紀からもうひとつの世紀へ」の執筆に着手するが、咽頭癌のため、完成させることはできないまま、一九〇四年二月二日、ローマで永眠する。☆92

一方、クローチェは『史的唯物論とマルクス主義経済学』を上梓したのち、一九〇二年に『表現の学および一般言語学としての美学』を世に問うたのを嚆矢に、精神のみが唯一の真実在であり、その本質は活動性にあるとの理想主義的な観点に立脚した「精神の学としての哲学(filosofia come scienza dello Spirito)」の体系化の仕事に乗り出す。ともに、一九〇三年には文学・歴史・哲学の雑誌『クリティカ〔批評〕』を創刊し、フーマーニタース（精神的綜合）の理念に立脚したイタリアの知的道徳的改革の運動を展開していくこととなる。

またジェンティーレも、『マルクスの哲学』を上梓後、クローチェの創刊した『クリティカ』誌に協力するかたわら、重心をベルトランド・スパヴェンタの著作集の編纂と註解の仕事に移す。そしてそこから、真実はもっぱら現に行為している精神のうちにあるのであって、行為を終えてしまったとたん、それは虚偽に転じるとする、独自の「純粋行為としての精神（spirito come atto puro)」の理論を編み出していく。

最後にソレルについても一言。ソレルは当初、マルクスを《実践的な現実感覚》をもった経

☆92 ラブリオーラの論考「ひとつの世紀からもうひとつの世紀へ」(Da un secolo all'altro) はその後、Antonio Labriola, *Scritti vari editi e inediti di filosofia e di politica*, a cura di Benedetto Croce (Bari, Laterza, 1906) において公表された。

験主義者とみていた。しかし、一八九八年に革命的サンディカリズムの理論家に転じるのと符節を合わせるようにして、マルクスについての見方も一八〇度変化する。ラブリオーラは、ソレルに宛てた十通の書簡からなる『社会主義と哲学について語る』のなかで、《一元論への傾向》こそが史的唯物論に内在する哲学であることにソレルの注意をうながしていた。[☆93] 革命的サンディカリズムの理論家としてのソレルの言説のなかに登場するマルクスは、そのほかでもない「一元論者」としてのマルクスである。そしてこのマルクスにたいして、ソレルの評価は全面的に否定的なものでしかなかった。サンディカリズムについてのソレルの諸論考を集成した『プロレタリアートの理論のための諸資料』〔一九一九年〕の序文にはある。《マルクスがヘーゲル哲学から学びとったことは、彼をしてもろもろの一元論的な先入観念を育ませることとなった。〔中略〕ヘーゲルによれば、イデーこそは人間をして理性へと向かわせるという。そのイデーが、それまではなおも偶然、無節制な欲望、そして一般的な無知の唾棄すべき成果である複数性しか支配していなかったところに合理主義が要求する統一性を課することによって有益な仕事を達成するにいたる、とマルクスはとらえるのである》と。[☆94]

☆93 Labriola, *Scritti filosofici e politici* cit., p. 719.〔『思想は空から降ってはこない』一一五頁、『イタリア版「マルクス主義の危機」論争』八四頁〕

☆94 Georges Sorel, *Matériaux d'une theorie du proletariat* (Paris, Rivière, 1919), pp. 39-41.

ソレルとマルクス主義

1

ジョルジュ・ソレルは、もとはといえばエンジニアであった。一八四七年十一月二日、ノルマンディー地方のシェルブールに生まれ、当地のコレージュを卒業後、一八六五年、パリのエコール・ポリテクニークに入学。二年後の一八六七年、優秀な成績で繰り上げ卒業したのち、土木局に採用され、コルシカ島と南フランスのいくつかの町、さらにはアルジェリアと、一八七九年からは東ピレネー地方のペルピニャンで、政府の土木技師を勤めている。

ただ、すでにエンジニアとして土木局に勤務していたころから同時に哲学への関心をも深めつつあったようで、一八八六年から実験心理学者テオデュール＝アルマン・リボーの主宰する『哲学評論』誌に「精神物理学の応用について」、「確率計算と経験」、「物理学における原因について」などの科学哲学的論考を寄せている。☆1 また、一八八九年には最初の著書『聖書の世俗的研究への寄与』と『ソクラテス裁判——ソクラテスのテーゼの批判的検証』を出版している。☆2

そして一八九一年に国家からレジオン・ドヌール勲章を授与され、翌一八九二年には現場の

☆1 Georges Sorel, "Sur les applications de la psychophysique," *Revue philosophique*, XXII (1886); "Le calcul des probabilités et l'expérience," *Revue philosophique*, XXIII (1887); "De la cause en physique," *Revue philosophique*, XXIV (1888).

☆2 Georges Sorel, *Contribution à l'étude profane de la Bible* (Paris, Ghio, 1889); *Le procès de Socrate. Examen critique des thèses socratiques* (Paris, Alcan, 1889).

技師の最高位である第一級上級技師に任命されるものの、直後に二十五年間奉職した土木局を四十五歳で退官してパリに居を構え、本格的に文筆家の道に入ることとなるのだが、その一八九二年には、「原子論の科学的根拠」と「デカルトの物理学」と題する二つの論考を『キリスト教哲学年報』に発表した☆3のにくわえて、注目されることにも、「プルードンの哲学にかんする試論」と題する論考をも『哲学評論』誌第三三―三四号に寄せている。☆4プルードンの『経済的諸矛盾の体系、または貧困の哲学』（一八四六年）と『革命と教会における正義』（一八五八年）を中心に、《彼がどのようにして経済的諸問題を心理学上の問いに引き戻して考察したか》について考察したものであって、（一）経済学が科学であるとするなら、それは人間の産業によって生み出されるもろもろの価値の合理的研究をこそ対象とすべきであること、（二）論理学から始まる旧来の科学教育の方法は全面的に革新されなければならず、工場での実際的な経験こそが産業革命を経た現代における教育の基盤となるべきであること、（三）正義は市民たちの相互関係にかかわるひとつの理念であること、（四）国家は個々人だけでなく、もろもろの集団的な力によっても構成されており、集団的な力の使用を統制するのが立法者の任務であるとされていることからして、それらの力を法の観点から検証することが必要となること、（五）戦争は力の法が実地に適用されたものであって、経済的諸矛盾は戦争状態に置かれた産業的諸力によって生み出される損害のうちに存していること等々が、プルードンの哲学が提出している基本的テーゼであるとされている。ソレルは一九二二年に七十四歳で死去するまで変わらずプルードンからのことのほか強い影響下にあったことが知られているが、そのプルードンの哲学

☆3 Georges Sorel, "Fondements scientifiques de l'atomisme" et "La physique de Descartes," *Annales de philosophie chrétienne*, XXVI (1892).

☆4 Georges Sorel, "Essai sur la philosophie de Proudhon," *Revue philosophique*, XXXIII (1892), pp. 622-638, XXXIV (1892), pp. 41-68.

について体系的に論じたものとしては、この一八九二年の「試論」が最初にして唯一の論考である。注目されるゆえんである。

しかし、これにもまして注目されるのは、同じくこの時期にすでにマルクスの学説を高く評価した論考を著わしていることである。

マルクスにかんするソレルの最初の言及は、一八九三年に『哲学評論』誌の編集人リボーに宛てて送った公開書簡「科学と社会主義」のうちに見出される。☆5 その書簡のなかで、ソレルは《新しい現実的な形而上学》としてのマルクスの理論への熱い関心を吐露するとともに、フランスの高名な社会学者にして犯罪学者のガブリエル・タルド（一八四三―一九〇四）を引き合いに出して、マルクスがフランスでは理解されないまま物笑いの種にされていることに憤りを表明している。そしてあたかもその年、パリにおいてルーマニア人学生ディアマンディによってマルクス主義的傾向の社会主義雑誌『新時代』誌が創刊されたことを知ったソレルは、翌一八九四年、同誌に「新旧形而上学」と題する論考を寄せ、『哲学評論』誌の編集人に宛てた書簡のなかで熱い関心を寄せていると吐露していたマルクスの《新しい現実的な形而上学》の画期性について縷説している。☆6

それにしても、ソレルが言うところのマルクスの《新しい現実的な形而上学》の画期性はどこに求められるのだろうか。同論考においてソレルが強調しているところによると、マルクスの理論の画期性はそれがなかんずく応用力学＝機械工学の成果に準拠したものである点に求められるのであった。総序の部分でソレルは《マルクスの理論は数世紀来哲学のなかに導入され

☆5 Georges Sorel, "Science et socialisme," *Revue philosophique*, XVIII (1893), pp. 509-511.

☆6 Georges Sorel, "L'ancienne et la nouvelle metaphysique," *L'Ere nouvelle*, II (1894), pp. 329-351, 461-482, 51-87, 180-205. このテクストは、一九三五年、Eduard Berth によって *D'Aristole à Marx* と題して出版された (Paris, Rivière)。ここでは、Georges Sorel, *Scritti politici e filosofici*, a cura di Giovanna Cavallari (Torino, Einaudi, 1975), pp. 61-179 所収のイタリア語訳テクスト"L'antica e la nuova metafisica"を利用する。

てきたもっとも偉大な革新である》としたうえで、述べている。《〔この論考において〕力学＝機械工学から多くの例がとられているのを見ても、だれも驚きはしないだろう。じじつ、わたしたちは、師〔＝マルクス〕の教えをつうじて、環境が変容するにあたっては労働道具が重要な役割を演じることを知っているのだ。人間を認識するためには、人間をその全体的な姿において、労働する者としてとらえること、そして人間を彼が生活の糧を得るための手段から切り離さないことが、いつの場合にも必要なのである。／いつの場合にも応用力学において獲得された成果から出発することによってこそ、精神的生産についての厳密な分析を推進し、真の科学と偽りの科学を識別することは可能となる。さらにはまた、K・マルクスはついに経済的諸関係についての精密にして絶対的な科学をわたしたちに提供したのだということを論証することが可能となるのであり、このような成果がもたらされえた理由を説明することが可能となるのである》と。☆7

また、本論では、もろもろの形而上学的な幻想の体系はつねに経済的体系の反映であり、ひいては、経済的な枠組みが変革されないかぎり、思想と習俗の改革は不可能であると考えられたところから、旧い唯物論はほとんど宿命論に近い決定論へと導かれていき、他方、唯心論は自由意志とは何であるのかを説明することができずにきたが、《近代科学にとっては、問題はまったく新しい様相を呈する》として、つぎのように述べられている。《もはや、人間的有機体の深奥に入り込み、そこになにか見出しえないものを見つけ出すなどといったことは、問題ではない。個々人が社会的な影響力を行使することができるのかどうか

☆7 Sorel, *Scritti politici e filosofici* cit., pp. 64-65.

を知ることこそが必要なのだ。マルクス主義的唯物論はこれに肯定的に答える。なぜなら、それは人工的環境の存在を認めるからである。この環境はわたしたちの努力が不断に変更しようとこころみているところのものなのだ。／人工的環境の存在はわたしたちの自由の基本的条件である。〔中略〕わたしたちは、宇宙的環境のなかにはなんらのモデルも有さないようなもろもろの装置を建設することができるという意味において、自由なのである》[☆8]。

つづけてはまた、《テクノロジーの過程についての基本的諸法則が十分に認識されるにいたれば、カントによって立てられた問題は解決され、あらゆる科学の諸条件がどのようなものであるかがわかるようになるだろう》とも[☆9]。

いかにも、二十五年にわたって政府の土木技師として鉄橋の建設にたずさわってきた、エンジニアとしての豊かな実務経験に裏打ちされた、プラグマティックなマルクス理解であるといってよい。じっさいにも、同論考では、《自然にかんする研究のなかでは、根本的に異なる二つの認識様式に対応する二つのはっきりと区別された目的を提示することができる。一方では、実際上の必要に応えるのに十分な程度の近似的接近によって、起きるにちがいないことがらを予見しうるようなふうに、認識された諸現象を分類することがこころみられる。もう一方では、現象の領域は乗り越えられ、予見はもはや知の直接的目的をなさない。この合理的科学の目的は、もろもろの科学的抽象概念を整理して現実生活のあらゆる可能な状態から独立した法則にまとめあげることである》とあったうえで、製作の現場において要《かなめ》をなすのは「実際的な現実感覚（sens pratique）」であることが、まるでウィリアム・ジェイムズの『プラグマティ

☆8　Ibid., pp. 176-77.
☆9　Ibid., p. 177.

ズム』（一九〇七年）を先取りするかのような筆致で主張されている。《すべてを偶然にまかせたくなければ、すでになされたことからあまり遠く離れないようにしないといけない。たとえば、材料の質における変化から生じる誤差を考慮するというのはなかなかむずかしく、修正するためには、しばしば実際的な現実感覚と呼ばれているものに頼らなければならない。すなわち、製作者は、定言的な規則に翻訳することは不可能な、しかしまた個別的な事例の一々において彼を啓発するのに役立っている、大量の個人的な観察をおこなってきているのだ、ということを認めなければならない。このような行き方をとることによって、一般に考えられているよりもはるかにしばしば、満足のいく成果に到達しているのである。〔中略〕／〔製作の現場における〕相当数の条件は科学的には定義しえないものである。〔中略〕実際的な解答は数学的な解答ではありえない。それは、これらの定義しえない諸条件のそれぞれにひとつひとつ対応したあらゆる解答をすべて包含したものでなければならない。実際的な現実感覚は、とりわけ、この包含の諸基準をどう算定するかということに存している。そしてそれはただ長くて細かな経験をつうじてのみ獲得されうる》と。[☆10]

ちなみに、「新旧形而上学」で参照されているマルクスの著作は『資本論』であるが、ソレルはドイツ語が読めなかったという。しかし、『資本論』は一八七五年にマルクス自身のチェックを経たフランス語版が出ていた。[☆11] ソレルはこのフランス語版を使用している。

☆10 Ibid., pp. 65-67.

☆11 Karl Marx, *Le Capital*, traduction de M. J. Roy, entièrement revisée par l'auteur (Paris, Lachatre, 1875).

2

『新時代』誌はほどなくして休刊になってしまう。そこでソレルは『新時代』誌編集部に名前を連ねていたポール・ラファルグやガブリエル・デヴィルらフランス労働者党の理論家たちと協同で、一八九五年、同じくマルクス主義的傾向の強い社会主義雑誌『ドゥヴニール・ソシアル〔社会的変成〕』誌を創刊する。そして創刊号に社会学者エミール・デュルケームの理論を批判した論考を発表するのだが、そこでも、デュルケームがボルドー大学における一八九五—九六年度の講義で社会主義の問題を取り上げ、社会主義はなんらの科学的性格ももってはおらず、現実の分析というよりはむしろ未来を志向したひとつの理想であると述べているのに反論して、社会主義はいまやマルクスの努力によって科学的性格をおびるにいたったことをあらためて力説している。[☆12]

なかでも特記されるのは、一八九六年に『ドゥヴニール・ソシアル』誌に寄せられた論考「ヴィーコにかんする研究」[☆13]である。この論考にいたってソレルは、彼が「新旧形而上学」で形而上学史におけるマルクスの画期性を強調していたことの含意を疑問の余地なく明らかにすることとなる。

見てみよう。ソレルは開口一番、ヴィーコの『新しい学』（第一版一七二五年、第二版一七三〇年、第三版一七四四年）における「永遠の理念的な歴史（storia eterna ideale）」の構図に準拠した諸国民の世界についての循環史的な記述を、社会主義的変革の企図にとって《有害無益である》としてしりぞ

☆12 Cf. Georges Sorel, "Les théories de M. Durkheim," *Devenir social*, I (1895), pp. 1-26, 148-180.

☆13 Georges Sorel, "Étude sur Vico," *Devenir social*, II (1896), pp. 785-817, 906-941, 1013-1046.

けている。ヴィーコのいう「永遠の理念的な歴史」の構図を受け入れるとき、それは人間たちに環境への能動的な働きかけを断念させ、宿命論へと陥らせてしまうことにならざるをえないというのだ。そのうえで、マルクスが『資本論』第一巻の第一三章「機械装置と大工業」への註89のなかで《ダーウィンは自然のテクノロジーの歴史に、すなわち動植物の生活のための生産道具としての動植物器官の形成に関心を向けた。個々の社会組織の物質的基礎をなす社会的人間の生産的諸器官の形成史も、同じ注意に値するのではないか。しかも、それはより容易に提供されるものではないか。なぜなら、ヴィーコも言っているように、人間の歴史が自然の歴史と区別されるのは、前者はわれわれが作ったのであるが、後者はそうではない、という点にあるからである》(MEW, 23: 392-393)と記していることに読者の注意を喚起し、ここでマルクスが言及している「歴史は人間によって作られた」という考え方こそはヴィーコの著作のうちでもっとも独創的な部分であり、《今日もなお深められるに値し、制度と革命の歴史家に有益な情報を提供してくれる部分である》と指摘している。[☆14]

もっとも、ヴィーコ自身は、知識とは事物が作られる様式についての認識のことであるとみる立場から、そうした知識は数学においては達成されるが、自然学には欠如しているとの帰結を導き出していた。が、ソレルによると、《今日、わたしたちは科学的知識の条件についてもっと厳密な観念をもつことができる》というのだった。ソレルは書いている。《わたしたちはもはや、幾何学と理論力学とのあいだに、さらにはこれと他の数学的自然学とのあいだにすら、本質的な相違が存在するとはみない。わたしたちは、すべての場合に、実験(expérience)に

☆14 Ibid., p. 786.

もとづき、帰納的方法によって獲得されたデータから出発しなければならないことを知っている。幾何学の諸公理もこのいっさいの科学的研究を支配している普遍的法則を免れるわけにはいかないのだ。〔中略〕実験をおこなうとき、わたしたちは自然を模倣するのではない。もろもろの手筈（combinaisons）、もろもろの道具（outils）を用いるのであり、これらはまさしくわたしたちのものにほかならない。そしてわたしたちは宇宙的環境のなかではけっして生じることのないようなもろもろの運動を産み出そうとこころみる。したがって実験とはひとつの創造行為にほかならない。そしてそこでは、すべては人工的環境に属している。すなわち、それは作られたものであると同時に真なるものでもあるのだ》と。[☆15] また、《近代科学においては、つねに、大産業が提供してくれるものに似た自動機械の性格をもつような、ひとつの厳密な実験的決定論（une déterminisme expérimental rigoureux）を獲得することがめざされている。提起された自然学的法則の価値が判断されるのは、この道具装置（outillage）の完成度によってなのだ。たんなる観察しか自由にならないときには、確実なものはなにひとつ獲得しえない》とも。[☆16]

3

さて、一八九五年にラファルグらと『ドゥヴニール・ソシアル』誌を創刊したソレルは、イタリアにアントニオ・ラブリオーラ（一八四三―一九〇四）という、ちょうど時を同じくしてマルクスの学説に熱い関心を寄せはじめていた哲学者がいることを知り、接触を図る。そしてラブリ

☆15　Ibid., pp. 816-17.
☆16　Ibid., p. 817.

オーラが一八九五年に世に問うた『共産主義者宣言を記念して』をフランス語に翻訳させて『ドゥヴニール・ソシアル』誌で紹介する。[☆17] さらには、ラブリオーラが『共産主義者宣言を記念して』につづいて一八九六年に世に問うた『史的唯物論について——予備的解明』をも同誌上で論評する。[☆18] とともに、翌一八九七年にはラブリオーラの二著を一冊にまとめたフランス語版『唯物論的歴史観にかんする論考』を『ドゥヴニール・ソシアル』誌の発行を引き受けていたパリのジアール・エ・ブリエール書店から出版させるのだが、[☆19] 同書に付した「一八九六年十二月」の日付をもつ「まえおき」でも、当時のフランスではマルクスを歴史上の諸事実が天文現象のような必然性の鉄則に支配されているかのようにとらえる宿命論的決定論者であるとする見方が流布していたのに批判をくわえて、《マルクスの学説のなかにはこれに似た考え方はなにひとつ見あたらない》と述べている。マルクスの場合には、もろもろの出来事はもっぱら《経験的な観点から》考察されている。そこでは、《ひとはただ、諸事実の合理的認識のための対象をつくり出すのに十分な程度に規則的で特徴のはっきりした諸時期を諸原因の絡み合いが生み出すのを認定したいと望んでいるにすぎない》というのだった。つづけては、《あまりにも厳格で堅固な哲学体系を後世に残そうという考えほどマルクスが恐れていたものはないようにみえる。〔中略〕したがって、人間の思考を師によって建設された輪型の檻のなかに閉じ込めようとしていると言ってマルクスの弟子たちを非難する批判者たちのなんと盲目的なことよ》といった述言も見える。[☆20]

また、この「まえおき」で表明したマルクス解釈について、ソレルは一八九八年にイタリア

☆17 Antonio Labriola, "En mémoire du Manifeste du parti communiste," *Devenir social*, I (1895), pp. 225-252, 321-344.〔小原耕一訳「共産主義者のマニフェストを記念して」、アントニオ・ラブリオーラ著、小原耕一・渡部實訳『思想は空から降ってはこない——新訳・唯物史観概説』同時代社、二〇一〇年、五—一〇四頁〕

☆18 Georges Sorel, Revue critique à: Ant. Labriola, *Del materialismo storico etc.*, *Devenir social*, II (1896), pp. 761-766.

☆19 Antonio Labriola, *Essais sur la conception matérialiste de l'histoire* (Paris, Giard et Brière, 1897).〔渡部實訳「史的唯物論について——予備的考察」、ラブリオーラ著、小原・渡部訳、前掲『思想は空から降ってはこない』一〇五—二五八頁〕

の自由主義経済学者フランチェスコ・サヴェリオ・ニッティ（一八六八—一九五三）が編集人をつとめる『リフォルマ・ソチャーレ〔社会改革〕』誌（一八九四年創刊）に寄せた論考「マルクス主義における必然性と宿命論」でさらなる敷衍をおこなっているが、そこには《実践家が大いなる正確さを求めるとき、彼は全体を小さなグループに分解し、多くの定式を構築する。たったひとつの定式でもってあまりにも多く包みこもうとすると、しばしばなんらの応用的価値ももたないいくつかの表現にしか到達しない。過去を鷲の目でもって観想し、過去についての一般的理論を提供すると主張する歴史家や社会学者をあまり信用してはならない。彼らの方法には科学的直観が欠けているため、彼らは紋切り型を越えることができず、二次的な特徴しか明らかにすることがない》とある。[☆21] ソレルのプラグマティックなマルクス解釈は、この時点でも揺るぎなく堅持されているとみてさしつかえないだろう。

なお、別の場所[☆22]でも述べておいたように、以上のようなソレルのマルクス解釈にかんしては、ラブリオーラをつうじてその存在を知ることとなった同じくイタリアの哲学者ベネデット・クローチェ（一八六六—一九五二）のマルクス解釈とも多くの点で共通するものがあることにも注意しておいてよいのではないかと思われる。じっさいにも、一八九五年春、かねてより面識のあったラブリオーラから出版への協力依頼状を添えて送られてきた『共産主義者宣言を記念して』の原稿に目を通したクローチェは、そこに歴史についての自分にとってはまったく新しいとらえ方を見出して、啓示を受けたかのような驚きに打たれる。そこで、つづいて刊行されたラブリオーラの『史的唯物論について——予備的解明』からもさらなる刺激を得ながら、史

☆20 Georges Sorel, Préface à Labriola, *Essais* cit. pp. 6-7, 14-15.〔アントニオ・ラブリオーラ著、小原耕一・渡部實訳『社会主義と哲学——ジョルジュ・ソレルへの書簡』同時代社、二〇一一年、二四七、二五一—二五二頁〕

☆21 Georges Sorel, "La necessità e il fatalismo nel marxismo," *Riforma Sociale*, V (1898), in: Id., *Saggi di critica del marxismo*, pubblicati per cura e con prefazione di Vittorio Rocca (Milano-Palermo-Napoli, Sandron, 1903), p. 87.〔ジョルジュ・ソレル「マルクス主義における必然性と宿命論」、金山準訳、上村忠男監修、イタリア思想史の会編訳『イタリア版「マルクス主義の危機」論争——ラブリオーラ、クローチェ、ジェンティーレ、ソレル』未來社、二〇一三年、一二七頁〕

的唯物論ないし唯物論的歴史観の意義をめぐっての考察に全精力を傾注していく。そしてその成果を「唯物論的歴史観について」と題する覚え書きにまとめ、一八九六年五月、ナポリのポンタニアーナ学会で発表するのだが、その覚え書きのなかでクローチェもまた診断していたのだった。《ラブリオーラは、わたしが見誤っていなければ、史的唯物論のなかに厳密な意味での理論を求める必要はないことを認めるにいたっている。それどころか、その学説には本来の意味で理論と言われるものはまったくないことを認めるにいたっている》と。そしてもしその理論が厳密な意味においては真実でないのなら、それが発見したものとはいったい何なのか、どこに新しさがあるのか、と問う人があるかもしれないとしたうえで、こう問い返すのだった。《厳密で哲学的な概念と並んで、近似的な観察、ふだん起こることについての認識、要するに、生活の経験と呼ばれ、概括的ではあるが絶対的ではない定式で表現しうるいっさいのものもまた、同じだけの価値をもってはいないのだろうか》と。[☆23] ソレルのマルクス解釈との共通性に疑問の余地はないのではないだろうか。

ちなみに、クローチェは同じく一八九六年、ソレルに要請されて『ドゥヴニール・ソシアル』誌に当時イタリアの社会主義者たちのあいだで「イタリアの生み出した傑出した社会主義理論家」との評判を得ていた経済学者アキッレ・ロリア（一八五七―一九四三）の歴史理論を批判した論考を寄せているが、そこでも唯物論的歴史観について同様の見解を提示している。マルクスとエンゲルスは唯物論的歴史観を厳密で堅固な論証に裏打ちされた理論に還元しようなどとは一度としてこころみたことはなかったのであって、いくつかの一般的な言明をアフォリズム

☆22 上村忠男「アントニオ・ラブリオーラと「不実な」弟子たち――イタリア版「マルクス主義の危機」論争」、前出『イタリア版「マルクス主義の危機」論争』二六三―二六四頁。

☆23 Benedetto Croce, "Sulla concezione materialistica della storia," *Atti dell'Accademia Pontaniana*, XXVI (1896), memoria n. 6. なお、クローチェはその後数年にわたって集中的に取り組むことになったマルクス主義研究の成果を一九〇〇年、『史的唯物論とマルクス主義経済学』と題する一冊本にまとめて出版しているが、そのさい、この覚え書きは「史的唯物論の学的形式について」と改題されている。Cf. Benedetto Croce, "Sulla forma scientifica del materialismo storico," in: Id., *Materialismo storico ed economia*

のかたちで提出するとともにそれらの個別的な適用例を挙示したにすぎない。そして唯物論的歴史観が歴史叙述にたいして真実にして実り豊かな観念でありつづけようとするなら、この条件の外に出るべきではないというのだった。[☆24]

4

しかしまた一八九八年という年は社会主義の理論家としてのソレルにとって大きな転換の年でもあった。

まずもって注目されるのは、ソレルの論考「マルクス主義における必然性と宿命論」が『リフォルマ・ソチャーレ』誌に載ったことの背後にはつぎのような事情があったことである。ソレルが後年のある文章のなかで回顧しているところによると、『ドゥヴニール・ソシアル』誌におけるソレルの批評活動は、《マルクス主義が一般に広く流布するにつれて著しく堕落していき、そこにマルクス本来の学説を見出すことがほとんど困難になりつつあった》なかで、《マルクス主義を現代科学の最新の流れに通暁させようという目的でなされた真摯なこころみ》であったという。[☆25] ところが、たとえば一八九八年四月一日付けクローチェ宛て書簡では、ソレルは《わたしは『ドゥヴニール』誌には六ヶ月前から書いていません。これからも書くことはないだろうと思います》と打ち明けている。そして《〔それでもなお〕『ドゥヴニール』誌においてこころみてきたことはなんとしても継続していきたい、マルクスの諸原理に付き従うことによ

marxistica (Palermo, Sandron, 1900). ここでは、Benedetto Croce, *Materialismo storico ed economia marxistica* (X ed.: Bari, Laterza, 1961), p. 13から引用する〔邦訳はベネデット・クローチェ「唯物論的歴史観について」千野貴裕訳、前出『イタリア版「マルクス主義の危機」論争』三五頁参照〕

☆24 Cf. Benedetto Croce, "Les théories historiques de M. Loria," *Devenir Social*, II (1896), pp. 881-905. ここでは、Croce, *Materialismo storico ed economia marxistica* cit. (ed. Laterza), pp. 23-56所収のテクスト"Le teorie storiche del prof. Loria"を使用する。

☆25 Georges Sorel, "Les polémiques pour l'interprétation du marxisme: Bernstein et Kautsky," *Revue*

って、彼の書いている言葉よりは採っている方法に付き従うことによって、マルクス主義をより良いものにしていきたいとは考えているのです》と述べて、『リフォルマ・ソチャーレ』誌への寄稿の可能性を同誌の編集人を務めるニッティに打診してくれるよう、クローチェに依頼している。[☆26] さきにも触れたように、ニッティは自由主義経済学者で、『リフォルマ・ソチャーレ』誌は社会主義系の雑誌ではなかった。しかし、イタリア社会党の指導者フィリッポ・トゥラーティ（一八五七―一九三二）の主宰する――同じ書簡のなかでのソレルの言葉によると――《かなり化石化した》『クリティカ・ソチャーレ』誌よりは、自由な議論ができる場所であるとソレルは判断したようである。「マルクス主義における必然性と宿命論」が『リフォルマ・ソチャーレ』誌に載ったのには、このような事情があったのだった。

ついでは、「社会主義の危機」をめぐる論争への関与と革命的サンディカリズム運動への接近。

ソレルは一八九七年、その年に出版されたイタリアのアナーキスト系社会主義者フランチェスコ・サヴェリオ・メルリーノ（一八五六―一九三〇）の『社会主義への賛否――社会主義の諸原理と諸体系についての批判的陳述』を『ドゥヴニール・ソシアル』誌上で論評するとともに、同書のフランス語訳の出版を手配し、一八九八年に『社会主義の諸形態と本質』というタイトルで出たフランス語訳にみずから序文を寄せている。[☆27]

また翌一八九八年には、パリの『政治・議会評論』誌に寄せた「社会主義の危機」という論考のなかで、ここのところ社会主義者たちの思考様式に重大な変化が生じていると指摘し、そ

internationale de Sociologie (1900), in: Id., *La décomposition du marxisme et autre essais.* Anthologie préparée et présentée par Thierry Paquot (Paris, Presse Universitaires de France, 1982), p. 141.

☆26 "Lettere di Georges Sorel a B. Croce," *Critica,* XXV (1927), pp. 106-107.

☆27 Cf. Francesco Saverio Merlino, *Pro e contro il socialismo. Esposizione critica dei principi e dei sistemi socialisti* (Milano, Treves, 1897); Georges Sorel, "Pour et contre le socialisme," *Devenir Social,* III (1897), pp. 854-889, in: Id., *La décomposition du marxisme* cit., pp. 43-76; Georges Sorel, Préface à Francesco Saverio Merlino, *Formes et essence du socialisme* (Paris, Giard et Brière, 1898).

の代表的な例として、『社会主義への賛否』において社会主義者たちのあいだに根強く残っている破局論的とらえ方を批判したメルリーノと並んで、一八九六年から一八九八年初めにかけて『ノイエ・ツァイト〔新時代〕』誌に連載された「社会主義の諸問題」のなかで同じく破局論を斥けているドイツ社会民主党の理論的指導者のひとり、エドゥアルト・ベルンシュタイン（一八五〇—一九三二）の名を挙げている。そして破局論の否定という点で両者に賛意を表しつつ、《現在進行中の科学的社会主義の危機は、社会主義の権威の失墜を画するものであるどころか、大いなる進歩を画するものである》との診断をくだしている。その危機は《思考をもろもろの足枷から解き放つことによって進歩的運動を促進する》というのだ。☆28

ただし、ベルンシュタインが社会民主党は議会活動に全力を傾注して徐々に民主的制度を建設していくことを当面の任務とすべきであるとしていることにたいしては、ソレルは懐疑的である。《疑いもなく、もろもろの社会改革を獲得するためには、議会において社会主義議員団をもつことは有益でありうる。が、その議員団が演じうる役割にかんして大きな幻想を抱いてはならない》。こうソレルは警告するのだった。☆29 そしてみずからは選挙活動と議会における弁論を経由しての社会主義の道ではなく、あたかもその時期、フランスでフェルナン・ペルーティエ（一八六七—一九〇一）の指導する「労働取引所連盟（Fédération des Bourses du Travail）」を基盤として急速に勢力を増大させつつあった革命的サンディカリズムの運動へと接近していくのである。

フランスでは、一八八四年に「職業組合の創設にかんする法律」が制定されて、フランス革命期の一七九一年に制定された同業者組合の結成を禁止する法律（ル・シャプリエ法）が廃止され、

☆28 Georges Sorel, "La crise du socialisme," Revue politique et parlementaire, XVIII (1898), in: Id, *La décomposition du marxisme* cit., p. 91.

☆29 Ibid., p. 88.

《組合および職業団体は〔中略〕政府の許可なしに自由に結成することができる》（第二条）と定められたのを受けて、まずは一八八七年にパリで労働者に仕事を斡旋することを主要な目的とした労働取引所（Bourse du Travail）が開設されるが、同様の動きは瞬く間にパリ以外の主要都市にも広まっていって、一八九二年には全国組織として「労働取引所連盟」が結成される。もっとも、連盟結成当初には、労働取引所はなおも穏健で改良主義的な協同組合の域を超えることはなく、雇用主とも協調主義的な関係を維持していたようである。ところが、一八九五年にペルーティエが連盟の書記長に選ばれてからは、直接行動や総罷業に力点を置くようになり、革命的サンディカリズム運動の中心的な拠点となっていく。[☆30] この革命的サンディカリズムの運動にソレルは接近していくのだった。

5

ソレルが革命的サンディカリズムの運動に親近感をいだいていたことは、彼が『新人類』誌一八九八年三月号、四—五月号に寄せた論考「労働組合の社会主義的将来」[☆31]からうかがい知ることができる。

その論考において、ソレルはまず、《現代の社会主義的著述家たちは、職業組合の将来について、意見の合致を見ることからはほど遠い状態にある。ある者たちによれば、組合はごく二次的な役割を演じるべきであって、選挙運動を組織するさいに土台として奉仕すべきであると

☆30 十九世紀末から二十世紀初頭にかけての時期におけるフランスの社会主義と労働運動の関係については、さしあたり、喜安朗『革命的サンディカリズム——パリ・コミューン以後の行動的少数派』河出書房新社、一九七二年、と谷川稔『フランス社会運動史——アソシアシオンとサンディカリスム』山川出版社、一九八三年、を参照のこと。

☆31 Georges Sorel, "L'avenir socialiste des syndicats," *L'humanité nouvelle*, II (1898), pp. 294-307, 432-445.〔ジョルジュ・ソレル著、上村忠男・竹下和亮・金山準訳『プロレタリアートの理論のために——マルクス主義批判論集』未來社、二〇一四年、五—六七頁〕

されている。別の者たちによれば、それは資本主義社会にたいして断固たる罷業による至高の戦闘を繰りひろげるために召集されるのだとされている》というように労働組合の位置づけをめぐる社会主義者たちのあいだでの議論の状況を整理したうえで、自分の意図するところはただ一点、いくつかの理論的な観点に注意をうながし、《マルクスの史的唯物論がこれらの問題に強烈な光を投げかけていること》を示すことにあるとことわっている。[☆32]

そして関連すると思われる理論的な問題を逐一立ち入って検討したのち、「結語」で《この研究はわたしたちにマルクスの学説のひとつのみごとな例示を提供してくれている》と述べている。たしかに、組合運動の指導者たちはマルクスの学説を知らなかったし、史的唯物論についても漠然とした観念しかもっていなかった。しかし、今日では事態はかなり改善したというのだった。《プロレタリアートは、過去の社会的諸階級をモデルにしてみずからを構成することによっても、また、かつてブルジョワジーが貴族の学校で学んだようにブルジョワジーの学校で学ぶことによっても、さらには、古臭い政治的諸方式をみずからの新しい要求に適用することによっても、はたまた、あらゆる国々でブルジョワジーがやったのと同様に、利益を横領するために公権力を征服することによっても、すべての搾取からみずからを解放することはできないということ——このことをいまではわたしたちはきわめて明確な仕方で見てとっている》。[☆33]

こうしてソレルは考察の全体を締めくくって訴えかけるのだった。《プロレタリアートはいまからただちに、内部からのもの以外のあらゆる指図からみずからを解放するよう努めなけれ

☆32 Ibid., p. 294.〔同前五頁〕
☆33 Ibid., p. 444.〔同前六五頁〕

ばならない。プロレタリアートが法的ならびに政治的なさまざまな能力を身に着けるべきであるのは、運動と行動をつうじてである。そしてそうした行為の第一の準則は、「もっぱら労働者のままでありつづける」こと、すなわち、その指導が結果的にもろもろの位階秩序を復活させ、労働者たちの団体を分裂させることとなる知識人たち（intellectuels）を排除することでなければならない》と。ソレルによると、《知識人たちの役割はあくまでも補助的なものであって、組合の使用人として奉仕できるにすぎない。そしてプロレタリアートがみずからの実在性を自覚して独自の組織を構成しはじめた今日では、彼らは指導するなんらの資格ももっていない》のだった。要するに、労働組合の自立的な発展。《わたしの考えのすべてをひとつの定式に要約して、わたしは言うだろう。社会主義の将来はすべて労働組合の自立的な発展にかかっている、と》[☆34]。

ここには、ペルーティエが書記長に就任してからの「労働取引所連盟」の方針と、明らかに呼応しあうものが認められるといってよい。

なるほど、一八九八年のソレルの論考にはペルーティエの名そのものは登場しない。「組合運動の指導者たち」のひとりとして間接的に言及されているにすぎない。そしてそのフランスの労働組合の指導者たちの理論的知識の水準がどうであったかといえば、いま見た「結語」にもあるように、彼らは総じてマルクスの学説を知らず、史的唯物論にかんしても漠然とした観念しかもっていなかった。しかしまた同じくソレルのみるところ、彼らは運動の実践経験から学んだのであろう、《わたしがここで到達した結論をよく理解している》のだった。彼らは

☆34　Ibid., pp. 444-445.
〔同前六六—六七頁〕

《公権力の支配が知識人たちの自称優越性に基礎づけられてきたこと》を承知しており、《こうした知的能力についての独断と闘うことによって、マルクスが指示した道へ労働者たちを導いていった》というのだ。[☆35]

ソレルが一八九八年の論考「労働組合の社会主義的将来」で表明した立場とペルーティエの指導するサンディカリズム的組合運動とのあいだの呼応関係は、その後まもなく、だれの目にも疑問の余地のないものとなっていく。じっさいにも、ソレルは一九〇一年の十二月、同年三月に早世したペルーティエの著書『労働取引所の歴史』への序文の執筆をみずから引き受け、《取引所連盟を〔これまで社会主義者たちが構想してきたのとは〕まったく異なる基盤の上に構築して、真に新しいタイプの組織を実現し、ブルジョワ的伝統を断ち切ることが可能であることを示すという、きわめて大きな業績を残した》ペルーティエに満幅の賛辞を献げているが、[☆36]ここでペルーティエが残したとソレルの評価する「業績」は、ペルーティエ死去後の一九〇二年に労働取引所連盟と合併した労働総同盟（CGT）の一九〇六年の第九回アミアン大会において採択された「アミアン憲章」となって結実することとなるのである。憲章はサンディカリストのヴィクトール・グリフュール（一八七四—一九二二）とエミール・プージェ（一八六〇—一九三一）が起草していて、《CGTは、あらゆる政治的党派の外部に立って、賃金労働者と雇用者の消滅のために闘うことを自覚したすべての働く人びとを結集する》と宣言されている。[☆37]

なお、ソレルとペルーティエのあいだに共鳴現象が起きたのには、ドレフュス事件への社会主義者たちの対応があったことを指摘しておかなければならない。

☆35　Ibid., p. 303.〔同前二七頁〕

☆36　ここでは、*http://www.pelloutier.net.* にアップされているGeorges Sorel, Préface à: Fernand Pelloutier, *Histoire des Bourses du Travail* (Paris, Alfred Costes, 1921) のテクストを参照した。

☆37　「アミアン憲章」の全文およびそれをめぐる当時の議論については、さしあたり、Jean Montreuil, *Histoire du mouvement ouvrier en France, des origines à nos jours* (Paris, Aublier, s. d. [1946]), pp. 183-194. を参照されたい。また、「アミアン憲章」の位置づけをめぐっての日本での近年の研究動向にかんしては、谷川前掲書、一九九—二〇二頁の注（15）を見られたい。

ドレフュス事件というのは、一八九四年十一月、フランス陸軍砲兵大尉のユダヤ人アルフレッド・ドレフュス（一八五九―一九三五）がドイツに軍事機密を漏らした容疑で逮捕されて軍法会議にかけられ、国家反逆罪を犯したということで終身流刑の判決を受けるが、一八九六年になって事件はハンガリー出身のフランス陸軍将校エステラジーと在仏ドイツ大使館付武官フォン・シュヴァルツコッペンによるものであったことが判明して、ドレフュスの再審を求める政治家、ジャーナリスト、作家の運動が広がり、真実の隠蔽をもくろむ軍部とのあいだで国論を二分する争いにまで発展した事件である。

　この事件を社会主義者たちは当初、ブルジョワジーの内紛程度にしか受け止めていなかったようであるが、ドレフュスの家族によって告発されたエステラジーを軍法会議が無罪放免としたことに憤った作家のエミール・ゾラ（一八四〇―一九〇二）が一八九八年一月十三日『オーロール』紙に大統領への公開書簡「わたしは弾劾する……」を発表するに及んでようやくドレフュス支持を明確にするにいたるのだった。[☆38]

　一方、ソレルはどうであったかといえば、事件発生当初はむしろドレフュス有罪を信じていたようであるが、[☆39]そのソレルも一八九八年の段階ではドレフュスの冤罪を確信するにいたっている。が、そのことを証し立てているイタリア人歴史家グリエルモ・フェッレーロ（一八七一―一九四二）宛て一八九八年二月十日付け書簡では、事件が《参謀本部の背徳性と愚鈍さ》をあばき出したとしながらも、力点はむしろ、その事件のうちに《議会における駆け引き》の機会をしか見ようとせず、間近に迫った総選挙を前にして《愚かさに追従しなければ再選されないので

☆38　ドレフュス事件と知識人の問題については、Michel Winock, *Le Siècle des Intellectuels* (Paris, Seuil, 1997)〔塚原史・立花英裕・築山和也・久保昭博訳『知識人の時代』紀伊国屋書店、二〇〇七年〕を参照。

☆39　Cf. Georges Sorel, "L'hypocrisie du devoir," *La Jeunesse socialiste*, mars-avril 1895, in: *Cahiers de l'Herne: Georges Sorel,* dirigé par Michel Charzat, no. 53 (1986).

はないかという不安に心を奪われている》社会党国会代表団のていたらくぶりを揶揄することに置かれている。[☆40]

　そして一九〇一年に「労働組合の社会主義的将来」の増補改訂版を単行本として出版したさいには、そこに付した序文で、一八九九年に社会主義諸組織統一大会が開催されたのをきっかけにフランスの社会主義諸組織のあいだで「統一」の動きが加速しつつあることに懸念を表明して、《統一は、サン＝シモン的傾向をもつ新たな社会主義者たちを結集した、知的プロレタリアートの独裁（dictature du prolétariat intellectuel）へと到達するかもしれない。この独裁は労働者の体制の進歩を停滞させかねない最大の障害となるだろう》と予想してもいるが[☆41]、そうであったとするなら、同じ予想はすでにペルーティエも立てていて、アナーキストたちに宛てた一八九九年十二月十二日付けの手紙で、《社会党は、われわれが同業者団体に吹き込もうと努めている活力と進取の精神をもはや麻痺させてしまった、たんなる議会主義の党だというだけでなく、反革命的な党になるだろう》と述べていたのである。[☆42]この面でも、ソレルとペルーティエのあいだには、たしかに呼応しあうものが認められるといってよいのだった。

　ちなみに、ソレルの一八九八年の論考「労働組合の社会主義的将来」に登場する“intellectuels”という語についてであるが、ドレフュス事件当時、ドレフュス擁護派がそう呼ばれていたことが知られている。しかし、ソレルがこの語を使用するさいに念頭においていたのは、同論考のなかでは『ドゥヴニール・ソシアル』誌一八九五年五―六月号にフランス語に翻訳紹介されたカール・カウツキーの論考「社会主義と自由職業」[☆43]が取り上げられていることか

☆40 Cf. “Lettre de Georges Sorel à Guglielmo Ferrero, le 10 février 1898,” in: *Cahier de l'Herne* cit.

☆41 Georges Sorel, Préface à: *L'avenir socialiste des syndicats* (Nouvelle édition, considérablement augmentée: Paris, G. Jacques, 1901), p. XVIII.

☆42 Fernand Pelloutier, “Lettre aux anarchistes,” in: Id., *Le congrès général du parti socialiste français* (3-8 décembre 1899) (Paris, P.-V. Stock, 1900), p. VII.

☆43 Karl Kautsky, “Le socialisme et les carrières libérales,” *Devenir social*, mai-juin 1895.

らもうかがえるように、フランスでドレフュス事件が起きる以前から、ドイツの社会民主主義者のあいだでその社会的地位と役割をめぐって議論されていた“Intelligenz”のほうであった。注意されたい。☆44

6

ソレルは一八九八年の論考「労働組合の社会主義的将来」において《わたしは後日、フランスの公衆がマルクスとエンゲルスの完全な著作集を自由に入手できるようになったとき、革命的プロレタリアートの理論（la théorie du prolétariat révolutionnaire）を広範囲にわたって論じるつもりである》と予告していた。☆45

　マルクスの著作にかんしては、さきにも触れたように一八七二―七五年にフランス語版『資本論』が刊行されたのを嚆矢として、一八九八年当時、すでに『共産主義者宣言』、『フランスの内乱』、『ルイ＝ボナパルトのブリュメール十八日』、『ヘーゲル法哲学批判』、『哲学の貧困』などがフランス語に翻訳されていたが、それ以後も、一八九九年には『経済学批判』と『賃金、価格および利潤』、一九〇〇年には『フランスにおける階級闘争』、さらに一九〇〇年から一九〇二年にかけては『資本論』の第二巻と第三巻のフランス語訳がつぎつぎと刊行される。エンゲルスの『空想から科学への社会主義の発展』のフランス語訳などもすでに存在していた。

☆44　この点については、桜井哲夫『社会主義の終焉――マルクス主義と現代』講談社学術文庫、一九九七年、一〇〇―一一二頁をも参照のこと。同書は『メシアニズムの終焉』筑摩書房、一九九一年、の増補版である。

☆45　Sorel, “L'avenir socialiste des syndicats” cit., p. 294.〔『プロレタリアートの理論のために』五頁〕

こうしたなかソレルは、いまや革命的サンディカリズムの理論家としての立場を旗幟鮮明にしながら、一八九八年の論考で予告していた「革命的プロレタリアートの理論」の彫琢に全精力を注いでいき、その成果を一九〇五年十月から一九〇六年四月にかけてイタリアにおける革命的サンディカリズム運動の指導者、エンリーコ・レオーネ（一八七五―一九四〇）の主宰する『ディヴェニーレ・ソチャーレ〔社会的変成〕』誌（一九〇五年創刊）に連載する。[☆46] さらには、これらの論考を大幅に増訂のうえ、一九〇六年下半期、ソレルの「労働組合の社会主義的将来」を読んで革命的サンディカリズムに共感したフランスの社会主義者ユベール・ラガルデル（一八七四―一九五八）によって一八九九年に創刊された『社会主義運動』誌に「暴力にかんする省察」と題して発表する。[☆47] そしてこの『社会主義運動』誌に連載されたフランス語版の論考「暴力にかんする省察」は、二年後の一九〇八年五月、同論考の単行本化を懇請してきたユダヤ系フランス人ジャーナリスト、ダニエル・アレヴィ（一八七二―一九六二）に宛てた一九〇七年七月十五日付けの手紙を序論に配して、パリの書肆パージュ・リーブルから出版されることとなるのである。[☆48]

『暴力にかんする省察』は第一章「階級闘争と暴力」、第二章「ブルジョワジーの頽廃と暴力」、第三章「暴力にたいする偏見」、第四章「プロレタリア的罷業」、第五章「政治的総罷業」、第六章「暴力の道徳性」、第七章「生産者たちの道徳」の七つの章からなる。なかでも特記に値するとおもわれる箇所をいくつか引いておくと、まずは第四章で、《あらゆる種類の野心家に利用され、ある種の冗談好きを楽しませ、デカダンの称賛を浴びている、この騒々しく、おしゃべりで、嘘つきの社会主義の前に立ち上がるのは、その反対に、何ごとも優柔不断

☆46 Georges Sorel, “La lotta di classe e la violenza,” *Il divenire sociale*, I, 19, 1 ottobre 1905, pp. 294-298 et 20, 16 ottobre 1905, pp. 313-315; “La decadenza borghese e la violenza,” ibid., I, 21, 1 novembre 1905, pp. 331-333; “I pregiudizi contro la violenza,” ibid., I, 23, 1 dicembre 1905, pp. 359-366; “Lo sciopero generale,” ibid., I, 24, 16 dicembre 1905, pp. 374-378; “Lo sciopero generale politico,” ibid., II, 16 gennaio 1906, pp. 22-25, 1 febbraio 1906, pp. 35-37; “Morale e violenza,” ibid., 16 febbraio 1906, pp. 51-55; “Lo sciopero generale e la morale,” ibid., 16 marzo 1906, pp. 86-89; “La morale dei produttori,” ibid., 1 aprile 1906, pp. 100-103. この連載はその後、レオーネの序

なままにしないよう努める革命的サンディカリズムである。そこでは欺瞞もほのめかしもなしに、誠実に思想が表明される》とあったうえで、その革命的サンディカリズムが全面的な賛同を表明している総罷業（grève générale）の意義について、ベルクソンが『意識に直接あたえられたものについての試論』（一八八九年）や『創造的進化』（一九〇七年）で展開している学説を援用しながらつぎのように述べられている。《近代社会にたいして社会主義がしかける戦争のさまざまな顕現形態に対応する感情の総量を、あらゆる熟考された分析（analyse）にさきだって、塊のまま（en bloc）、そして直観（intuition）だけによって喚起することができるイメージの集合に訴えることが必要だ。サンディカリストたちは、全社会主義を総罷業という筋書きに集中することで、この問題を完璧に解決する。〔中略〕この方法は、ベルクソンの学説によれば、分析にたいして全体認識（connaissance totale）が呈示するあらゆる利点をもっている。そしてこの著名な教授の学説の価値をこれほど完全なやりかたで示すことができる実例は、それほど多くは挙げられないのではないだろうか》と。☆49

ついでは、第五章で定義があたえられているフォルス（force〔強制力〕）とヴィオランス（violence〔暴力〕）の区別。《フォルスは、少数者によって統治される、ある社会秩序の組織を強制することを目的とするが、これにたいして、ヴィオランスはこの秩序の破壊をめざすものだと言えるだろう。ブルジョワジーは、近代初頭以来、フォルスを行使してきたが、プロレタリアートは、いまや、ブルジョワジーにたいして、そして国家にたいして、ヴィオランスによって反撃している》。《マルクス主義の正統派だと自慢する人びとは、自動的服従の実現を求めて権力の

文を付けて単行本化されている。Cf. *Lo sciopero generale e la violenza*, 塚 prefazione di Enrico Leone (Roma, Tip. Industria e lavoro, 1906).

☆47 Georges Sorel, "Réflexions sur la violence," *Le mouvement socialiste*, XVIII, 170 (15 janvier 1906), pp. 5-56; XVIII, 171 (15 février 1906), pp. 140-164; XVIII, 172 (15 mars 1906), pp. 256-293; XVIII, 173 (15 avril 1906), pp. 390-427; XIX, 174-175 (15 mai-15 juin 1906), pp. 33-124.

☆48 Georges Sorel, *Réflexions sur la violence* (Paris, Pages libres, 1908).〔ジョルジュ・ソレル著、今村仁司・塚原史訳『暴力論』上・下、岩波文庫、二〇〇七年〕——『暴力にかんする省察』の出版をめぐる経緯については、塚原史の「解題」を見られたい。以下、引用にさいしては、

ほうへと向かうフォルスと、この権力の打倒を望むヴィオランスとのあいだに確立すべき差異が存在することに気づかなかった。彼らによれば、プロレタリアートは、ブルジョワジーがフォルスを獲得したようにフォルスを獲得して、ブルジョワジーがそれを利用したように利用し、ブルジョワ国家にとってかわる社会主義国家に到達しなくてはならないのだ[☆50]》。

さらには、プルードンの『フランス革命と教会における正義』（一八五八年）とエルネスト・ルナンの『イスラエル民族史』（一八八七―一八九三年）、そして一九〇八年にフランス語訳が出たばかりのニーチェの『道徳の系譜』（一八八七年）などを拠りどころにして、道徳が存在しうるには崇高な感情ないし熱狂が不可欠であるとしたうえで、第七章「生産者たちの道徳」でくだされている《その助けなしには道徳がけっしてありえない熱狂を今日において生み出す力はひとつしかない。それは総罷業のためのプロパガンダから生じる力である》との結論。《総罷業の思想はプロレタリア暴力が呼び起こす感情によってたえず若返り、どこからどこまでもが叙事詩的な精神状態をつくり出す。と同時に、魂の秘めているすべての力を、自由に機能していて驚くほど進歩的な仕事場（atelier）を実現できる諸条件へとさし向ける。このことをこれまでの説明は示してきた。このように、わたしたちは総罷業の感情と生産の持続的進歩を呼び起こすのに必要な感情とのあいだにきわめて大きな類縁関係があることを知った。現代世界は生産者たちの道徳を保証することができる第一義的な原動力をもっていると主張する権利をわたしたちは有するのである[☆51]》。

著作の最後は《暴力にこそ社会主義は高度の道徳的価値を負っているのであって、これらの

Georges Sorel, *Réflexions sur la violence* (6e éd., Paris, Marcel Rivière, 1925) を使用する。
☆49 Ibid., pp. 172-174.〔前掲訳書、上、二一二―二一三頁〕

☆50 Ibid., pp. 257, 263.〔前掲訳書、下、五三―五四、六〇頁〕
☆51 Ibid., p. 388.〔前掲訳書、下、一九九頁〕

道徳的価値によって社会主義は現代世界に救済をもたらすのである》という言葉でもって締めくくられている。[☆52]

7

『暴力にかんする省察』は予想どおり大きな反響を呼び、翌一九〇九年九月には新たに刊行を引き受けたマルセル・リヴィエール書店から二刷が出る。また同じくマルセル・リヴィエール書店から、一九一〇年一月には第二版が付論I「統一性と多様性」を、一九一二年には第三版が付論II「暴力の弁護」を、一九一九年には第四版が付論III「レーニンのために」を加えて出版されるのだが、「革命的サンディカリズムの理論家」としてのソレルの名を社会思想史上にとどめることとなったこの著作の内容を理解するためにも、ぜひとも見ておきたいソレルの論考がある。

ひとつは、一九〇五年に『社会主義運動』誌に掲載された「革命的サンディカリズム」である。当時、イタリアでは一八九八年の論考「労働組合の社会主義的将来」のイタリア語訳を単行本で出版する計画があったらしく、それに添える序言として書かれたものであって、計画は結局実現を見ずにおわってしまったが、同論考が後日『プロレタリアートの理論のための素材』の第一部に収録されたさい、そこに「一九〇五年の序言」と題して添えられている。[☆53]

そこではまず、一八九八年の時点では総罷業の観念はフランスの大多数の社会主義指導者に

☆52 Ibid., p. 389.〔前掲訳書、下、二〇〇頁〕
☆53 Georges Sorel, "Le syndicalisme révolutionnaire," *Le mouvement socialiste*, XII, 166-167 (1-15 novembre 1905); "Préface de 1905," in: Georges Sorel, *Matériaux d'une théorie du prolétariat* (2ᵉ éd.: Paris, Marcel Rivière, 1921), pp. 57-75.〔大石明夫訳「一九〇五年の序文」、『中京法学』第一五巻第四号、二四―四一頁〕

とって憎悪の対象でしかなかったのにたいして、一九〇五年の時点では《才能、知識、献身の点で社会主義の世界ではだれにもひけをとらない》ラガルデルやエドゥアール・ベルト〔一八七五―一九三九〕が総罷業を支持して《フランスにおける革命的サンディカリズムのもっとも権威ある代表者》になっていることが指摘されたうえで、《おそらく遠からずして人びとは社会主義を定義するのに総罷業以上によい手段を見出さなくなるだろう》との予測がなされている。[☆54] そして総罷業のテーゼの重要な特性としてつぎの三点が挙げられている。

（一）このテーゼは《政治屋ども（politiciens）の革命の時代が終わりを告げたこと、そしてプロレタリアートは新しいヒエラルキー〔階級支配の構造〕が構成されるがままになるのを拒否していること》をこのうえなく明瞭に示していること。《この定式は、人権、絶対的正義、政体、議会といったものにはなんら関知しない。また、それは資本主義的ブルジョワジーによる統治だけでなく、ブルジョワ的なヒエラルキーに多少とも類似するあらゆるヒエラルキーをも否定する。〔中略〕そこにあるのはこれまでとは逆さまの世界だろう。だが、社会主義は、まったく新しい社会をつくりだそうとするものであると断言しなかっただろうか》。[☆55]

（二）カウツキーは、資本主義が断片的なかたちで廃止されることはありえず、また社会主義が段階を経て実現されるというようなこともありえないと主張するが、この主張はひとが議会主義的社会主義を実践するときには理解しがたい。総罷業だけがカウツキーの主張を具体的なかたちで表現する方法であること。[☆56]

（三）総罷業は歴史の哲学にかんする深遠な省察から生まれたものではまったくなく、実践の

☆54 "Préface de 1905" cit., pp. 58-59.〔大石訳、二六頁〕
☆55 Ibid., pp. 59-60.〔同前二六―二七頁〕
☆56 Ibid., p. 60.〔同前二七頁〕

結果生じたものであること。《個々の罷業は、それが地方的なものであれ、ひとが総罷業と名づけている大会戦の前哨戦なのだ。こうした観念連合はきわめて単純なものであって、罷業に参加する労働者たちを社会主義者にするためには彼らにそれを提示するだけで十分なのである。戦争の観念を維持することは、今日、社会主義に社会平和を対立させようとして多くの努力がなされているだけに、これまで以上に必要であると思われる》[☆57]。

　見られるように、ここには、ソレルがこれまで社会主義とプロレタリアートの将来について多くの場合、断片的に表明してきた考えのすべてが総合されたかたちで提示されている。ソレルはこうも述べている。《ブルジョワジーは革命的に事を進めてきた。〔中略〕その革命は、生産道具の変容に基礎をおきながら、そこにたまたま個々人の創意工夫が発揮されることでなされたものであった。そしてまた、ブルジョワジーは唯物論的な流儀にしたがって事を進めてきた、と言うことができるだろう。なぜなら、ブルジョワジーはけっして一階級や一国民の偉大さを実現するために用いるべき手段は何かといったような観念によって指導されてはこなかったからである。だとしたら、どうしてプロレタリアートはこれと同じ道を歩み、なんらの観念的な計画をもみずからに課すことなく、前へ進んでいくことができないのだろうか。〔中略〕現に、革命的サンディカリズムがみずからの役割であると考えているのは、まさしく、そのような唯物論的な、そしていわば資本主義の実践を敷き写したやりかたのことなのである》[☆58]と。注目に値するゆえんである。

　いまひとつは、一九〇三年から一九〇五年の時期に書かれたテクストをまとめて一九〇七年

☆57　Ibid., pp. 60-61.〔同前二七—二八頁〕
☆58　Ibid., pp. 65-66.〔同前三一—三二頁〕

にイタリアで刊行された『現代経済の社会的教訓――資本主義の堕落と社会主義の堕落』である。[☆59]

この著作においてなによりも目を惹くのは、資本主義の「破局」にかんするマルクス主義的な観点について、ソレルが何年か前にとっていた見解とは正反対の見解がとられていることである。

たとえば、一八九八年の論考「マルクス主義における必然性と宿命論」のなかでソレルは述べていた。『共産主義者宣言』が書かれた一八四七年当時、大陸ヨーロッパでは資本主義はまだ発展の初期段階にあったにもかかわらず、マルクスは革命が差し迫っていると信じていたが、そのさい、《マルクスは厳密な意味での法則を定式化しようとしたのではなくて、旧式の革命観の幻想から革命家を守るべく実践的提言をしたかっただけなのだ》と。[☆60] また、《経済と物理的自然のアナロジーを表現するためにマルクスが用いた表現（とくに必然的という語の用法）は明らかに、宿命論的幻想をおおいに助長する原因となった》と。[☆61] そして最後をこう結んでいた。必然性とか宿命論といったような観念は《史的唯物論の原理ともマルクスの教えとも相容れないものである》と。[☆62]

ところが、一九〇七年の著作でソレルが語っているところによると、資本主義の「破局」が差し迫っていると考えていたマルクスにとって、《この破局は人間の意志しだいでおこなうこともおこなわないでいることもできる革命であるはずがない》のだった。というのも、マルクスは《資本主義は突如、自動的なかたちで作動する危機／恐慌によって、その動きを停止させ

☆59 Georges Sorel, *Insegnamenti sociali dell'economia contemporanea. Degenerazione capitalista e degenerazione socialista*, a cura e con prefazione di Vittorio Racca (Milano-Palermo-Napoli, Sandron, 1907).

☆60 Sorel, "La necessità e il fatalismo nel marxismo" (1898), in: Id., *Saggi di critica del marxismo*, cit., p. 63. 〔前出『イタリア版「マルクス主義の危機」論争』一〇八頁〕

☆61 Ibid., p. 86. 〔同前一二六―一二七頁〕

☆62 Ibid., p. 94. 〔同前一三四頁〕

られてしまう》と想定していたからである。それゆえにまたマルクスとエンゲルスは自分たちが観察した事実のうちに《(物理学者のように) 重力の法則と同様に宿命的な法則を見出すことができると信じていた》というのだった。[☆63] ほんの数年前に述べていたことなど、まるですっかり忘れ去ってしまったかのような口吻である。

しかしまたソレルによると、資本主義がマルクスの主張しているような宿命論的性格をおびて発展するかどうか、といったことはたいして問題ではない。重要なことは、《労働者階級の眼にこの宿命がつねにかくも避けがたいものと映っている》ということなのだ。[☆64] ここにいたってソレルは、資本主義の「破局」にかんするマルクス主義の仮説をカルヴァン主義が神の予定説を唱えたのと同じような性質のものと考えている。そしてほかでもないこのペシミスティックな仮説こそが解放にむかってのプロレタリアートの行進を駆動させるのだと考えている。革命的サンディカリズム運動の理論的正当化に腐心していた当時のソレルの関心がどのあたりにあったかを示す述言のひとつとして注目しておきたい。

なお、ペシミズムといえば、ソレルは『暴力にかんする省察』の「序論」に配された「ダニエル・アレヴィへの手紙」でもカルヴァン主義を例に引きながらペシミズムの意義について論じて、ペシミストは社会的諸条件を《ひとつの鉄則でつながれた体系》を形成するものとみなしており、《この鉄則は一体のものとしてあたえられているので、その必然性を受け入れなくてはならず、またこの体系は、それを一掃する破局でも起こらなければ消え失せることはない》と述べている。また、《ペシミズムの根底にあるものは、解放にむかっての行進の構想の

☆63 Sorel, *Insegnamenti* cit., pp. 175-177.
☆64 Ibid., p. 182.

仕方である》と。[☆65]

8

『暴力にかんする省察』が刊行された一九〇八年は『マルクス主義の分解[☆66]』が刊行された年でもあった。

「マルクス主義の分解（décomposition du marxisme）」という語は、もとはといえば、フランスのゲルマニストで一九〇一年には『共産主義者宣言』のフランス語訳を手がけている社会主義者のシャルル・アンドレール（一八六六―一九三三）が社会科学自由学院での一八九五―一八九六年度と一八九六―一八九七年度の講義のなかで使った語である。そして一八九七年には、アンドレールは『ドイツにおける国家社会主義の起源』のなかで《わたしたちは、マルクス主義の分解にかんする研究（une Étude sur le décomposition du marxisme）のなかで、どのようにすればひとはなんらの収奪をおこなうこともなしに社会正義を導き出すことができるかを陳述しようと思っている》と予告してもいる。[☆67]

　このアンドレールの計画のことを念頭においてであろう、ソレルは『マルクス主義の分解』の「まえがき」で《十年前なら、マルクス主義を、硬くなった表皮に覆われ、内側を虫に喰われた非常に古い樹木にも譬えることができただろう。シャルル・アンドレールが、いまこそマルクス主義の分解の歴史を書くときだと宣言したのは、このときである》と述べたうえで、

☆65 Georges Sorel, *Réflexions sur la violence* (6ᵉ éd.: Paris, Marcel Rivière, 1925), pp. 18-19.〔前出『暴力論』上、三二頁〕

☆66 Georges Sorel, *La décomposition du marxisme* (Paris, Marcel Rivière, 1908). 以下、引用にさいしては、Georges Sorel, *La décomposition du marxisme et autre essais.* Anthologie préparée et présentée par Thierry Paquot cit. 所収のテクストを使用する。なお、“décomposition”という語についてであるが、木下半治もピエール・ラセールが一九二八年に著わした『ジョルジュ・ソレル』のなかでソレルの意図は《マルクス主義を新しいプランの上に再構成する》ことにあったと指摘しているのを参照しながら述べているように、この語は《時計工が時計を分解して機械の掃除を

《しかし、そこにベルンシュタインがやって来て、〔いまにも枯れてしまいそうになっていたマルクス主義という〕樹木に生命を取り戻そうとする大胆な試みを始めた》と続けている。☆68

ソレルが『新人類』誌に「労働組合の社会主義的将来」を発表した一八九八年、あたかもその時期に言論界を賑わせていた「社会主義の危機」について彼が論評し、《現在進行中の科学的社会主義の危機は、社会主義の権威の失墜を画するものであるどころか、大いなる進歩を画するものである》との診断をくだすとともに、そのなかでベルンシュタインの名を挙げて、ベルンシュタインが資本主義の破局にかんするマルクスの予想に疑問を呈したことに賛意を表明していたことはすでに紹介したとおりであるが、翌々年の一九〇〇年にはそのベルンシュタインの『社会主義の前提と社会民主党の任務』（一八九九年）とそれにたいするカウツキーの反論とが同時にフランス語に翻訳された。☆69 そこで、このフランス語訳をつうじて社会主義の理論と実践にかんする両者の考え方を具体的に知ることができたソレルは、さっそく「マルクス主義の解釈をめぐる論争――ベルンシュタインとカウツキー」と題する長文の論評文を『国際社会学評論』誌一九〇〇年四月号、五月号に寄せ、双方の考え方を逐一くわしく検討したうえで、ベルンシュタインが追求しているのは《マルクス主義を若返らせる》仕事であり、《マルクスの精神そのものに訴えようとしている》のにたいして、カウツキーのうちに見出されるマルクス主義は《とても年老いて》いて、《化石化した定式》の寄せ集めでしかないと結論していた。そしてこうも述べていた。《もし社会民主党が十分に迷信から解放された者たちで構成されていたとしたなら、疑いもなく、ベルンシュタイン氏は彼の周りに一大多数派を形成するだろ

し、またこれを再び組み立てる》という意味で用いられている（Cf. Pierre Lasserre, *Georges Sorel, Théoricien d'impérialisme*, Paris, L'Artisan Du Livre, 1928, pp. 186-187; 木下半治『サンジカリズム』鱒書房、一九四七年、一三〇頁）。「分解」という訳語をあてたゆえんである。

☆67 Cf. Présentation par Thierry Paquot: "Sorel, retour, détour," à: *La décomposition du marxisme* cit., p. 27. 予告された「マルクス主義の分解にかんする研究」は出版されずに終わってしまったが、そのための準備ノートと推測される断片集が一九一三年十一月から一九一四年二月にかけて『社会主義評論』誌に掲載されている。Cf. Charles Andler, "Frédéric Engels: Fragments d'une étude sur la décomposition du marxisme," *Revue*

う。〔中略〕だが、ドイツの大衆の精神はなおも十分自由になったようにはわたしには見えない。〔中略〕そして、カウツキー氏の勝利はマルクス主義が今後あらゆる科学的関心を奪い去られてしまって最終的な没落を迎えることを意味するだろうということを認めないわけにはいかない》と。[☆70]

『マルクス主義の分解』の「まえがき」に登場するベルンシュタインについての右の言及は、この一九〇〇年における論評文の結論部分を受けたものとみることができる。そのうえでソレルは、その論評文では十分に展開できていなかったひとつの問題について、今回の論考であらためて取り上げようとするのである。

じっさいにも、ソレルは今回の論考の「まえがき」で《つねにマルクスの精神に忠実であると自認していたベルンシュタインは、自分が師の学説を発展させたことがこれまでマルクス主義学派の教えてきたテーゼとこんなにも矛盾する結果をもたらしたのはどのようにしてであったのかを説明しようとした。こうしてベルンシュタインは、マルクス主義は矛盾する原理を内包しているのではないか、そのなかには自分の新しい教義と合致する部分があるのではないか、と自問するにいたった。そして一八九九年、これまで十分な注目が払われてこなかったようにわたしには思われるひとつの理論を提起した》と述べているが、[☆71] ここでソレルのいう「これまで十分な注目が払われてこなかったようにわたしには思われるひとつの理論」とは、ベルンシュタインが『社会主義の前提と社会民主党の任務』で《近代の社会主義運動には二つの大きな潮流を区別することができる。それらは、異なる時期に異なる衣裳をつけて、またしばし

socialiste, novembre 1913-février 1914.

☆68 Sorel, *La décomposition du marxisme* cit., p. 216.

☆69 Ed. Bernstein, *Socialisme théorique et socialdémocratie pratique*. Traduction d'Alexandre Cohen (Paris, Stock, 1900); Karl Kautsky, *Le marxisme et son critique Bernstein*. Traduction de Martin Leray (Paris, Stock, 1900).

☆70 Georges Sorel, "Les polémiques pour l'interprétation du marxisme: Bernstein et Kautsky," *Revue internationale de Sociologie,* VIII, 4 (avril 1900), pp. 262-284; VIII, 5 (mai 1900), pp. 348-369; *La décomposition du marxisme* cit., pp. 141-183.

☆71 Sorel, *La décomposition du marxisme* cit., p. 217.

ば相互に対立しながら出現する。一方は、建設的で、社会主義的思想家によって述べられた改良の諸観念を継承する。他方は、民衆の革命的運動からインスピレーションを得ており、事実上、破壊をしかめざさない。前者は、ユートピア的、党派的、平和的に進化論的なものとして現われる。後者は、陰謀的、民衆煽動的、テロリズム的なものとして現われる。現代に近づけば近づくほど、そのスローガンは断言的になる。一方には、経済的組織化による解放、他方には、政治的収奪による解放がある》としたうえで、《マルクス主義理論は両潮流の本質的な部分を結合しようとこころみた》が、その結合は《対立の除去》を意味するものではなく、むしろ《妥協》であり、《マルクス主義理論によってここ数年来もたらされた発展がどのようなものであったにせよ、それはこうした妥協や二元論から逃れることはできなかった》と指摘していることを指して☆72いる。

このベルンシュタインの指摘をソレルは《近代社会主義の基本的傾向のあいだに、依然として不安定で一時的なものであれ、新たな均衡を探し求める必要性があることを示した》ものと評価する。とともに、《フランスでは、労働組合組織の研究によって、ベルンシュタインが検討したのとは別のかたちでのマルクス主義の分解を考えることができないかが問われるようになってきた》とする。そして《マルクス主義がかつての社会主義の諸傾向から借りてきたものは、きわめて多かった。だが、マルクスがそこに何かを付け加えたこともあった。そしてその部分こそ、わたしがここでマルクスのマルクス主義(marxisme de Marx)と呼んでいるものを形成しているのである。この部分は、それに対応する重要な労働者組織がまだ存在しなかったた

〔『プロレタリアートの理論のために』七六―七七頁〕

☆72 Bernstein, *Socialisme théorique et socialdémocratie pratique* cit., pp. 53-54.〔ベルンシュタイン著、戸原四郎訳「社会主義の前提と社会民主党の任務」、『世界大思想全集』「社会・宗教・科学思想篇15」河出書房新社、一九六〇年、五三頁〕

め、これまで長いあいだ隠れたままであった。ベルンシュタインも、彼が知っていたのはイギリスとドイツだけだったため、それを見出すことができなかった》としたうえで、ソレル自身がフランスにおける革命的サンディカリズムの動向を間近に目撃するなかで考えついたという《マルクス主義の分解を理解する新しい方法》について説明したいと述べて、本論に入っていくのである。[☆73]

本論では、ベルンシュタインが指摘する近代の社会主義運動の二つの潮流、つまりはユートピア論者の流れとブランキストの流れのそれぞれについて要点を列挙したのち、そこにマルクスが新たに付け加えたと目される部分の説明に移っている。そしてそこではまず、マルクスは資本主義とともに《新しい社会への移行を可能にする条件》がつくりだされたことを発見したことによって、ユートピア論者たちの社会改良プランの全体を無益でしかも幾分かは滑稽なものにしてしまったことが指摘され、マルクスが『ゴータ綱領にかんする手紙』(一八七五年)でラサール派の国家社会主義的態度を批判したことを引き合いに出して、ユートピア論は《産業の頭》に勧告をあたえることを願ったが、今後社会主義は《腕による革命の組織化》[☆74]にもっぱらかかわるものでなければならない、との主張がなされている。

ついで、《マルクスは産業の驚くべき発展の姿のもとに未来を見た》として、《技術の進歩、科学および法のうえに新しい社会は建てられる》との判断がくだされる。そして《マルクス主義は、古典的な革命家の理解では根本的な意味をもつ「党派の観念」を放棄して、「階級の観念」に立ち戻ろうとしている点で、ブランキ主義とはいちじるしく異なっている》との指摘が

☆73 Sorel, *La décomposition du marxisme* cit., p. 218-219.〔『プロレタリアートの理論のために』七九頁〕

☆74 Ibid., pp. 239-240.〔同前七四頁〕

なされる。[☆75] さらには、マルクスは来たるべきプロレタリア革命を《公的社会を構成している、幾重もの層をなした上部構造のすべて》を消滅させなければならないものと考えていたとしたうえで、《このような現象は知識人たちの滅亡、とりわけ国家と政党という彼らの要塞の滅亡をともなう。マルクス主義的な考え方のもとにあっては、革命は生産者たちによってなされる。そして彼ら生産者たちは大工業の仕事場のレジームに習熟しているため、知識人たちをできるだけわずかな数の必要事しか遂行しなくてよい事務員にすぎないものにしてしまう》と述べられている。そしてこのように考えるマルクスがもっとも激しい口調で非難するのは《ブルジョワ的首脳部をかかえるブランキズムの全体》にほかならない、と。[☆76]

だが、ソレルによると、マルクス主義の革命観をブランキズムのそれから分かっている最大のポイントは、マルクスの場合にはつねに《革命を神話的形態のもとに描いていた》ことにあるという。《前者〔マルクス主義〕は、それがイメージで表現するところの理念的な転覆について語っている。これにたいして後者〔ブランキ主義〕は、みずからの前に現出する時々の状況に応じてそれが指導しようと意図する変化について語っている》というのだ。そして証拠として『資本論』第一巻の最後から二番目の「いわゆる本源的蓄積」と題された章においてマルクスが資本主義の一般的傾向について定式化している箇所を挙げながら、ソレルは言うのである。《もしそれを文字どおり現在の現象に当てはめるなら、異論の余地がきわめて多くあるだろう。〔中略〕だが、これらの文章を文字どおりに受け取る必要はない。わたしたちは、わたしが社会的神話 (mythe social) と呼んだところのものの前に立っているのである。わたしたちは、変化のき

☆75 Ibid., pp. 243-244.〔同前一一五―一一六頁〕
☆76 Ibid., p. 246.〔同前一一九頁〕

わめて明確な観念をあたえる濃く彩られた一枚のスケッチを手にしているが、そのどんな細部についても、予見しうる歴史的事実のようには議論されないだろう》と。また、《神話は、変化を連続する部分に分解することにはまったく適さない。〔中略〕このように変化を連続する部分に分解することは政党によって指揮されるすべての行為において避けえぬものであり、社会主義者たちが議会に入ったところではどこでもおこなわれている。しかし、それは革命を一塊になったまま、分割されない全体として呈示するマルクス主義の神話とは両立しえないものである》とも。[☆77]

　同様の指摘は、ソレル自身この箇所の注で想起をうながしているように、彼がイタリアの共和主義政治家ナポレオーネ・コラヤンニ（一八四七—一九二一）の『社会主義』のフランス語訳（一九〇〇年）に寄せた「序言」でもなされていた。そこでもソレルは『資本論』第一巻の同じ章でマルクスが資本主義の一般的傾向について定式化していることに言及して、《これを文字どおりに黙示録的なテクストと受け取った場合には、きわめて凡庸な関心しか提供しないが、精神の産物、人びとの意識の形成を目的として構築されたひとつのイメージと解釈する場合には、それはまことに『資本論』を締めくくるにふさわしい章であり、マルクスがプロレタリアートの社会主義的行動の諸規則を基礎づけるためになくてはならないと考えていた諸原則をみごとに図示してみせている》と書いている。[☆78]

　また、一九〇三年の著作『近代経済入門』のなかにも、《社会的神話の理論を用いれば、腐蝕したものをふたたびハンダ付けすることができる》という趣旨の述言がみえる。[☆79]

☆77　Ibid., pp. 248-249.〔同前二三三—二三四頁〕

☆78　Georges Sorel, Préface à: Napoleone Colajanni, *Le socialisme* (Paris, Giard et Brière, 1900). Traduction par M. Tacchella de *Il socialismo* (2e ed.: Catania, Tropea, 1884), in: *Matériaux* cit. pp. 188-189.

☆79　Georges Sorel, *Introduction à l'économie moderne* (2e éd.: Paris, Marcel Rivière, 1922), p. 394.

さらには『現代経済の社会的教訓』でもソレルは書いている。《破局はおそらくけっして検証されることがないだろう。が、それは社会主義全体の原理である階級の分離の原理を完璧な明晰さをもって表現しているひとつの神話なのだ》と。[☆80]

そして最後には『暴力にかんする省察』の序論に配されている「ダニエル・アレヴィへの手紙」での説明。その手紙のなかでソレルは《この研究の過程でわたしはあまりにも単純なのであえて強調するには及ばないと思われたひとつのことを確認した。大規模な社会運動に参加している者たちは自分たちの大義の勝利を確固としたものにする戦闘のイメージのもとで彼らの今後の行動を思い描いているというのがそれである。知っていれば歴史家にとって重要なことをいろいろと提供してくれるこれらの構図を神話と呼ぶことをわたしは提案した》と述べるとともに、その提案の動機を説明して、《そうしたイメージの体系はひとが事物をその諸要素に分解するように分析しようとしてはならないのであって、一塊になったままで歴史的な力として受け取らなければならないのであり、とりわけ、なしとげられた事実を行動の前に受け入れられていた表象と比較するようなことはしないようにすべきであるということをわたしは示したかったのだ》と書いている。[☆81]

『マルクス主義の分解』であたえられている「社会的神話」としてのマルクス主義という定義はこれまでにソレルが表明してきた右のような見解を踏まえてその延長線上で提出されたものであったわけであるが、注目のうえにも注目に値する定義であると言ってよい。

☆80　Sorel, *Insegnamenti* cit., p. 184.

☆81　Sorel, *Réflexions sur la violence* cit., pp. 32-33.〔前出『暴力論』上、四八―四九頁〕

9

一九〇八年には、『暴力にかんする省察』と『マルクス主義の分解』にくわえて、『社会主義運動』誌一九〇六年八—九月号、十月号、十一月号、十二月号に連載されたソレルの論考「進歩の幻想」も本になっているが、その『進歩の幻想』への「まえがき」でも、ソレルは《ひとは歴史の少しばかり深い研究に足を踏み入れようとしたとたん、事物が解きほぐそうにも解きほぐせない複雑さを呈していること、解決しがたい矛盾を出現させることなしには悟性はそれを分析することも叙述することもできないこと、現実は哲学がいかさまや嘘や物語に転落することをけっして望まないなら尊重するだろう不分明さによって被われたままになっていることに気づく》としたうえで、《マルクス主義の方法が提示している大きな利点のひとつは、浅薄な科学が度外視すると称しているこの根本的な神秘を尊重することを許容している点にある》と述べている。そして進歩の幻想について書くにあたっても、自分は《理性的な認識の到達しうるもっとも深い根にさかのぼろうとする人びとにマルクスがあたえた勧告》に従おうと努めた、と打ち明けている。[☆82]

また一九一〇年には、「告白」と銘打たれたソレルの回顧文が、一九〇六年に『暴力にかんする省察』の祖型となる論考のイタリア語訳を掲載したローマの『ディヴェニーレ・ソチャーレ』誌に掲載される。この回顧文は同年、『告白——どのようにしてサンディカリストになったのか』というタイトルで同誌編集部によって冊子にして出版されたが、そこでもフランス革

☆82 Georges Sorel, *Les illusions du progrès* (Paris, Marcel Rivière, 1908), pp. 1-2.〔ジョルジュ・ソレル著、川上源太郎訳『進歩の幻想』ダイヤモンド社、一九七四年、三頁〕

命以降の社会主義の理論と運動の展開過程がたどり直されたうえで、最後はサンディカリズムにマルクス主義のアジールとしての位置づけをあたえて締めくくられている。[☆83]

ただ、ちょうどそのころフランスのサンディカリズム運動は――一九〇九年二月二日におけるグリフュールのCGT書記長解任に象徴されるように――深刻な危機を迎えつつあった。こうしたなかソレルは、一九一〇年、王党派ナショナリストのシャルル・モーラス（一八六八―一九五二）の指導するアクシオン・フランセーズのメンバーとなったアナーキスト系サンディカリストのジョルジュ・ヴァロワ（一八七八―一九四五）などといっしょにナショナル・サンディカリズムの雑誌『シテ・フランセーズ』の刊行を企画して、その宣言文を書いたりしている。[☆84] また、マリオ・ミッシローリ（一八八六―一九七四）が編集長をつとめるイタリアの日刊紙『イル・レスト・デル・カルリーノ』にコラムニストとして寄稿するようになる。さらに一九一一年には若き知人のジャン・ヴァリオ（一八八一―一九六二）が創刊したナショナリスト系の雑誌『アンデパンダンス〔独立〕』にも協力するが、ただし、あまりにも極右的傾向を顕著に示しはじめたこの雑誌からは一九一三年に離れている。

一九一四年夏、大戦が始まるとともに、ソレルはジャーナリズム活動からほとんど手を引く。そして革命的サンディカリズム運動に接近してからの主だった論考を集成した『プロレタリアートの理論のための素材』と題するアンソロジーの出版を計画して、同年七月にそのアンソロジーのための長文の「まえがき」を脱稿する。『プロレタリアートの理論のための素材』は一九一九年、大戦が終結した直後に刊行された。

☆83　Georges Sorel, "Confessioni," *Il divenire sociale,* VI, 1 marzo 1910, pp. 45-47; 16 marzo 1910, pp. 66-68; 1 aprile 1910, pp. 84-96; 16 aprile 1910, pp. 113-114; 16 maggio 1910, pp. 131-133. Id, *Le confessioni. Come divenni sindacalista* (Roma, Libreria editrice del Divenire sociale, 1910). この回顧文はその後、ソレル自身によってフランス語に改められたうえ、"Mes raisons du syndicalisme" と題して *Matériaux* cit. pp. 239-286 に収録されている。

☆84　雑誌の企画は実現を見ないままになってしまったが、宣言文は『イル・ジョルナーレ・ディタリア』*Il giornale d'Italia* 紙一九一〇年十一月二十日号に掲載された。

全体で三部からなり、第一部には「労働組合の社会主義的将来」(一八九八年)が——史的唯物論の成立事情にかんして概観した冒頭部分を削除するとともに注の部分に大幅な修正をくわえたうえ——「民衆教育」「プチ・ブルジョワ精神」「相互扶助」「工場の慣行について」の四本の注記を添えて配されている。ついで第二部「社会批判の土台」には、イタリアの社会主義者ナポレオーネ・コラヤンニのフランス語訳『社会主義』(一九〇〇年)への序言と同じくイタリアの社会主義者ジェローラモ・ガッティのフランス語訳『社会主義と農業』(一九〇一年)への序言、それにいましがた紹介したイタリア語版「告白——どのようにしてサンディカリストになったか」をソレル自身がフランス語に戻したテクスト「わたしがサンディカリズムを支持する理由」の三本の論考、さらに第三部「雑纂」には「あるひとりのプロレタリア作家について」「民主主義の組織」「罷業と労働権」の三本の論考が収められている。また同アンソロジーの第二版が一九二一年に出たが、そこには一九二〇年六月に執筆されたという「プルードン的注釈」が新たに付されている。

しかし、なんといっても注目されるのは「まえがき」である。なかでもそこに登場する「分断法 (diremption)」についての説明である。

ソレルが「分断法」という言葉をはじめて口にするのは、管見のかぎりではあるが、一九〇三年に『社会主義研究』誌に寄せられた「レオ十三世」という文章においてである。そこには、人間精神がさまざまなイデオロギーに分割されていることは、わたしたちがより広い知識の領域に相渉ろうとするにつれて、それだけいっそう精神の諸地方が分離させられるということを意味しているのであり、それゆえ、自己限定が必要となるとして、《分断の哲学が統合の哲学に取って代わらねばならない》とある。☆85

ただ、「分断法」についてのまとまった定義は、『暴力にかんする省察』の第二版（一九一〇年）に付された論考「統一性と多様性」を待たなければならない。そこにはある。《生理学は、ある器官の機能を考察しようとするにあたっては、それを生体の全体に結びつけることなくして考察することはけっしてできない。そこでは、そのような全体がこの要素の活動が展開される様式を規定しているのだと言ってよいだろう。これにたいして、社会哲学は、歴史上のもっとも考察に値する諸現象を追跡するためには、分断法を採用して、部分を全体に結びつけているすべての連関をいっさい考慮することなくそれぞれの部分を検証し、各部分の活動を独立へと駆り立てつつ、なんらかの仕方で、それぞれの活動の様式を規定することを余儀なくされる。このようにしてもっとも完全な認識に到達したときには、社会哲学はもはや破られた統一を再建することをこころみることはできないのである》と。☆86

『プロレタリアートの理論のための素材』の「まえがき」では、ソレルは『暴力にかんする省察』第二版の付録「統一性と多様性」においてあたえられた「分断法」についての右のような定義を引用したうえで、《わたしは、この方法論に導かれたおかげで、暴力的な罷業にいたる抗争の法律的側面、国の政治体制、労働者家族がその日常的な生活状態を改善することを可能にするような諸制度についての考察を脇に置いたまま、プロレタリア的暴力について長々と思索することが可能となった》と述べるとともに、この方法の意義がとりわけ《歴史がわたした

☆85 Georges Sorel, "Léon XIII," *Études socialistes*, I (1903), p. 266.

☆86 Georges Sorel, Appendice I: "Unité et multiplicité," in: Id., *Réflexions* cit., p. 407.〔前掲『暴力論』下、二二〇—二二一頁——同書では "diremption" に「二項分割」という訳語が当てられているが、これは適切ではない〕

ちの知的理解力を超えた手段によってつくり出すものについての象徴的な認識（connaissance symbolique）》を提供してくれる点にあることに注意をうながしている。《この方法は、久しく哲学者たちによってさまざまな目的のために用いられて、多かれ少なかれ成功を収めてきたものである。ただ、それの真の意義はしばしば誤解されてきたようにわたしには思われる。この方法は、事物についての表象（représentations）よりは、現象がときには明白に、ときには定義不可能な込み入った仕方で間接的に参与している、もろもろの象徴（symboles）を提供するのである。〔中略〕ここでわたしたちが示唆している方法の価値は、わたしたちが歴史上の諸現象を自由な精神の王国のなかに入り込ませようとするとき、白日下のものとなる。この象徴主義（symbolisme）は歴史上の諸現象を生命でもって満たし、思慮深い人びとによって記憶すべき行動にあたえられる重要性の真の理由を構成している心理的諸資質を称揚する。これにたいして、通常の合理主義は、現実を骨だけの抽象概念の限界のなかに閉じ込めてしまうことによって、この心理的諸資質を無化してしまうのである。ところで、芸術、宗教、哲学が栄えるのは、それらが横溢する生命力と接触するときでしかないのだ》。こうソレルは言うのだった。☆87

そのうえで、《プラグマティックな考察態度を身に着けている批評家》を登場させ、《文明に関係のある諸事物の一般的な動向を科学的に確証することが可能であると信じている》「科学主義的歴史（scientisme historique）」の信奉者たちにつぎのような辛辣な批判を投げかけている。《わたしたちが〔「分断法」によって手に入れる〕象徴は、諸世紀の総量についての図式的な描写のなかに織り込むことのできる他の諸表現のどれよりも大きな明晰さを有している。このため、科学

☆87 Georges Sorel, "Avant-propos," in: *Matériaux* cit., pp. 5-7.〔『プロレタリアートの理論のために』一三八―一四〇頁〕

主義的歴史の専門家たちはそれらの象徴を貪欲に簒奪しようとするのだが、そのさい、彼らはこの有益な明晰さがどこから生じているのかを自問することはない。プラグマティックな考察態度を身に着けている批評家であればだれでも、明晰さを獲得するために分断法を利用しようとしながら、それが生み出したものを利用するときに分断法とは何であるのかを忘却してしまっているというのは、不条理だと指摘するだろう》[☆88]。

さらには、《すべてが明晰であるような、理想的な、十分に秩序づけられた世界を求めて、合理主義者たちが現実の世界を圧殺してしまったことに、とりわけショックを受けたようにみえる》ウィリアム・ジェイムズの、一九一一年にフランス語訳の出た『プラグマティズム』の第一章における「合理主義」と「経験主義」の対照表を手がかりにして、《科学主義的歴史ほど経験主義から遠いものはない》との断定をくだすとともに、《合理主義がいかにしてわたしたちの象徴を根こぎにしてしまうか》を検証してもいる[☆89]。エンジニアとしての実務経験に裏打ちされたソレルの科学認識論は、ここにいたって滋味豊かな実を結んでいるのがうかがえる。注目のうえにも注目に値する点だとみてよいのではないだろうか[☆90]。

この一方で、マルクスの思想にかんしては、革命的サンディカリズム運動に積極的にコミットするようになってからマルクスの「破局」論を「社会的神話」の典型的一事例として意義づけるにいたっていることはさきほども見たとおりであるが、科学認識論そのものの観点からも当初の評価から大きく変化しているのが認められる。

さきにも見たように、ソレルは一八九四年の「新旧形而上学」でマルクスの「新しい形而上

☆88 Ibid., pp. 14-15.〔同前一四六―一四七頁〕

☆89 Ibid., pp. 22-25.〔同前一五四―一五九頁〕

☆90 「分断法」については、上村忠男『グラムシ 獄舎の思想』（青土社、二〇〇五年）所収の「ソレルの分断法」において立ち入った考察をこころみておいた。参照されたい。

学」の画期性を顕彰しようとしたさい、エンジニアとしての長年にわたる実務経験を踏まえたところから、マルクスを一種のプラグマティックな経験主義者とみていた。そしてこの立場がアントニオ・ラブリオーラのフランス語版『唯物論的歴史観にかんする論考』への序言（一八九七年）や一八九八年に発表された「マルクス主義における必然性と宿命論」でも維持されていたことも、すでに見たとおりである。

しかしながら、その一八九八年の十月十九日にクローチェに宛てた書簡のなかでは、ソレルは《わたしの考えはなおも十分には熟していませんが》と断りながらも《わたしはマルクスとヘーゲルのあいだには一般に考えられている以上に形式の面での接近（raprochements formels）が多く存在すると考えるようになりました》と打ち明けている。ヘーゲルにおいては、個々の事物はその普遍的根源の観点から考察されており、認識の対象は低い位置に置かれるとともに、その個的な規定性を失って、漸次、より完成度の高い形式へと移行していくが、マルクスもまたこの思弁様式を用いることによって、生産手段のあいだに存在するすべての質的相違を無化し、すべての労働者を一個の統一的な単体に還元してとらえるのを当然のことと考えているというのである。しかし、ソレルのみるところ、《マルクスの推論は今日ではほとんど資するところがない》のであった。《マルクスが『資本論』において定立している諸法則は、わたしたちが現実に当面している諸問題のいずれにもなんらの照明も当ててくれません。わたしたちが当面している諸問題はすべて、生産性の差異、産業がこうむっている急速な変化、可変的な現象（phénomène variable）に依拠しているのです》[☆91]。

☆91 "Lettere di Georges Sorel a B. Croce," *La Critica*, XXV (1927), pp. 173-174.

以後、ソレルの書くもののなかで、プラグマティックな経験主義者としてのマルクスへの言及はぱったりと途絶える。アントニオ・ラブリオーラは、ソレル宛ての書簡集『社会主義と哲学について語る』（一八九七年）のなかで、人間の活動の多様な領域を解釈するにはそれぞれの領域に特有の新しい理解の方法を開発することが必要であると主張するソレルにたいして、《一元論（monismo）への傾向》こそが史的唯物論に内在する哲学であることにソレルの注意をうながしていた。[☆92] 革命的サンディカリズムの理論家としてのソレルの言説のなかに登場するマルクスは、そのほかでもない《一元論者》としてのマルクスである。そしてこのマルクスにたいしては、ソレルの評価は全面的に否定的なものでしかなかった。

『プロレタリアートの理論のための素材』の「まえがき」にはつぎのようにある。《マルクスがヘーゲル哲学から学びとったことは、彼をしてもろもろの一元論的な先入観念（préjugés monistes）を育ませることとなった。人知がもちうる野心のなかで、認識と意志ないしは行動の諸体系のなかに高貴なる統一性の学問を導き入れること以上に高い野心はないだろうというのだ。しかしながら、彼が『共産主義者宣言』の冒頭で書いていたところによれば、歴史についてのどんな掘りさげた説明も、分断法が適用できる諸集団のあいだで生み出される敵対関係〔自由人と奴隷、貴族と平民、領主と農奴、親方と職人、資本家とプロレタリア〕の発展を出発点としないかぎり、不可能なのであった。ところが、彼は分断法がその対象をもたなくなる日がやがてやってくるだろうという希望に我を忘れてしまった。ヘーゲルによれば、イデー〔理念〕こそは人間をして理性へと向かわせるという。そのイデーが、じつのところ、マルクスによれば、それまではなおも

☆92 Antonio Labriola, *Discorrendo di socialismo e di filosofia* (Terza edizione a cura di Benedetto Croce: Bari, Laterza, 1939), p. 79.〔小原・渡部訳、前出『社会主義と哲学』一一五頁〕

偶然、無節制な欲望、そして一般的な無知の唾棄すべき成果である複数性のみが支配していたところに合理主義が要求する統一性を課すことによって、その有益な仕事を達成するにいたるのである》と。[☆93]マルクスにたいして、このように科学認識論の観点から、当初の評価とは百八十度異なる評価がくだされているというのも、留意しておいてよい点かと思う。

最後に一言。——『プロレタリアートの理論のための素材』の「まえがき」への追記には、ボリシェヴィキによって遂行されたロシア十月革命の画期性を力説して、彼らによって提出された《生産者の政府を打ち立てるという理念》が消え去ることはないだろうとするとともに、《ロシア革命が新たな時代の曙であることを見ないでいるためには盲目でなければならない》とあるが、[☆94]この点にかんしては、時期を同じくして書かれた『暴力にかんする省察』第四版の付録「レーニンのために」にも《ボリシェヴィキは、三国協商側の金権政治が雇った傭兵たちの攻撃によって、いつか敗北することがあるかもしれない。しかし、新しい形態のプロレタリア国家のイデオロギーは消滅しないだろう。このイデオロギーは、ソヴィエト共和国に援護されて資本主義列強の連合と闘う民衆の物語に素材を得た神話と混じり合って、生き延びるにちがいない》とある。[☆95]

ジョルジュ・ソレルは、一九二二年八月二十九日、ブーローニュ＝シュル＝セーヌの自宅で七十四年の生涯を閉じた。その彼は一八九四年、『資本論』に接して、四十歳代なかばでそれまで勤務していた政府土木局の職を辞して文筆家の道に入って以来、マルクスにたいする評価については百八十度の転回をとげつつも、——最近もあるひとりの政治思想史家が述べている

☆93 Sorel, *Matériaux* cit., pp. 39-41.〔『プロレタリアートの理論のために』一七〇頁〕
☆94 Ibid., pp. 52-53.〔同前一八二―一八三頁〕
☆95 Sorel, *Réflexions sur la violence* cit., p. 443.〔前出『暴力論』下、二六三頁〕

ように――「プロレタリアートの私心なき奉仕者」としての姿勢そのものは最後の最後まで変わらずに貫き通したのだった。☆96

☆96 Cf. Yves Guchet, *Georges Sorel (1847-1922). Serviteur désintéressé du prolétariat*, (Paris, L'Harmattan, 2001).

アガンベンと『ティックーン』

1　夜のティックーン

ユダヤ神秘主義の理論家イサーク・ルリア（一五三四―一五七二）のカバラー神話におけるキータームのひとつに「ティックーン」という語がある。ゲルショム・ショーレムの『ユダヤ神秘主義――その主潮流』（一九五七年。山下肇ほか訳、法政大学出版局、一九八五年）によると、「壊れた器（世界）の修復」を意味するヘブライ語であるという。

この語をタイトルに掲げた雑誌『ティックーン』が一九九九年、パリで急進左翼グループによって創刊された。執筆者はいずれも個人名を秘匿して「ティックーン」を名乗っている。文体の特徴と政治的メッセージのラディカルさから推察するに、一九六八年の「五月革命」で活躍したアンテルナシオナル・シチュアシオニストの流れを汲むメンバーが中心となって創刊した雑誌のようである。ただし、雑誌は二号が出たきりで、グループは二〇〇一年の「九・一一」後に解散している。

ところで、二〇〇一年といえば、ジョルジョ・アガンベンの『到来する共同体』（一九九〇年）の新版が出た年でもあったが、その新版には「夜のティックーン」と題する傍注が付されている〔上村忠男訳、二〇一二年、月曜社、参照〕。どうやら『ティックーン』誌グループへの追悼の辞とおぼしき傍注である。

もっとも、アガンベンの傍注では『ティックーン』誌グループへの明示的な言及がなされているわけではない。また、ユダヤ教ではシャバトすなわち安息日の夜、信徒たちが旧約聖書各巻の最初と最後を読んで、世界の修復を祈願するしきたりがあったという。「夜のティックーン」というのはこのユダヤ教のしきたりを指しているものとおもわれるが、傍注にはこの点についての言及もない。

ただ、ユダヤ教のシャバト＝安息日への言及自体は傍注にも登場する。そこでは、ユダヤ教では安息日に人びとはあらゆる生産的な仕事を控えなければならないと定められているとあったうえで、前年の二〇〇〇年に上梓したばかりの聖パウロ論『残りの時――「ローマ人への手紙」註解』〔上村忠男訳、二〇〇五年、岩波書店〕への参照を暗々裡に求めつつ、《仕事をしないでいることは怠惰を意味するものではなく、カタルゲーシス〔不活性にすること〕を意味している》との説明があたえられている。そして《このような意味での「仕事をしないでいること」を陳述するのが本書の仕事であった》と締めくくられている。傍注「夜のティックーン」が『ティックーン』誌の休刊を惜しんで書かれたものであることはほぼ間違いないのではないかとおもわれる。

それだけではない。アガンベンと『ティックーン』誌グループとのあいだに浅からぬ関係があったことをうかがわせる証拠はほかにもある。

たとえば、『到来する共同体』二〇〇一年版の傍注「夜のティックーン」では、《労働ではなく、無為と脱創造行為こそが到来する政治のパラダイムをなす》と宣言されたうえで、そうした無為ないし活動の不在を象徴する存在として「ブルーム（bloom）」という存在が例に引かれている。頭文字が小文字になっているが普通名詞ではなく、ジェイムズ・ジョイスの小説『ユリシーズ』の主人公レオポルド・ブルームをモデルに見立てた人物の名前である。『ティックーン』誌第一号に掲載されている論考「ブルームの理論（Théorie du Bloom）」に、晩期資本主義時代における「スペクタクルの社会」（ギー・ドゥボール）のなかで近代的な自我を喪失し、ニヒリズムの極致をかいくぐって、《仮面を被った無》と化してしまった“homme ordinaire”すなわち「ごく標準的な一般人」の代表として登場する。

この「ブルーム」なる人物が無為ないし活動の不在を象徴する事例として挙げられているのだ。それもなにあろうか、アガンベン自身が『到来する共同体』の本論で古今の文献を渉猟しつつその意義の闡明に努めている「なんであれかまわない存在（essere qualunque）」、すなわち、個別と普遍の区別以前のところにあって、ただそのようにあるがままに存在している単独的にして共通的な存在、そしてアガンベンによって《みずからなにもなさないでいることができる存在》と規定されている存在と並べてである。

しかも、この並置にはそれなりの根拠があるのだった。『到来する共同体』の最終章「天安門」を見てみよう。そこでアガンベンは《あらゆるアイデンティティ、あらゆる所属の条件を拒否する、なんであれかまわない単独者こそは、国家の主要な敵である》と宣言している。そして《これらの単独者たちが彼らの共通の存在を平和裡に示威するところではどこでも天安門が存在することだろう。そして遅かれ早かれ戦車が姿を現わすだろう》と締めくくっているが、「ブルームの理論」にも、“homme ordinaire”の《無限の神秘》を前にして統治者たちはひそかに震えおののいているという一節が出てくる。ここからは、展望の面でも、双方のあいだにはたしかに響きあうものがあるのが聞き取られるのではないだろうか。

「ブルームの理論」では、アガンベンが『ホモ・サケル』（一九九五年。高桑和己訳、以文社、二〇〇三年）で解明に努めている主権と「剝き出しの生」のあいだの「生権力」（ミシェル・フーコー）的な関係について立ち入った言及がなされていることにも注意しておこう。

2　到来する蜂起

雑誌『ティックーン』に結集したグループは自分たちを「想像上の党（Parti Imaginaire）」のメンバーであると称していた。そしてその党を《支配がみずからを可視性の独裁ならびに可視性としての独裁、要するにスペクタクルとして押しつけてくるような歴史的時期において矛盾がとる特別の形態》であると規定し（cf. “Thèses sur le Parti Imaginaire,” *Tiqqun*, 1）、さらにその革命的－実験的な一翼に「不可視委員会（Comité invisible）」なる委員会が存在すると告げていた（cf. “Introduction à la Guerre Civile,” *Tiqqun*, 2）。

その「不可視委員会」を名乗るグループの共同執筆になる『到来する蜂起』*L'insurrection*

qui vient という本が『ティックーン』誌の版元でもあったパリのラ・ファブリック社から二〇〇七年二月に出版された。

本は当初、ほとんどメディアの目に止まるところとはならなかったようである。が、本が出て一年八か月が過ぎた二〇〇八年十一月十一日早朝のことである。フランス中南部の小村タルナックで共同生活を営んでいた九名の若者が「対テロ実行部隊」の強襲を受け、三日前にフランス高速鉄道に仕掛けられた破壊工作の容疑で逮捕されるという事件が起きる。そして彼らの押収物のなかにあったということで、同書は一躍メディアを賑わすこととなる。「アナルコ・オトノムたち (anarcho-autonomes) のバイブル」「テロのマニュアル」等々、と。

さらに反響はフランスだけでなく、アメリカ合州国をはじめ、海外にまで及ぶ。二〇〇九年に英語訳が出たのにつづいて、二〇一〇年には日本語訳が『来たるべき蜂起』という標題で彩流社から出る。日本語版では、原著の流儀にならったのだろうか、訳者名も『来たるべき蜂起』翻訳委員会となっている。また日本語版には、タルナック事件直後の二〇〇九年一月に「不可視委員会」によって執筆され頒布されたテクスト「焦点を合わせる」の訳文が併録されているほか、事件に批判的に介入した三本の文章——アガンベン「テロリズムあるいは悲喜劇」、バディウ／アザン「テロリストはどこにいるか」、ボルタンスキー／クラヴリー「キリスト像とカテナリー架線」——が訳載されている。

それにしても、この『到来する蜂起』／『来たるべき蜂起』——これはまたなんと挑発的な本であることか。

《どの角度から接近してみても、現在に出口はない。このことは、現在のもつ美点のうちでもけっして最小の美点ではない。〔中略〕「未来には未来がない」というのは、完璧な正常性を装いながらも初期パンクの意識レヴェルにまで到達した時代の知恵なのだ》。

序では開口一番、こう宣言されている。また本論では、まずもって「出口のない現在」の諸相が個人、社会、労働、メトロポリス、経済、環境、文明をめぐる七つの「環」に腑分けして分析されている。そして分析の結果、《カタストロフはこれからやってくるのではなく、現にそこにある。わたしたちはすでにひとつの文明が崩壊するうねりのなかにいる》との確認がなされたうえで、自分たちが資本と結託した国家権力とのあいだで戦われている社会戦争＝内戦(guerre civile)のパルチザンであるという意識を取り戻して、蜂起のロジックに参入し、《統治者たちの声のうちにけっして解消されないかすかな恐怖の震えを聞き取る》こと、ひいてはいっさいを蜂起のプロセスとして構築することの必要性が力説されている。《蜂起以上にありそうもないものはないが、蜂起以上に必要なものもない》というのだ。権力への大胆不敵な挑戦状と言うほかあるまい。

だが、原著にも増して過激なのは、『来たるべき蜂起』翻訳委員会のほうである。『ティックーン』誌第二号に発表された「批判的形而上学なるものが誕生するとしたなら装置の学としてであろう」という論考がある。この論考の日本語訳にくわえて、福島第一原子力発電所の爆発事故を間に挟む二〇一一年二月から翌年一月にかけて『来たるべき蜂起』翻訳委員会が公表してきた四本の論考を収めた『反－装置論』と題する本がこのほど以文社から出版されたが、そこでは「新しいラッダイト的直観の到来」が言祝がれ、「徹底して反社会的たれ」との呼びかけがなされている。

「不可視委員会」はなおもコミューンに期待を寄せていた。蜂起のなかで《人びとが出会い、意気投合し、ともに歩んでいこうと決めたときに生起する》コミューン。そのようなコミューンとしてみずからを組織することの必要性を主張していた。そして翻訳委員会も、『来たるべき蜂起』へのあとがきでは、「蜂起するコミュニズム」について語っていた。

ところが「三・一一」後、翻訳委員会はそのようなコミューンへの夢そのものを捨て去ってしまったようである。《装置の装置である原発は微粒子となって飛散し、社会の「絆」をすみずみにゆきわたらせる。〔中略〕この被曝イメージの遍在による捕獲をしりぞけるために、われわれはごく端的に反社会的でなければならない》。これが「三・一一」後に翻訳委員会の到達した新たな立ち位置である。アナーキー、ここに極まる、といったところだろうか。

論考は最後に《テロリストの覚醒を生きる歓び》を謳歌して締めくくられている。

記録に残っているところによると、親に危害を加えたり、境界石を掘り起こしたり、客人に不正を働いたりした者を処罰しようとするにあたって、古代のローマ人はその者のことを「ホモ・サケル（homo sacer）」＝「聖なる人間」と呼んでいたという。ただし、処罰するとはいっても、この者の場合には、法律が適用されるわけではない。単純に法律の適用から外されるのである。ひいては、この者にかんしては、だれも法律上の殺人罪に問われることなく殺害することができるとされた。しかも、まさしく「聖なる」存在としてもともと神と同類であると見なされるため、この者は祭儀上の手順を踏んで神に犠牲として供されることもできないのだった。

ジョルジョ・アガンベンがこのローマの古法に登場する特異な存在から名を採った《ホモ・サケル》シリーズの第一巻『ホモ・サケル――主権権力と剝き出しの生』*Homo sacer. Il potere sovrano e la vita nuda*を一九九五年に世に問うてから、今年（二〇一四年）で足かけ二十年になる。その間、二〇〇〇年には『アウシュヴィッツの残りのもの――アルシーヴと証人』*Quel che resta di Auschwitz. L'archivio e il testimone*が同シリーズの第三巻として世に問われており、また二〇〇三年から二〇〇八年にかけては『例外状態』*Stato di eccezione*、『王国と栄光——オイコノミアと統治の神学的系譜学のために』*Il Regno e la Gloria. Per una genealogia teologica dell'economia e del governo*、『言語活動の秘跡——誓願の考古学』*Il sacramento del linguaggio. Archeologia del giuramento* が、それぞれ同シリーズの第二巻1、第二巻2、第二巻3として公刊されてきた。

今回ここに太田綾子との共訳でみすず書房から出版する『いと高き貧しさ——修道院規則と生の形式』*Altissima povertà. Regole monastiche e forma di vita* は、二〇一一年九月に同シリーズの第四巻1として世に問われたものである。それから三か月後の二〇一二年一月には『神の業《オプス・デイ》——聖務の考古学』*Opus Dei. Archeologia dell'ufficio* が同シリーズの第二巻5として公刊されている。

＊　＊　＊

さて、本書『いと高き貧しさ——修道院生活と生の形式』であるが、アガンベンは「序文」の冒頭で本書を《修道院生活の模範的事例の探求をつうじて、あるひとつの〈生の形式〉(forma-di-vita)、すなわち、分離することができないほど形式と固く結びついた生を構築する試みである》と規定している。この述言に接して、〝ついに来たか〟というのが、まっさきにこみあげてきた感慨であった。

それというのも、〈生の形式〉という（原語ではハイフン付きの）語にわたしたちが最初に出会うのは、フランスのラディカル系の雑誌『フュチュール・アンテリウール（Futur antérieur）』の第一五号（一九九三年）に掲載されたアガンベンの論考「〈生の形式〉」においてである。その論考のなかでアガンベンが読者に注意を喚起しているところによると、古代のギリシア人はわたしたちが「生」ということばで理解しているものを表現するための単一の用語をもっておらず、ゾーエー（zōē）とビオス（bios）という、意味論的にも形態論的にも区別される二つの語を使用していたという。そしてゾーエーのほうはおよそ生あるものすべて（動物、人間、神々）に共通の「生きている」というたんなる事実を表現していたのにたいして、ビオスのほうは人間に（個々人であれ集団であれ）固有の「生の形式もしくは生き方」を意味していたという。

この古代ギリシアにおけるゾーエーとビオスの意味論的ならびに形態論的な区別／対立を踏まえつつ、アガンベンは《その形式からけっして分離することができない生》、《そこから何ものかを剝き出しの生（une vie nue）として孤立させる／切り離すことがけっしてできない生》といったものを想定する。《そこでは、生きることの個々の様態、個々の行為、個々の過程が、けっしてたんに事実ではなく、つねに、そしてなによりもまず、生の可能性であり、潜勢力であるような生》がそれである。そしてこのような生こそがアリストテレスのいう政治的な動物《ゾーオン・ポリティコン》としての人間の生にほかならないとしたうえで、これに〈生の形式〉＝“forme-de-vie”という名称をあてがうのだった。

ところでまたアガンベンによると、古代ギリシア語でこのように「生」を表現するのに用いられていたゾーエーとビオスという語は、近代ヨーロッパの諸言語のなかではしだいに語彙から消え去っていった。そして現在わたしたちの知っている政治権力は、いつの場合にも、《剝き出しの生の圏域をもろもろの生の形式のコンテクストから分離する》ところに基礎を置いているという。

また、カール・シュミットは『政治神学』のなかで「主権」について論じて、《主権者とは例外状態について決定をくだす者をいう》と定義したが、そこでいわれる「例外状態」とはまさしく《通常の状況にあっては多種多様な社会的生の形式に結びついているようにみえる剝き出しの生が、政治権力の窮極の基礎であるかぎりであらためて明確に問いに付される状態》のことにほかならないとアガンベンは解釈する。そしてヴァルター・ベンヤミンはその遺稿「歴史の概念について」でナチスの支配するドイツを念頭におきつつ、シュミットのいう「例外状態」はわたしたちにとってはいまや通常の状態になってしまったとも述べているのだが、これまたアガンベンによると、その通常となった例外状態においてあらためて問いに付されるにいたった「剝き出しの生」は、あらゆる領域で、《もろもろの生の形式を単一の〈生の形式〉へとそれらが凝集することから分離してしまう》のだった。

こうしてアガンベンは、いまや政治は生政治（biopolitique）になってしまったというミシェル・フーコーの『性の歴史I』における診断を実質的に正確であると受け止める。と同時に、決定的なのは《この変容の意味をどのようにとらえるか》であると述べる。そして《政治的な生は、すなわち、〔中略〕〈生の形式〉へと集約される生は、〔中略〕あらゆる主権からの一度なされたなら取り消し不可能な脱出から出発してはじめて思考することができる》としたうえで言うのである。《国家という形態をとらない政治（une politique non étatique）の可能性についての問いは、必然的につぎのかたち、すなわち、今日、〈生の形式〉といったようなもの、それを生きるなかで生きることそのものが問題となるような生、潜勢力をもった生（une vie de la puissance）は可能なのだろうか、というかたちをとる》と。――

二十年後のいま読み返してみてもじつに斬新で刺激的な論考であるが[☆1]、その論考で提示された問題についてそれをいくつかの主題に分節化しつつ開始されたのが、《ホモ・サケル》シリーズにほかならないのだった。

ただ、《ホモ・サケル》シリーズの第一巻『ホモ・サケル』では、「主権権力と剝き出しの生」という副題が示すように、主眼はあくまで主権の論理とそれの基礎をなしていると想定される「剝き出しの生」の関係を解明することに置かれていた。そして〈生の形式〉にかんしては、著作の最後で《みずからの剝き出しの実存でしかないこの存在、みずからの形式であり形式から分離することができないままでいるこの生を〈生の形式（forma-di-vita）〉と呼ぶとするなら、わたしたちの前には、政治学と哲学、医学＝生物学と法学の交差によって定義される研究領域の彼方に横たわっている、あるひとつの研究領域が開けるのが見えるだろう》と展望しながらも、《しかし、その前にまず、これらの諸学科の限界の内部において、剝き出しの生のようなものがどのようにして思考することができたのか、また、これらの諸学科が歴史的に展開するうちに、先例のない生政治的な破局を冒さずには乗りこえられない限界に突きあたってしまったのはどのようにしてであったのかを検証しなければならないだろう》として、〈生の形式〉そのものの探求は先送りされてしまっていた。

☆1　この論考は同じ一九九三年にイタリア語でも『ルオーゴ・コムーネ』*Luogo comune* 誌などに発表されたのち、一九九五年にフランス語版『目的なき手段――政治にかんするノート』*Moyens sans fins. Notes sur la politique* の巻頭に収録された。同書は翌一九九六年にイタリア語版も出ている（*Mezzi senza fine. Note sulla politica*――日本語訳は高桑和巳訳『人権の彼方に――政治哲学ノート』）。また、パオロ・ヴィルノとマイケル・ハートの編集になる英語版論集『イタリアのラディカル思想』*Radical Thought in Italy*（一九九六年）にも、彼らアントニオ・ネグリを理論的指導者に戴くグループのめざす「ポテンシャル・ポリティクス（potential politics/politica potenziale）」のための基礎文献として採録されている。

またついで世に問われた第三巻『アウシュヴィッツの残りのもの』は、第一巻で《近代的なものの生政治的パラダイム》と規定された収容所について、その実態をアウシュヴィッツの生き残りたちの証言をつうじて解明することに捧げられていた。さらに、これも同じく第一巻で「ホモ・サケル」の「剝き出しの生」が当時の法的＝政治的共同体とのあいだで取り結んでいた関係を念頭におきながら、シュミットの「主権者」規定に関連して提出されていた、「例外（exceptio）」とは《外へと排除しつつ捕捉する（ex-capere）》ことであるとの解釈にもとづいて著わされた『例外状態』を筆頭に、『王国と栄光』、『言語活動の秘跡』など、統治の神学的系譜論ないし政治神学のフーコー的意味における「考古学的」考察をこころみた第二巻の一連の著作でも、〈生の形式〉についての具体的な言及は見られなかった。

それが今回の著作ではついに正面から取り組むことになったというのだ。感慨もひとしおな所以である。くわえては内容もなかなか読み応えがあり、歳月が経過するにつれてますます募るばかりの期待に十分応えてくれるだけのものがあった。

＊＊＊

実際にも、本書では、〈生の形式〉、すなわち、《分離することができないほど形式と固く結びついた生》の構築に乗り出すにあたって、そのための歴史的な模範的事例として、四世紀にナイル川沿いのタベンニシに共住修道院《コエノビウム》を創設したエジプトの修道士パコミオスの会則から始まって、十三世紀にアッシジの聖フランチェスコによって創設されたフランシスコ会もしくは

「小さき兄弟たちの会（Ordo Fratrum Minorum）」の会則にいたるまでの修道院規則と、そこで共同生活を営んでいた修道士たちの生活実践との関係が考察の対象に選ばれているのだが、この考察対象の選択自体がまずもって特記に値するといってよい。

　それというのも、どうしてまたアガンベンは彼のいう〈生の形式〉の構築に乗り出すにあたって、よりにもよって修道院での規則と生の関係に着目したのだろうか。それはほかでもない、神への信仰に身も心も捧げるべく俗世から逃亡した者たちが住まいを共にしながら祈禱と聖務をつうじて規則だった生活を営んでいた修道院のうちに、規則と生という二つの要素が対峙しつつ、かつ絡みあう弁証法的な力の場を見てとるとともに、そこでは、《これまで耳にしたことのない》新しい〈生の形式〉、すなわち、《分離することができないほど形式と固く結びついた生》の実現がめざされていたと受け止めたからであった。《修道院生活の斬新さは、これまで考えられたことのなかった、そしていまでもまだ考えることのできない、あるひとつの実質の次元を突き止めたことにある。“vita vel regula”〔生あるいは規則〕、“regula et vita”〔規則および生〕、“forma vivendi”〔生きる形式〕、“forma vitae”〔生の形式〕などの〔修道院規則に登場する〕連辞がなんとか名づけようと苦闘しているそうした実質の次元においては、「規則」も「生」もこれまで慣れ親しんだ意味を失い、第三の方向へと向かう合図を送っている。そこに光を当てることこそが肝要なのだ》。こうアガンベンは「序文」で考察の趣旨を説明している。

　また本論のI「規則と生」でも、当初はコエノビウムと称されていた共住修道院で規則が誕生した経緯とそれが律法／法律とのあいだに取り結んでいる弁証法的な関係について立ち入った考察をくわだてたのち、決定的なのは、それらの修道院規則において問題となっている生は（コエノビウムという語そのものが示しているように）コイノス・ビオス、つまりは「共同の生」であることにあらためて読者の注意をうながしている。そしてアリストテレス以来のヨーロッパ政治哲学の伝統からうかがえるように、「共同の生」の理想は明らかに政治的性格をもっているとことわったうえで、もしそうであってみれば、《コエノビウムはおそらく「生の共同体」そのものが無条件にあらゆる意味において制憲的な要素として主張される場所なのだ》ととらえるとともに、《コエノビウムの生においては、西洋社会の倫理と政治にとってかくも決定的だった人間的実践のカノンそのものの変容が問題となっている》にもかかわらず、《その変容の性質とそれが含意するものをわたしたちはおそらく今日でもなお十分に把握できないでいるのである》と述べている。アガンベンが修道院規則に着目した理由がどのあたりにあったのか、了解されようというものである。

＊＊＊

わたしたちは本書のなかでいくつもの啓発的な指摘に出会う。まずもっては修道院規則と法律との関係をめぐっての指摘がそうである。

修道院規則が法律的性質をもつか否かという問題は、今日でもなお修道院規則の特異性に注目した法学者たちのあいだでホットな問題でありつづけている。が、この問題にかんしては、それを旧約聖書におけるモーセの律法と新約聖書におけるキリストの福音との関係という本来の神学的コンテクストに引き戻して考察しないことにはアナクロニズムに陥ってしまう、とアガンベンは警告する。そして修道院規則の原型をつくりだしたパコミオスやバシレイオスも、キリスト者の生の形式が法律の枠内に入ることなど不可能であることは完全に自覚していたとしたうえで、重要なのは、規則が法律的性質をもつかどうかという問題ではなく、もっと一般的な問題、規則のうちに住みつくことになった生が法律的な規範とのあいだに取り結んでいる特別な関係の問題ではないのか、と法学者たちのアプローチに異を唱えている。いわく、《問われているのは、規則のなかで何が義務づけられた戒律で何が助言であるかでもなければ、それが含意している履行義務の度合いでもなく、むしろ生と法律の関係の新しいとらえかたであって、それは遵守と適用、違反と履行という概念そのものを疑問に付すのである》。また、修道士として生きることを決意した者は修道院に入るさいに誓願の宣立をおこなって規則を守ると約束するが、その者は《法の世界とは異なって、規則のなかで予見されているひとつひとつの行動を履行するよう義務づけられてはおらず、みずからの生き方を問いに付すのであって、これは一連の行動と同一視されるものではなく、それらの行動に尽きるものでもないのである。〔中略〕ここでは約束の対象は、もはや、守らなければならない法律的テクストやあるなんらかの行動やある一連の定められた振舞いではなく、主体の“forma vivendi”〔生きる形式〕そのものなのだ》。要するに、法律ではなく、〈生の形式〉こそが規則の実体であって、これが修道士たちが修道院で共同生活を営んでいくさいに準拠すべきパラダイムをなしているというわけである。十二世紀のフランス出身の神学者、クレルヴォーのベルナルドゥスによると、修道院への入門を志願する者たちが誓願宣立のさいに約束するのは《規則を守る》ことではなく、彼らは《規則に従って生きると約束する》のだという。同様の趣旨のことはトマス・アクィナスも『神学大全』二・二、第一八九問第九項で述べている。これらの証言に依拠しての指摘であるが、じつに啓発的な指摘であるといってよい。

ちなみに、ここで使わせてもらった「パラダイム」という語であるが、この語は本書でも頻出するものの、意味するところは一義的ではない。ただ、本書でアガンベン自身も参照を求めているように、二〇〇八年に公刊されたアガンベンの『事物のしるし――方法について』*Signatura rerum. Sul metodo* には「パラダイムとはなにか」という論考が収録されている。そこでは、パラダイムそれ自体はたんにひとつの見本／範例であり、個別の事例であるが、それが反復可能なものであることをつうじて科学者たちの研究と実践をひそかに制御する能力を獲得するというトマス・クーン『科学革命の構造』の指摘を受けたうえで、それを《パラダイムは、全体にたいする部分としてでもなく、部分にたいする全体としてでもなく、部分にたいする部分としてはたらく》と述べているアリストテレスの『分析論前書』(六九a一三―一四)における指摘を引き取って『線と円――アナロジーをめぐる論理哲学的論考』という大著を一九六八年に世に問うたイタリアの哲学者エンツォ・メランドリ(一九二六―一九九三)のアナロジー理論に結びつけられている。そしてパラダイムとは《意味のメタファー的な転用の論理》ではなく、《範例のアナロジー的な論理》に従うものであって、単独の事例を、それがほかでもないその単独性を誇示することによって全体を理解可能なものにするという範例的役割を演じるかぎりで、所属しているコンテクストから切り離して提示したものであるとの規定があたえられている。また、規則との関係についても言及して、《規則とは、単独の事例に先立って存在していて適用される一般性でもなければ、個別の事例のあますところのない列挙から帰結するものでもない。むしろ、パラダイム的な事例の提示のみが規則を構成するのだ》とある。わたしがここで「パラダイム」という語を使用するときには、このアガンベンの規定を念頭においている。

＊　＊　＊

ついでは、修道院規則と教会典礼の関係についてのアガンベンの指摘。

教会において典礼（leitourgia）ないし聖務（officium）が占めている位置と意義にかんしては、すでに《ホモ・サケル》シリーズの第二巻2『王国と栄光』でも立ち入った考察がこころみられていた。また第二巻3『言語活動の秘跡』では「誓願の考古学」が探求の対象とされたのにつづいて、第二巻5『神の業《オプス・デイ》』では「聖務の考古学」が探求の対象とされている。

本書のII「典礼と規則」では、このような《ホモ・サケル》シリーズの第二巻を構成する一連の著作での探求を引き継ぎながら、そこで解明された教会典礼とのあいだで修道院規則が取り結んでいる関係について考察がなされている。そして修道院においては《生を典礼に解消してしまおうとする力》と《典礼を生に変容させてしまおうとする力》とが同時にはたらいているとされたうえで、ここからは修道院規則と教会の典礼書とのあいだの興味深い類似性が出てくると同時に両者間のさまざまな相違と緊張も出てくると指摘されている。教会もたしかに生から典礼を引き出したのだったが、しかしながらその典礼は生から隔絶した別個の領域で形成されてしまったのであって、その領域を管理していたのはキリストの権能を体現した司祭たちであった。これにたいして、修道士たちのほうでは、そのような分離を消し去って、〈生の形式〉を典礼とし、典礼を〈生の形式〉とすることによって、典礼と〈生の形式〉とのあいだに緊張に満ちた識別不能の閾を構築することとなったというのである。この指摘もなかなか啓発的であった。

なお、《ホモ・サケル》シリーズ第二巻における考察について一言付け加えておくなら、同じく典礼ないし聖務をめぐっての考察でありながらも、『王国と栄光』では典礼の神秘をとりわけそれが神に向ける顔貌、すなわち、それの対象的な側面に焦点が絞られていたのにたいして、『神の業《オプス・デイ》』の考古学的探求ではそれの主体的な側面、すなわち、典礼を管理する司祭たちのありように照準が当てられているのが目を惹く。『神の業《オプス・デイ》』の序文でアガンベンが説明しているところによると、《典礼には、実際には神秘的なところはほとんどないのであって、それどころか、それは絶対的かつ全面的に実効的な実践を思考しようとするおそらくはもっともラディカルな試みと符合しているということができる》のだった。そしてこの意味では典礼の神秘は実効性の神秘なのであって、《この統治の奥義がつかみとられた場合にのみ、外見上はおよそ近代的なものから切り離されているようにみえるこの実践が、近代がみずからの存在論と倫理学、みずからの政治と経済を思考してきたさいの様式におよぼしてきた無限の影響を理解することが可能となる》のだった。

しかし、以上の二点にもまして啓発的なのは、「〈生の形式〉」という見出しの付いた本書のIIIである。

＊　＊　＊

そこでは修道院のうちでもとりわけ十三世紀にアッシジのフランチェスコによって創設されたフランシスコ会が考察の対象とされている。そしてまずもっては、他の修道院と比較した場合のフランシスコ会の新しさが理念や教義の体系の面におけるそれではなくて、イエス・キリストがみずから実践することによって模範を示したと福音書が語っている“forma vitae”＝〈生の形式〉に従って生きることを要求しようとした点にあったことが確認されている。『マタイによる福音書』一九・一六―一九・二一には、《永遠の命を得るには、どんな善いことをすればよいのでしょうか》と尋ねた金持ちの青年にたいして、イエスは《もし完全になりたいのなら、行って持ち物を売り払い、貧しい人びとに施しなさい。〔中略〕それから、わたしに従いなさい》と言ったとある。このイエスの言を受けて、フランチェスコは一二二一年の『未裁可会則』の第一条で《この兄弟たちの規則および生（regula et vita）》は《われらの主イエス・キリストの〔中略〕足跡をたどること》であると述べている。また聖キアラに宛てて記した「最後の意志」では、さらに力を込めて、《わたしはいと高きわれらの主イエス・キリストの生と貧しさのあとを追いたい》と述べている。フランチェスコのこれらの述言にアガンベンは着目する。そして言うのである。ここで問題となっているのは、なんらかの規範を生に適用するのではなく、あるひとつの〈生の形式〉、具体的には福音書に語られている救世主イエスの生をモデルとして構築された〈生の形式〉に従って生きること、すなわち、イエスの生の足跡をたどるなかで、その者の生が形式そのものとなり、それと一致してしまうようになることなのだ、と。

ところで、一二二一年の『未裁可会則』では、第一条でフランシスコ会の「規則および生」を規定して、《われらの主イエス・キリストの〔中略〕足跡をたどること》の前に《従順のうちにあって、清廉に、そして自分のものはなにひとつ所有することなく(sine proprio)生きること》とあった。また、この『未裁可会則』は修正のうえ一二二三年にホノリウス三世によって正式に裁可されたが、その『裁可会則』の第一条でも、《小さき兄弟たちの規則および生は、従順のうちにあって、自分のものはなにひとつ所有することなく(sine proprio)、清廉に生きることによって、われらの主イエス・キリストの聖なる福音を遵守することである》とあった。「自分のものはなにひとつ所有することなく」――つまりは「無所有」を原則とするというわけである。

さらに同じく『裁可会則』の第六条には、《主は豊かであったのに、あなたがたのために貧しくなられた。それは、主の貧しさによって、あなたがたが豊かになるためだったのです》と『コリントの信徒への手紙 二』八・九で語っている使徒パウロの言と、《わたしの愛する兄弟たち、よく聞きなさい。神は世の貧しい人たちをあえて選んで、信仰に富ませ、御自身を愛する者に約束された国を、受け継ぐ者となさったではありませんか》と信徒たちに呼びかけている『ヤコブの手紙』二・五の言を受けて、《これこそは、わたしの親愛なる兄弟たちよ、あなたがたを天上の王国の継承者にして王者として制定し、あなたがたを物においては貧しくすることによって徳においては豊かにしてきた、いと高き貧しさ(altissima pauperitas)の崇高さなのである》ともあった。

要するに、フランチェスコの起草した会則では、イエスが模範を示してみせた〈生の形式〉に従って生きることと、「無所有」あるいはイエスの実践した「いと高き貧しさ」＝「清貧」を準拠すべきモデルとして生きることとが、区別されることなく等置されていたのだった。

ところが、「無所有」の原則については、すでにフランチェスコの晩年にも、フランシスコ会士たちの説教活動がイタリアからヨーロッパ各地へと拡大していくのにともなって、その厳格な適用を緩和しようとする動きが起きてくる。またローマ教皇庁のほうでも、枢機卿時代にフランシスコ会の保護者を引き受けて『未裁可会則』の修正にも携わったウゴリーノ・ディ・コンティが教皇グレゴリウス九世となって発した一二三〇年の回勅『クオー・エーロンガティ〔俗世から遠ざかって〕』などで、会則に謳われている「いと高き貧しさ」＝「清貧」の理想をもっぱら法律的な観点から財の所有権や用益権など《あらゆる法権利の放棄》を意味するものと受け止めるとともに、財の「使用」そのものは認めることによって、フランシスコ会側の会則緩和の動きに積極的に応じようとしている。そしてこの会則緩和の動きは、創設者のフランチェスコが一二二六年に逝去して半世紀後の一二六九年に刊行されたフランシスコ会第八代総長ボナヴェントゥーラの『貧しさの弁明』で所有権や用益権などの法権利と「事実上の使用（usus facti）」との区別が導入されることによって理論化され、教皇ニコラウス三世によって一二七九年の回勅『エクシイト・クイー・セーミナート（種撒く者が出かけていった）』で正式に裁可されるところとなる。

ところが、この会則緩和の動きにたいしては、あくまでも会則に謳われている「いと高き貧しさ」＝「清貧」の理想に忠実に生きようとする者たち――スピリトゥアル派（聖霊派）――が反対の狼煙を上げる。彼らは、財の使用の制限は義務的ではなく、あくまで道徳的な努力目標にすぎないとする主流派――コンヴェンツァル派（修道制派）――に異議を申し立て、自分たちが理論的指導者と仰ぐペトルス・ヨハンニス・オリヴィの唱える「貧しき使用（usus pauper）」の理論に依拠して、所有権や用益権などの法権利を全面的に放棄するだけでなく、財の使用にかんしても必要最低限にとどめないかぎり、「清貧」の名に値しないと主張するのだった。「いと高き貧しさ」＝「清貧」をめぐるスピリトゥアル派とコンヴェンツァル派の対立は、ボナヴェントゥーラの『貧しさの弁明』における立場が教皇ニコラウス三世によって一二七九年の回勅『エクシイト・クイー・セーミナート』で正式に裁可されて以降、激化の一途をたどる。一方、教皇庁の側にも、王権の拡張を狙うフランス王フィリップ四世が一三〇二年にイタリアの山間都市アナーニで教皇至上主義を唱えるローマ教皇ボニファティウス八世を捕縛するという事件があり、この事件の事後処理にからんで、同じくフィリップ四世の干渉で、一三〇九年には教皇庁がローマからアヴィニョンに移転させられることとなる（アヴィニョン捕囚）のだったが、そのアヴィニョン教皇庁の最初の教皇となったクレメンス五世は一三〇九年、アヴィニョンに両派の代表を招いて「清貧論争」を展開させたりもして、調停を図っている。

だが、両派の立場の違いは、そのまま、教皇の教会法的権威と聖フランチェスコのカリスマのどちらを権威とするかという対立に連なっていた。そうしたこともあって、クレメンス五世死去後、二年の空位期間を置いて、一三一六年に教皇の座に就いたヨハンネス二十二世は一三二二年の大勅書『アド・コンディトーレム・カノニス〔カノンの起草者たちへ〕』で「使用権（ius utendi）」と「事実上の使用（usus facti）」ないし「なんらの権利もない使用行為（actus utendi sine iure aliquot）」を区別する可能性を問いに付し、後者は物の破壊と一致する「濫用（abusus）」にほかならないと断じることによって、フランシスコ会の「貧しさ（paupertas）」が根拠としていた前提そのものを取り消してしまう。

この教皇ヨハンネス二十二世の大勅書には、当初コンヴェンツァル派を代表して教皇によるスピリトゥアル派弾圧に加担したフランシスコ会第十六代総長チェゼーナのミケーレでさえも、さすがに従うわけにはいかなかったとみえる。そこで一三二七年、教皇からアヴィニョンに召喚されて当地での強制居住を言い渡されたミケーレは、一三二八年五月に総長に再選されたのを機に、同月二十六日から二十七日にかけての夜半、オッカムのウィリアムやボナグラーツィアらといっしょに船でピサへ逃亡するにいたるのだった。

アガンベンは、まずもってフランチェスコの起草した会則のうちにおよそいっさいの法権利の外にあって人間としての生活と実践を実現しようとする試みを見てとったうえで、創設者の死後フランシスコ会内部で顕在化することとなった右のようなスピリトゥアル派とコンヴェンツァル派の対立ならびにそれへの教皇庁の関与の経緯をつぶさに検討する。そして検討の結果、フランシスコ会の理論家たちは彼らが準拠しようとする「いと高き貧しさ」と法権利との関係にこだわり過ぎたため、ますます法律的概念の圏域に巻き込まれていき、最終的にはそれに凌駕され敗北することとなったと指摘する。全体を総括してアガンベンは述べている、《フランシスコ会の使用の教理で欠落していたのは、まさしくオリヴィのテクストが暗に要求していたように思われる、生の形式という観念との連関を思考する試みである》と。それはまるで、創設者フランチェスコによれば、完全な生としてのフランシスコ会士の生の形式を定義するはずであった"altissima paupertas"〔いと高き貧しさ〕が、"usus facti"〔事実上の使用〕の概念と結びつくことによって、その中心性を喪失し、たんに法権利にたいして否定的な性格をもたされて終わってしまったかのようであったというのだ。

そのうえで、《たしかに、使用の教理のおかげで、フランシスコ会士の生は留保なく法権利の外にある生、すなわち、存在するためには法権利を放棄しなければならない生として主張されることができた。そしてこれはたしかに近代がそれに対峙する能力がないことを示してきた遺産であり、わたしたちの時代はそれを思考することさえできないでいるかにみえる》と認めるとともに、「しかし」と言葉を接いで、こう問いを投げかけるのだった。《もし法権利の外にある生が物をけっして所有することなく使用する生の形式として定義されるとしたなら、その生とは何なのだろうか。そしてもし使用を所有にたいして否定的にのみ定義することをやめるとしたなら、使用とは何なのだろうか》と。事態の本質に鋭く迫っていて、まことに啓発的な指摘というほかない。

《この問いに答える試みは、必然的に、その鋳型のなかで典礼が何世紀にもわたる過程を経て西洋の倫理と政治を束縛する結果となった活動性本位の存在論的パラダイムとの対決を要請することとなるだろう》。アガンベンは最後にこう付言しているが、この対決については、すでに「序文」で《ホモ・サケル》シリーズの最終巻で取り組むと約束していた。おおいに期待されるところである。☆2

☆2　イエス・キリストの「いと高き貧しさ」の実践に倣って、所有権をはじめとするいっさいの法権利を放棄したうえで、「事実上の使用」のみを許可するよう教皇庁に要求したフランシスコ会士たちと、一三二二年の大勅書『アド・コンディトーレム・カノニム』において所有から分離された使用は存在しえないとの理由で彼らの要求を斥けた教皇ヨハンネス二十二世の対立のもつ意味については、すでにアガンベンの二〇〇五年の著作『瀆神』*Profanazioni*でも、今日の資本主義的消費社会におけるさまざまな「神聖を汚す」行為にまで射程を拡げながら、立ち入った考察がなされている。

関係の彼方へ

ジョルジョ・アガンベンの『身体の使用』*L'uso dei corpi*（二〇一四年）を訳しおえた。

一九九五年に刊行が始まった《ホモ・サケル》シリーズの最終巻とのことで、第一部「身体の使用」、第二部「存在論の考古学」、第三部「〈生の形式〉」の三部からなる。プロローグには、「シチュアシオニスト・インターナショナル」の指導者ギー・ドゥボールの映画作品についての、ギーが一九九四年に他界した直後に故人を哀悼して書かれたのではないかと推察される論評が収められている。またエピローグでは、シリーズ全体を簡単に振り返りながら、自分のくわだてが「脱構成的可能態の理論（una teoria della potenza destituente）」を構築することに向けられていたことが明かされている。

いつもながらの博覧強記ぶりには、正直なところ、ずいぶんと手こずらされた。しかしまた、引用されている文献のオリジナル・テクストに逐一あたるなかで、いろいろと勉強させてもらった。そして目を見張らされた指摘も少なくなかった。

プロティノス『エンネアデス』第六論集第九論文「善なるもの一なるもの」の最後に出てくる《フュゲー・モノウ・プロス・モノン（phygè monou pros monon）》という表現についての解釈も、そのひとつである。神々と《神々のごとき幸福な人びと》すなわち哲学者たちの生活を定義するのに用いられている言い回しであって、これまで一般に魂と一者（神）の合一をめざす新プラトン主義的神秘思想の典型的表現であると受け止められてきた。そしてこの受け止め方そのものにはアガンベンも異を唱えていない。

ただ、そのうえでアガンベンは、研究者たちの関心がもっぱら「モノウ・プロス・モノン」という定式に集中していて、その前に置かれている「フュゲー」というギリシア語の意味するところについては立ち入った省察がなされてこなかった点を問題視する。じっさいにも、この語については、多くの場合、「逃亡」または「逃れていくこと」という意味であると解釈されている。わが国でも田中美知太郎訳には《自分ひとりだけになって、かのものひとりだけを目指してのがれ行くこと》とある。

だが、アガンベンによると、「フュゲー」が漠とした「逃亡」の意味に受け止められた結果、このギリシア語がもともと「亡命」を指すための法律上ならびに政治上のテクニカル・タームでもあったという事実が不分明にされてしまったという。

たとえば、エーリク・ペーターゾンは一九三三年に公表した「プロティノスにおける“monou pros monon”という定式の起源と意味」にかんする論文で、“monos monoi”sタイプの言い回しはプライヴェートで親密な関係を指すのにごく普通に使われていたことを立証するとともに、これを神秘哲学の専門用語に転位させた点にプロティノスの《もっとも固有で独創的な寄与》があると述べている。このペーターゾンの所見を紹介したうえでアガンベンは言い返す、プロティノスの《もっとも固有で独創的な寄与》は、排除と亡命を意味する法律的—

政治的用語を親密さを表わす語に結びつけたことにこそある、と。《フュゲー・モノウ・プロス・モノン》という定式において賭けられているのは、親密さのなかにあっての亡命、自己のもとにあっての自己の追放であるというのだ。

この結果、哲学は同時に超ポリス的でもあれば非ポリス的でもある生を構築するこころみとして提示されることとなる。それはポリスから追放され切り離されながらも、《単独者のもとへの単独者の亡命》という形式をもつ「関係なき状態（non-relazione）」のうちにあって、親密で自分自身から切り離せないものに転化する。〈生の形式〉とは、《もはやきずなというかたち、剝き出しの生の排除－包含というかたちをとらず、関係をもたない親密さというかたちをとる、この追放のことにほかならない》――こうアガンベンは主張するのだった。

アガンベンは『ホモ・サケル――主権的権力と剝き出しの生』（一九九五年）のなかで、カフカの寓話「法の前に」を題材に採った「主権の逆説」についての考察を締めくくって、《主権とはまさしく、この「われわれがそこへと遺棄されてある、法の彼方の法」のことなのであり、遺棄の存在をあらゆる法観念の彼方で思考することができてはじめて、主権の逆説から脱して、いかなる禁令／追放からも解き放たれた政治へとおもむくことができると言ってよいだろう》と書いていた。このアガンベンの言葉にいたく心を動かされたわたしは、『大航海』第五〇号（二〇〇四年四月）で「カフカ」についての特集が組まれたさいに編集部から求められて寄稿した論考「法の〈開いている門〉の前で」の末尾に《わたしたちもまた「政治を関係の彼方で思考する」ことを試みてみようではないか》と書きつけておいた（その後、拙著『無調のアンサンブル』未来社、二〇〇七年、に収録)。《ホモ・サケル》シリーズ最終巻におけるアガンベンのプロティノス解釈は、それ以来心にとめながらも実行するまでにいたらなかった「政治を関係の彼方で思考する」こころみにいまいちどの後押しをしてくれそうである。

カテコーン再考

1

『新約聖書』中の「テサロニケ人への手紙　二」は古来長きにわたって使徒パウロの真作だと信じられてきたが、今日ではパウロの名を騙った別の人物による偽作であることが判明している。

だが、この点についてはいまは措くとして、その「テサロニケ人への手紙　二」では、第二章二節に《霊や言葉によって、あるいは、われわれから書き送られたという手紙によって、主の日はすでに来ているかのように言う者がいても、すぐに動揺して分別をなくしたり、慌てふためいたりしないように》とあったのにつづいて、三節で《じっさいには、〔主の日の到来にさきだって〕まずは〔神への〕背反が起こり、不法の者（anomos）、つまりは滅びの子が出現しなければならないのだ》とあったうえで、六―七節に「カテコーン」という謎めいた形象が登場する。六節では“to katechon”と中性・非人称形で表記されているが、七節では“ho katechon”と男性・人称形になっている。「抑止するもの」ないし「抑止する者」という意味だ。いわく、《そしていま、不法の者の出現を抑止しているものがあることはあなたがたも知っているとおりであるが、その者は到来すべき時がくれば到来するだろう。じっさいにも、不法(anomia)の秘密はすでに働いているのだが、それはいまのところ、抑止している者が抑止している。が、それも、厳密にいえば、その抑止している者が取り除かれるまでのことである》。こう使徒は言うのだった。そして八節では《そのときには不法の者が出現するだろうが、主イエスはご自分の口から吐く息でもってその者を打ち倒し、来臨の栄耀でもってその者を無力にしてしまわれる》とも。

つまり、「主の日」の到来、すなわちイエス・キリストの再臨にさきだって、まずは「不法の者」が出現しなければならないのだが、いまはその「不法の者」の出現を「抑止している者」ないし「抑止しているもの」がいて抑止しているというわけである。「テサロニケ人への手紙　一」では、パウロ自身が「主の日」の到来は間近に迫っていると煽っていた(四章一六節以下)。そしてどうやら「テサロニケ人への手紙　二」が書かれたころには(そのときにはパウロ自身はすでに没していたと推測されるのだが)、パウロの言に煽られて「主の日」はすでにやってきていると騒ぎ立てるパウロ教信者たちが大勢いたようである。「テサロニケ人への手紙　二」の第二章六―七節は、こうして不安に駆られているパウロ教信者たちへの警告であるとみてよい。

それにしても、この「カテコーン」すなわち「抑止している者」ないし「抑止しているもの」とはいったい何者なのか、あるいは何ものなのか。またその機能はどう解釈すればよいのか。マッシモ・カッチャーリ(Massimo Cacciari, 1943-)の『抑止する力――政治神学論』*Il potere che frena. Saggio di teologia politica*（二〇一四年）は、これまでにも多くの註釈者たちが取り組んできたものの最終的な解決をみるにはいたっていないこの問題にあらためて挑戦しようとしたものである。

2

じっさいにも、「テサロニケ人への手紙　二」第二章をめぐっては、これまでいくつもの解釈が提出されてきた。その解釈史の一端をかいつまんで紹介しておくなら、まず「不法の者」については、「ヨハネの手紙」で言われている「反キリスト（antichristos）」を指すというのが一般的な理解である。一方、「不法の者」の跳梁を抑止すると同時に「主の日」の到来を遅延させているという「カテコーン」なる形象については、男性形の「カテコーン」はローマ皇帝、中性形の「カテコーン」はローマ帝国を指すというのがテルトゥリアヌス以来のキリスト教神学の伝統的解釈であった。そしてこの解釈は二十世紀に入ってからもたとえばドイツの憲法学者にして政治理論家のカール・シュミット（Carl Schmitt, 1888-1985）によって受け継がれることとなった。シュミットは一九二二年の著作『政治神学』*Politische Theologie*（田中浩・原田武雄訳『政治神学』未來社、一九七一年。長尾龍一訳「政治神学」、長尾龍一編『カール・シュミット著作集I』慈学社出版、二〇〇七年）において《現代国家理論の重要概念はすべて世俗化された神学概念である》と述べ、世俗化された現代においてもなお政治ないし国家理論が本質的に神学の伝統的な概念構造に立脚して組み立てられていることに人びとの注意を喚起していたのだったが、その「政治神学」の理論家は一九五〇年に公刊された『ヨーロッパ公法という国際法における大地のノモス』*Der Nomos der Erde im Volkerrecht des Jus Publicum Europaeum*（新田邦夫訳『大地のノモス――ヨーロッパ公法という国際法における』慈学社出版、二〇〇七年）のなかで「カテコーン」についてつぎのように書いている。

このキリスト教王国において本質的なことは、それは永遠の王国ではなくて、みずからの終焉と現在の時代《アイオーン》の終焉をしかと見据えておりながら、それにもかかわらず、ひとつの歴史的な力を行使しえているということである。その継続性の基礎にある決定的な歴史的力の概念は、抑止する者、カテコーン（Kat-echon）という概念であった。「王国」は、ここでは反キリストの到来と現在の時代《アイオーン》の終焉を抑止することのできる歴史的な力、使徒パウロの「テサロニケ人への手紙　二」第二章における言葉にしたがうなら、"qui tenet" がそれである。こうした王国の思想は、フランク王国やオットー朝時代のゲルマン人修道僧たちの多くの発言――とりわけ「テサロニケ人への手紙　二」へのハイモ・フォン・ハルバーシュタットの註釈やゲルベルガ王妃あてのアッツォーの手紙――によって、さらには中世末期にいたるまでのオットー・フォン・フライジングの見解やほかの証拠書類によって具体的に証明されている。ひとつの時代の特徴すら、ここにはうかがうことができる。キリスト教的中世の王国が存続するのは、カテコーンの思想が生きているかぎりにおいてのことなのだ。

本来のキリスト教信仰が、総じて、カテコーンのイメージとは異なった歴史的イメージをもつことができるとは、わたしはおもわない。抑止する者がいてこの世の終わりを引き留めているという信仰こそが唯一の架け橋となって、あらゆる人間にかかわる出来事の終末論的麻痺状態から、ゲルマンの王たちのキリスト教帝国といったようなひとつの壮大な歴史上の権力への道は切り開かれていくのである。

これにたいして、シュミットと《あたかも弓やリュラのように逆に張り合うことによる調和》(ヘラクレイトス)の関係を取り結んでいたと自認する人物にユダヤ学者のヤーコプ・タウベス(Jacob Taubes, 1923-1987)がいるが、そのタウベスはベルリン自由大学における一九八五年のシュミット追悼講演「カール・シュミット——反革命の黙示録を書く男」"Carl Schmitt. Ein Apokalyptiker der Gegenrevolution", in: Jacob Taubes, *Ad Carl Schmitt. Gegenstrebige Fügung*, 1987(杉橋陽一訳、『批評空間』第II期第二号、太田出版、一九九四年)で『大地のノモス』の右の一節をまるごと引用したうえで、シュミットと自分とはともに黙示録的に思考しており、《時間および歴史を猶予期間として経験すること、しかも最後の猶予期間、死刑執行までの最後の時間として経験すること》において共通の地盤に立っているとしながらも、シュミットは《上から、暴力について考える》のにたいして、自分は《下から考える》点が根本的に相違している、と述べている。そしてシュミットが重視している「カテコーン」がすでに《終末の時にたいするキリスト教の経験がいかに馴化されているか、この世界およびこの世界の暴力といかに折り合っているか》の《最初の兆候》なのだ、と指摘している。

同様の指摘は一九八七年、死の直前におこなわれ、没後にアライダ・アスマンとヤン・アスマンによって編集されて一九九三年に公刊された「ローマ人への手紙」にかんする講義『パウロの政治神学』*Die politische Theologie des Paulus*（高橋哲哉・清水一浩訳、岩波書店、二〇一〇年）でもなされている。

シュミットの関心事はひとえに党というカオスが浮上してこないようにすること、国家を存続させることであった。どんな代価を払ってもだ。神学者や哲学者には、このような課題を実感として理解するのはむずかしい。だが法学者は、たとえ重箱の隅をつつくようなことであれ、たった一つでも法学的な形式を見いだしうるかぎり、無条件にこの課題に取り組まねばならない。さもなければ、カオスが支配することになるからである。この課題を解くものこそが、シュミットがのちに「カテコーン」と呼んだ当のもの、つまりは奥底から迫ってくるカオスを「抑止している者」にほかならない。これはわたしの世界観ではないし、わたしの経験ではない。わたしは黙示思想家として、世界は破滅するに決まっていると想像せざるをえない。

またジョルジョ・アガンベン（Giorgio Agamben, 1942-）も、タウベスのパウロ講義へのオマージュとしておこなわれたという「ローマ人への手紙」にかんする一連の演習をまとめた二〇〇〇年の著作『残りの時——「ローマ人への手紙」への註解』*Il tempo che resta. Un commento alla Lettera ai Romani*（上村忠男訳『残りの時——パウロ講義』岩波書店、二〇〇五年）のなかで、シュミットの『大地のノモス』の問題の一節を全文引用したのち、シュミットがその一節で受け継いでいると目される、「カテコーン」のうちに反キリストの到来を遅らせる現世内権力（ローマ帝国）を見てとろうとしてきたキリスト教護教論の伝統的解釈にたいしては、《正しく理解されたカテコーンは神そのものである。……それは反キリストの到来を遅らせる現世内的な権力のことではなく、神の時間計画のうちに含まれているパルーシアそのものの遅延のことなのである》とするAugust Strobel, *Untersuchungen zum eschatologischen Verzögerungsproblem. Auf Grund der spätjüdisch-urchristlichen Geschichte von Habakuk 2, 2 ff*, 1961をはじめとして、緻密な文献学的研究にもとづく反論があり、こちらのほうが今日では有力な見解となっていることにまずもっては読者の注意をうながしている。

そのうえで、アガンベンは、国家のうちに破局を阻止したり遅延させたりする使命を担った権能をみる国家理論はどれも——ホッブズのものを含めて——、シュミットの言うように、ある意味ではこの「テサロニケ人への手紙 二」第二章の解釈の「世俗化」とみなすことができるとしながらも、そこにはカテコーンについての肯定的な評価はいっさい含まれておらず、それどころか、それはすでに秘かに働いている「不法の秘密」が十全に顕現するためには取り除かれねばならない、と指摘されていることに注目する。そして言う、ここにある「不法」＝

「アノミア」は、ヒエロニュムスのように、一般的な意味での「不正」、あるいはより悪いことには「罪」と解されてはならないのであって、それは「ノモス＝律法の不在」を意味するものでしかなく、「不法の者」＝「アノモス」とは「ノモス＝律法の外にある者」にほかならない、と。すなわち、アガンベンによると、そこで言及されているのは、いままさに到来しつつあるメシア的時間のなかにあってノモス＝律法が働かなくされた状態のことなのだった。そのときには、「抑止している者」は、メシア的なものを特徴づけている傾向的なアノミアの状態を隠蔽する力――ローマ帝国、しかしまたあらゆる構成された権力――であることになる。ほかでもないこの意味においてこそ、「抑止している者」は「不法の秘密」の顕現を遅らせている権力なのだ。ひいては、「不法の秘密」の顕現は、メシア的時間における律法の機能停止と、あらゆる権力の実質的な非正統性が白日のもとにさらされることを意味する。そうであるとすると、「抑止している者」と「不法の者」とは明瞭に区別された二つの姿態ではなく、最終的な啓示の前と後とにおける同一の権力の二つのありようを指し示していると言ってもよさそうである。世俗の権力は――ローマ帝国であれ、その他の権力であれ――メシア的時間の実質的な律法不在の状態を覆っている見せかけなのであって、「秘密」が解けるとともに、この見せかけは取り除かれ、世俗の権力はそれ自体が「アノモス＝不法の者」の形姿、絶対的な無法の形姿をとることとなる――と、こうアガンベンは「テサロニケ人への手紙　二」第二章のくだんの節を読み解くのである。そして結論するのだった、《どう見ても、「テサロニケ人への手紙　二」第二章は権力の「キリスト教的理論」を基礎づけるのに役立つものではありえない》と。

ちなみに、アガンベンは、《パウロはヨハネのように「反キリスト」ということをけっして口にしていない》とも付言している。

3

こうしたなかでカッチャーリの挑戦は、「テサロニケ人への手紙 二」第二章で言及されている「カテコーン」なる形象をめぐる問題はたんに歴史的な問題であるにとどまらず、政治と神学の関係についての理論的秩序一般にかかわる問題でもあること、この問題に取り組むべくシュミットによって採用された「政治神学」という表現は、神学と政治という二つの次元が本源的に切り離されているとの前提に立って神学的観念が世俗的主権の諸形態におよぼす影響を意味するにとどまっているわけにはいかないのであって、《神学が練りあげられるにあたってその練りあげ作業自体の根底に存在している、宗教的な生に内在する政治的な方針ないし宛先をこそ捕まえるのでなくてはならない》との確認をもって開始される。

そしてこの確認のもと、カッチャーリはまず、ローマ帝国のうちにカテコーン的な力を見てとってきたキリスト教神学者たちの伝統的解釈に疑問を呈して言う。――そもそもカテコーンというのは、不法が発現するのを抑止する力である以上に、いっさいをみずからのうちに収容すること、包含することを意味している。その意味では、帝国にかぎらず、実際に効力を発揮しているあらゆる政治的権力は、いずれもがカテコーンの次元に属していると言ってよい。だが同時に、政治的権力がみずからの形態を「帝国」と規定できるためには、それがひとつのエポック（新時代）の運命を構成しているという主張を効果的に提出することができていなければならない。エポック、すなわち、《そこでは歴史がほぼ完遂されてしまったようにみえ、「なる」が「ある」の印を帯びているようにみえる時間》である。帝国はみずからのつくりだしたエポックがいつまでも終わることなく持続することを願う。ひいては、みずからのエポックを分断し危機に陥れようとする者が登場するのを制止しようとするだけでなく、その者をもみずからのうちに収容しながら、不断に成長しつづけていこうとする。したがって、帝国という政治的形態をカテコーンの次元に還元してしまうことはできないのではないだろうか、と。

　また、かりにそのようなことができると仮定してとことわったうえで、カッチャーリは問う。帝国がみずからつくりだしたエポックと、キリスト教徒たちがこの世の終末が間近に迫っていることへの期待と恐怖に心をうちふるわせながらそのもとで生きているアエウム、すなわちそのなかで永遠なものが啓示される時間とのあいだには、本質的に相容れないものが存在するのではないか、と。

　そのうえで、カッチャーリは「そもそもだれがカテコーンなのか」とあらためて問う。そしてパウロの言説のコンテクストをなしている終末論のなかでは、神に背反し敵対する「不法の者」ないし「滅びの子」の力がカテコーン的な力よりも強大で、ただひとり救世主イエスの来臨を前にしてのみ、打ち倒されるとの展望が語られていることに注意を喚起すると同時に、しかしまた、カテコーン的な力が神の意志の深淵のなかにア・プリオリに書き込まれていることにも疑いの余地はないとする。とりわけ、カッチャーリが注目するのは、アウグスティヌスが『ヨハネの手紙一　講解説教』で指摘している、正体を明かさないまま、教会のなかにとどまりつづけている反キリストたちである。この者たちも客観的にはカテコーンの機能をはたしていて、大文字で始まる「反キリスト」の陣営が完成されて、救世主イエスの率いる軍勢とのあいだで最終的な戦闘が開始される日が到来するのを遅らせているというのだ。

この結果、カッチャーリの眼には、終末論的抗争のなかにあって主役を演じるカテコーンという形象は《探求すればするほど、ますます複雑で問題含みの存在》として立ち現われることとなる。それは《あるときには断固として政治的な、あるときには宗教的な衣服をまとった、あるときには帝国の官吏の、あるときには教会の司祭の衣服を身に着けたペルソナたちの総体》のようにみえてくる。そしてここからカテコーンの有する抑止的な力の両義性が尖鋭化することとなるのであって、それは帝国を敵対する者《アンティケイメノス》と混ざりあうことから引き留めておくとともに、敵対する者《アンティケイメノス》自身を直接に蔓延することから引き留めておく。反キリストたちを教会のなかに引き留めておくとともに、教会を帝国にたいする決定的な戦いからも引き留めておく。さらには、それは自立した性格を帯びて、官僚的＝行政的な国家ないし「警察」国家としてみずからを表象することもありうる。これをカッチャーリは〈いまにして、いまだあらず（nunc-et-nondum）〉という特色をもつアエウムに典型的な形象であるととらえる。とともに、《わたしは仮面をつけて世の中という舞台に出るのだ》というデカルトの言葉を引きながら、それが「偽装者たち」からなるとしている。いわく、《彼らは権力意志を体現しているふりをしてみせながら、じっさいにはそれを自分たちのうちに収容しようと欲している。敵対する者《アンティケイメノス》と決定的に対決しているふりをしてみせるのだが、じっさいには敵対する者《アンティケイメノス》に参与することともならざるをえない。教会の忍従と連帯しているふりをしてみせるのだが、じっさいには彼らの抵抗は彼らが一方では地上の諸権力と、そしてもう一方では敵対する者《アンティケイメノス》そのものとのあいだで追求する妥協のしるしにほかならないのである》。要するに、終末の時間のなかにあってそれぞれの領域がみずからを持続させるためには、なんらかのしかたで相手の存在理由を承認することが必要とされるのであり、そのような《仲介＝媒介》の空間こそがカテコーンの占める空間にほかならないということ。

だが、話はこれだけで終わらない。カテコーンには、そうした《仲介＝媒介》の機能にくわえて、あたかも最後の審判の日が到来するのを遅らせることができるかのように作動しているというもうひとつの顔がある。そしてこの顔は終末の時間そのものがいつまでも持続してくれるよう願う、絶望的な祈りとともに作動する。それも、敵対する者《アンティケイメノス》が蔓延しつづけるのをゆるすためでもなければ、帝国が増長したり教会が霊的な権威の独占を表明したりするのをゆるすためでもなく、神のことばに耳を傾けることへとみずからを解き放つためであり、頑固で言うことを聞こうとしない者たちが真理への愛を受け入れるようにするためである。そしてこの展望のもとでは教会自身もカテコーン的存在として姿を現わすこととなる——と、こうカッチャーリはとらえるのだった。

4

カテコーンという形象がいかに複雑で問題含みの存在であるかを以上のように述べたのち、カッチャーリはカテコーンの抑止力の除去後に顕在化するとされる**敵対する者**《アンティケイメノス》の支配の実態について、ここでもまた政治神学一般にかかわる問題に関連づけて論じて、万人をみずからのうちに収容していた帝国が爆砕したあとに出現するのは、アナーキーではなく、それ自体がひとつの新しいノモスなのだと言う。そしてその**敵対する者**《アンティケイメノス》のノモスのもとで、それなりにひとつの社会、ニーチェが「最後の人間たち」と呼ぶこととなる反キリストたちからなる社会が確立されるのだと言う。ひいては、ここでも、**敵対する者**《アンティケイメノス》と「最後の人間たち」にあいだには代表するものと代表されるものとの関係が成立している、と。

ただし、カッチャーリによると、代表という観念はここではカテコーンにたいして真逆なかたちで作用するのだった。**敵対する者**《アンティケイメノス》が「最後の人間たち」の身体とエネルギーを代表するのは、彼らにおよそ代表する者一般からの自由を説くことによってなのだ。**敵対する者**《アンティケイメノス》は《あらゆる代表可能性を脱構築しながら代表する》のである。カッチャーリは解説している。

> 彼〔敵対する者《アンティケイメノス》〕は最後の人間の収容しえない諸力、ひいては代表しえない諸力を「代表」する。だが、そのことによって、あらゆる超越者も、それどころか、人間が脱存的存在であるのは**自己を超越する**能力をもっているかぎりにおいてのことであるという観念そのもの

が、表象しえないものに転化する。〔中略〕そのときには、最後の人間のエネルギーを前にしてメシア的時間は尽きてしまう。そこには目的／終末も存在しなければ、自分の個人的な欲望の充足がつねに反復されるのではないかという期待以外には期待も存在しない。〔中略〕それゆえ、最後の人間は彼の歓待されざる個人性のうちにあって、考えうるかぎりのもっとも依存的な存在でもある。欲望の生産と再生産が確保する「普遍的な」体系に依存した存在なのだ。最後の人間は、あらゆる意味において、みずからの網のなかでのみ生きている。敵対する者《アンティケイメノス》の権力の網にひっかかって、そこから起ちあがれないままに生きているのだ。彼の時代は——それを彼は歴史だけでなく「人間」という種そのものが役目を終えた時代であると言い張っているのだが——、まさしく十字架の印しとの隠喩的な相違のうちにあって、そのラディカルな反キリスト教性のうちにあって、網の時代である。

さらには、《敵対する者《アンティケイメノス》の網のなかでは、あらゆる関係は計算可能なものとしてあらわれる。そして計算に還元されえないものはたんに無／非なる存在（ni-ente）でしかない。そのような網に最後の人間が「確保」されたなら、敵対する者《アンティケイメノス》は〔中略〕プラキドゥスという名前を受け取ることとなる》と。「プラキドゥス」、すなわち、もろもろの価値の葛藤には君主然とした無関心な態度をとって、いっさいを経済的意義に還元し、ひとは自分の利益の充足に関係のあるものだけに責任を負うのであり、それを超えたものにはなにものにも責任がなく、この地平のかなたに存在するものにかんしてはいっさいに無実であるとおもうことが「最後の人間たち」の則るべき格率であると命じる、まさしく「背教者」と称されるにふさわしい存在である。

5

このあと、カッチャーリは問題をふたたび歴史的コンテクストのなかに置きなおす。そしてアウグスティヌスとダンテという、一般には両極端の位置にあると目されている二人の人物の歴史哲学を比較した結果、両者ともにそれぞれの置かれた具体的状況にたいして「現実主義」的な態度をとっていることに注目して、この点に対立物の一致のひとつの典型的事例を見てとる。また、政治的権力をパウロが「ローマ人への手紙」のなかで弾劾した不寛容の罪への治療薬であるとみている点でも、両者のまなざしは似ていることに注意をうながす。

そのうえで、「だが」と言葉を接いで、《歴史的な展望を最終的な決断の瞬間に縮約してとらえるアポカリプス的な知性にとっては、帝国の時間だけでなく、カテコーンの時間も、反キリストの全面的な顕現と混同されることとなってしまいかねない》と指摘するとともに、このようなアポカリプス的知性が人びとのうちに吹き込まれた場合の、これまた典型的な一事例として、ドストエフスキーが『カラマーゾフの兄弟』のなかで語っている「大審問官の伝説」を取り上げる。そしてその伝説が放つ《青白い光》の意味するところを解き明かしていった結果、そこに《もろもろのカテコーン的な形態の歴史の最後の子午線》が表象されているのを突き止める。

それというのも、カッチャーリの解釈によると、大審問官が体現しているのは《人民と反キリストのあいだのあらゆる媒介をいまや破壊してしまったカテコーン――したがって、あらゆるノモスを壊滅させようと志向する完全な革命家として客観的に作動するカテコーン》である。ひいては、《「完成された」カテコーン的な運命、すなわち、カテコーンの本源的な意味をみずからのなかで乗りこえてしまったカテコーン的な運命》のみが、唯一の追求可能な目的として大審問官の前には立ち現われている。だが、「完成された」カテコーンというのは、とりもなおさず、カテコーンであることをやめてしまうカテコーンにほかならない。要するに、大審問官とは《終末《エスカトン》の無意識的な形象》、すなわち、カテコーン的エネルギーがすでに使い尽くされてしまったことを自身の発する言葉自体が示しているにもかかわらず、そのエネルギーをなおも所有しているものと思い込んでいる《遅れた形象》でしかないというわけである。

それでは、大審問官の言葉が示していたように、カテコーンがその力を使い尽くしてしまい、もろもろの地上的ないし霊的権力が反キリストの衝動をみずからのうちに収容するという犠牲を払ってももはや抑制できなくなってしまったときには、何が起こるのだろうか。エピメーテウスの時代の到来。これがカッチャーリの答えである。カッチャーリは、カテコーンなる存在が作動させていた不法の蔓延を抑止する力を指して、それをティタン族に属するプロメーテウスのものであったと受け止める。そしてそのプロメーテウス的なカテコーン的秩序が危機に直面したとき、そのときにはプロメーテウスの弟エピメーテウスが登場して大々的な復讐をはたすこととなるとみるのである。

エピメーテウスの時代――それは、カッチャーリの説明によると、休戦もなければ、いわんや講和もないまま、危機から危機へと間断なく移行がなされていく、永続的な危機の時代である。そこでは、さきにも見たプラキドゥスの王国が出現するのだが、その王国の主権者は解消しがたく多頭的な相貌をしている。そして意味あるあらゆる問題は技術的＝行政的な形態で表明されなければならず、技術的＝行政的な装置の力をつうじてのみ解決可能なものとなりうるという事実への揺るぎなき信頼に支えられた、その主権の構成員たちに共通する世界観は、構成員相互のあいだの抗争を緩和するどころか、たえずそれを激化させようとするのだった。

しかも、カッチャーリの診断では、まさにそのようなエピメーテウスの時代こそは、今日のヨーロッパが迎えている時代にほかならない。《プロメーテウスは引退してしまった。あるいはふたたび岩壁に縛りつけられてしまった。そしてエピメーテウスがわたしたちの地球を徘徊してはパンドラの壺の蓋をつぎつぎに開けて回っている》。こうカッチャーリは少し前まではカテコーンによって辛くも保障されていた安全を奪い去られてしまった現代世界の状況を描写して考察の全体を締めくくっている。

これはまたなんともペシミスティックというほかない時代診断ではある。そしてカッチャーリによる以上のようなカテコーン解釈については、刊行直後からさまざまな疑問や批判があったことも事実である。なかでも、カッチャーリよりも一世代若い哲学者のロベルト・エスポジトは、政治的なものは本源的に神学的なものに根ざしており、また神学的なものは本源的に政治的なものに根ざしているという、カッチャーリの論述全体の出発点をなしている問題設定そのものにたいして、このような問題の立て方はカッチャーリがその内部にみずからを置きつつ分析している神学的にして政治的な機械《マシーン》自体のもたらした、あくまでもひとつの《視覚的効果》ではないのか、という疑義を呈している。つまりは錯視の所産ではないのかというわけである (cf. Roberto Esposito, "Teologia e Politica. Se la religione si sporca col potere," *Repubblica*, 27 febbraio 2013)。

あるいはエスポジトの指摘するとおりかもしれない。しかし、たとえ錯視の所産であったとしても、カッチャーリが本書において提示しているカテコーン解釈が政治の成り立ちと行く末を考えるうえで多くの示唆をあたえてくれることに変わりはないのではないか、とおもわれる。

III

今年（二〇一二年）は一九七二年五月十五日に沖縄の「祖国復帰」が実現して四十年になる。その節目の時期に『図書新聞』二〇一二年六月三十日号で組まれた沖縄特集《「復帰」40年の現在《いま》》に寄せたエッセイ「グラフト国家の内破へ」で、仲里効が『展望』一九七〇年十二月号に掲載された吉本隆明の「南島論――家族・親族・国家の論理」を読んで受けた衝撃のことに言及している。

吉本の「南島論」は、一九七〇年九月三日と十日の二日間東京の紀伊國屋ホールでおこなわれた筑摩総合大学公開講座での講演である。それが同年の『展望』十二月号に掲載されたのち、一九七二年十二月に弓立社から刊行された吉本隆明講演集『敗北の構造』に収録されたのだったが、そのなかで吉本は国家が従前の氏族ないし部族共同体を統合してひとつの民族的統一国家として成立する場合にとる形態として「グラフト国家」という形態がありうるのではないか、と述べている。グラフトとは「接ぎ木」のことである。木が生えているところを削って、別種の木をゆわえておくと、そこから出てきた木のほうが本筋みたいになってしまうことがある。このような「接ぎ木」が国家の場合にも可能だというのである。

そして日本における天皇制権力の種族的出自に触れて、現在はまだ断定できない段階にあるとしながらも、天皇制の種族が横あいからいきなり日本列島にやって来た勢力であって、これがグラフト＝「接ぎ木」の形態をとってそれ以前から存在していた氏族的ないし親族的な共同体を掌握し、政治的な統一をやり遂げたというのは理論的にはまったく可能なことと言えるのではないか、との推理をおこなっている。

時あたかも、沖縄では、施政権の日本への返還を約束した一九六九年の日米共同声明路線に「祖国復帰」運動が取り込まれる一方で、この路線がじつは沖縄の日本国家への〈再併合〉＝「第三の琉球処分」にほかならないのではないかとの声も「反復帰」論者たちからは上がりつつあった。そういう情勢下で、吉本の「グラフト国家」論は《情況の核心を衝く生々しいリアリティをもって私たちの前に指し示された》と仲里は言うのだった。

じっさいにも、『敗北の構造』には、「南島論」のほかにも同じく一九七〇年の五月十六日に学習院大学土曜講座で吉本がおこなった講演「宗教としての天皇制」が収録されている。天皇制の宗教としての側面の基本構造を解明することこそが依然として重要な課題であると主張した講演であるが、そのなかで吉本は《今のところ、この課題にもっとも近くにあるのは、日本の南の方、つまり琉球、沖縄なんです》とことわったうえで、とりわけ沖縄での「祖国復帰」運動の推進者たちを激しく弾劾している。彼らが天皇制統一国家中心に描かれてきた本土の歴史を根底から突き崩すだけの問題意識をひっさげて、本土と一体になるのだったら、それなりの意味があるかもしれないが、そういうことを抜きにして本土に復帰したってどうってことはない、というのだ。このことを吉本は「行くも地獄、帰るも地獄」とも形容している。

この吉本の発言からは、六〇年安保闘争時「擬制の終焉」によってわたしの脳髄をいたく刺激した彼の舌鋒が七〇年安保闘争時にも健在であったことがあらためて確認される。と同時に、その舌鋒が産み落とした「グラフト国家」という、警抜でありながら本土の吉本ファンや研究者のあいだではほとんど顧みられることのなかった概念が、沖縄では七〇年前後の時期、「祖国復帰」の大合唱に抗して日本国家からの自立の道を模索しつつあった仲里のような一部の尖鋭な青年たちに衝撃をもって迎えられ、かけがえのない思想資源となっていたことに驚きを禁じえない。ちなみに、仲里は七〇年当時、法政大学への留学生で、「沖縄青年委員会」(翌年「沖縄青年同盟」と改称)の指導的メンバーのひとりであった。

その仲里は、吉本が「南島論」で提起した「グラフト国家」としての天皇制を沖縄・南島の存在によって突き崩していくという課題への沖縄側からの積極的な応答のひとつを『新沖縄文学』一九八一年六月号に発表された川満信一の「琉球共和社会憲法C私(試)案」に見ている。

その一方で、仲里自身はどうかとみれば、彼は川満の構想を受け継ぎつつも、南大東島出身というみずからの出自に由来する独特の時空認識を活かしてであろう、たとえば二〇〇九年五月十六日におこなわれた《琉球処分一三〇年・アイヌモシリ併合一四〇年・「日本復帰」三七年を問う沖縄集会》の基調講演では沖縄・台湾・済州島を横断する「群島状〈間-主体〉」の創出を提案している(『情況』二〇〇九年八・九月合併号に掲載)。国家主権を脱領土化し、〈あいだ〉を生命とする、こうした政治的共同性の新たな時空を発明することなしには、「グラフト国家」の併合の論理に回収されてしまうほかないというのだ。

そういえば、仲里は彼が編集長をつとめる雑誌『EDGE』創刊号（一九九六年春）の巻頭言でもすでに沖縄を《日本とアジアのエッジ》と規定し、《ここは近代が通過し、伸縮する波打ち際。そして現代という力の流れを「間‐主体」として織り上げる》と宣言していたのだった。

転生しつつ交差する〈眼差しの政治〉

沖縄写真家シリーズ『琉球烈像』（未來社）全九巻完結によせて

二〇〇二年七月のことである。沖縄県が「復帰三十年」を記念して開催した東松照明展「沖縄マンダラ」と連動して、写真家でもある那覇在住の批評家・仲里効がディレクターとなって、東松照明とつながりのあった沖縄とヤマトの写真家たちに若手も加わった「琉球烈像――フォトネシア／光の記憶・時の果実」展が開かれるというので、炎暑の那覇を訪れた。じつに刺激的な写真展だった。なかでもわたしには、伝説の写真集『熱き日々inキャンプハンセン』（一九八二年）をジョイントで制作したことで知られる比嘉豊光と石川真生が二人して米軍基地界隈の接触領域に取材したおびただしい数のモノクロームの写真群に両サイドを固められて、特設コーナーの中央に、『PROVOKE』時代（一九六八―七〇年）に「アレ・ブレ」写真によって日本の写真界を震撼させた中平卓馬が一九七〇年代半ばに吐噶喇列島で撮ったという、まるで「植物図鑑」を想わせる、数葉のこのうえなく透明度の高いカラー写真が鎮座しているのが印象的であった。

このたび完結した仲里効と倉石信乃の監修になる未來社刊の沖縄写真家シリーズ『琉球烈像』（二〇一〇―一二年）は、シリーズ名そのものからもうかがえるように、十年前に那覇で催された琉球烈像展の延長線上にあるとみてまず間違いはない。全九巻のうち、第1巻から第6巻までに収められている沖縄の写真家六名――山田實、比嘉康雄、伊志嶺隆、大城弘明、石川真生、嘉納辰彦――は、いずれも十年前の琉球烈像展にも出品している。一方、ヤマト側からは、中平卓馬にくわえて、東松照明と森口豁が選ばれている。

比嘉豊光の名が見えないのが寂しい。しかし、全体としてはとてもよく練られた企画であるとおもう。とりわけ刮目させられたのは、「復帰」後四十年の歳月が経過するなかで、沖縄とヤマト双方の写真家たちがそれぞれ多かれ少なかれ深刻な転生を経験しつつ、相互に交差し絡まり合って繰りひろげていった〈眼差しの政治〉の実相が目も鮮やかに映し出されていることである。

沖縄は長きにわたってほとんどもっぱら外部から眼差される存在であった。その沖縄を沖縄の写真家たちが内部からみずから眼差し返す主体に転換しだしたのは、日本への施政権返還が日程に上りつつあった一九六九年ごろからではなかっただろうか。彼らは吹き荒れる時代の嵐のなかで米軍基地反対闘争の現場に足を運び、シャッターを押しつづけた。

だが、「復帰」の実現とともに、沖縄の写真家たちには自分たちがとってきた「沖縄問題的な視点」からのアプローチへの懐疑の念が頭をもたげ始める。そしてそれぞれに転生を経て、新たな眼差しを獲得していくこととなる。

たとえば、「復帰」前夜の激動期に全軍労（全沖縄軍労働組合）の活動を追いかけながら、琉球大学や沖縄大学の写真部に呼びかけて写真集団「ざこ」を起ちあげ、一九七二年「復帰」の年に開催された「沖展」の会場で「沖展権威主義」を激しく糾弾するビラを撒いた伊志嶺隆。この一件で東松照明に注目されて日本の写真史にその名を印すこととなった伊志嶺も、「復帰」後は方向性を見失って、失意のうちにいったん写真界から離れる。そして八〇年代も後半になってようやく写真制作を再開して西表島に取材し、一九八八年に東京で開催した個展「光と陰の島」からうかがえるものは何であったかといえば、それはその島でかつて活況を呈していた炭鉱の廃墟に重ね合わせられた冥府でもあれば常世でもある「ニライカナイ」のイメージにほかならないのだった。

しかも、伊志嶺が西表炭鉱の廃墟のうちに幻視する「ニライカナイ」は、「受視」に徹したところから久高島の〈おんな・神・まつり〉の世界の記録に努めた比嘉康雄の写真と共振しながらも相違して、――友寄寛子も今回のシリーズによせた解説で指摘しているように――たぶんに「文学的なもの」であり、自分が見た風景をとおして彼自身のなかで形成された物語と称してよいものであった。

あるいは「地図にない村」の大城弘明。大城も「復帰」前夜、伊志嶺の呼びかけに応じて結成された「ざこ」の熱気にあおられつつ、琉球大学写真部の一員として「コザ騒動」などを撮っていたのだったが、伊志嶺同様、「復帰」の日を失意とともに迎える。そして敗北を噛みしめながら、沖縄戦の破壊を産褥にして生まれ、十五年の短い命で地図から消えた、「三和」という自分の生まれ故郷でのイクサを追尋する旅に出かけ、「終わらない沖縄戦」の「記憶の測量士」（仲里効）へと生まれ変わっていくのである。そこには西表炭鉱の廃墟から「ニライカナイ」の幻像を造形した伊志嶺とはまた趣を異にする転生のかたちがうかがえると言ってよい。

その一方で、ヤマトの側でも、とりわけ中平卓馬の場合には、沖縄が転生の決定的な磁場となっている。

沖縄返還協定の国会批准を一週間後に控えた一九七一年十一月十日、沖縄全土で決行されたゼネストの最中、那覇でひとりの警官がデモ隊の投げた火炎瓶で火だるまになって死亡し、翌日の『読売新聞』朝刊に掲載されたフリー・カメラマン撮影による二枚の「警官殺害現場」写真を唯一の「証拠」として、ヤマトからやってきたひとりの青年が逮捕されるという事件が起きる。

裁判の過程で、弁護側の証人たちは、写っているのは検察側が主張するように火に包まれた警察官を足蹴にしているシーンではなく、火炎のなかから救い出うとしているシーンだと証言する。結局、青年は一審では殺人罪は斥けられたものの傷害致死で有罪、二審でようやく逆転無罪となるのだが、中平はこの事件に際会して、いわゆる報道写真のドキュメンタリー性にはどのような暴力が潜んでおり、それが発動されるとき、どのような不幸を人びとにもたらすことになるのかを、いまさらのようにまざまざと痛感させられる。そしていったんは写真を撮ること自体を放棄したのち、あらためて一眼レフならぬ「肉眼レフ」からの出発をとげていくのだった。

このようにして沖縄とヤマト双方の写真家たちの視線が交差して浸透しあい衝突しあうさまをわたしたちは今回のシリーズから手に取るようにうかがい知ることができるのである。

最後に一言。今回の写真集の第1巻に配されている山田實は「沖展」の会員であり審査委員であった。そのため、山田の写真には、伊志嶺の起ちあげた「ざこ」の流れを汲む写真家の一部からいまだに「サロンピクチャー」とか「沖展的権威の象徴」といったレッテルが貼られているようである。しかし、そういったレッテル貼りがいかに浅はかで、山田の写真に秘められた真実をとらえ損なったものであるかを、仲里は同巻によせた解説「ゼロに萌える――無名への愛と鎮魂の詩学」で明らかにしている。書き添えておきたい。

ヤンバルの森の拡がる沖縄県北部の国頭村《くにがみそん》と東村《ひがしそん》一帯には、米軍が一九五七年に強制接収して以来使用してきた訓練場がある。正式名称は「ジャングル戦闘訓練センター」(Jungle Warfare Training Center)。その名の示すとおり、広大な敷地内では対ゲリラ戦に備えた歩兵訓練やヘリコプター訓練がおこなわれていて、二十二箇所のヘリパッド(ヘリコプター着陸帯)が設置されている。

一九九六年十二月、その北部訓練場の約半分が返還されることが「沖縄に関する特別行動委員会」(SACO)の最終報告で日米政府間の「合意」として発表された。ただし、返還にあたっては、返還する敷地内にあるヘリパッドを残る敷地に「移設」することが条件とされた。そして移設先としては東村北東部に位置する住民一六〇名の集落、高江を取り囲む演習林があてられるとのことであった。そこにはオスプレイがやってくることもこの時点ですでに予定されていたという。

高江ではただちに移設に反対する区民総決起大会を開き、翌一九九七年には区民総会で反対決議を全会一致で採択。その後数年間は表立った動きはなかったが、二〇〇六年二月、突然、「ヘリパッド六箇所の移設計画が決定した」との新聞報道。そして一年半後の二〇〇七年七月二日にはついに工事車両が高江にやってくる。

高江の住民らはその日から建設予定地への工事車両の進入路で「座り込み」を開始。八月には「ヘリパッドいらない住民の会」を結成し、「座り込み」戦術を強化・続行する。

すると国のほうでは住民らの執拗な抵抗に業を煮やしたのか、二〇〇八年十一月、沖縄防衛局をつうじて、住民ら十五名にたいする通行妨害禁止の仮処分を那覇地裁に申し立てるという挙に出る。なかには現場に行ったこともない七歳の少女もふくまれており、さすがにこの少女については直後に申立てが取り下げられた。

那覇地裁では仮処分事案としては異例の時間をかけ、一年間にわたって計五回の審尋をおこなったのち、二〇〇九年十二月、住民ら十四名のうち十二名については国の申立てを却下するも、「住民の会」の共同代表二名にたいして通行妨害禁止の仮処分を決定する。

この決定を住民側は不服としたため、国は本訴訟を提起。二〇一二年三月、那覇地裁は被告二名のうち伊佐真次に工事用車両の通行を妨害しないよう命じる判決を下し、安次嶺現達については国側の請求を棄却した。

裁判の過程で被告側弁護団はこの訴訟をスラップ訴訟だと主張する。スラップ（SLAPP: Strategic Lawsuit Against Public Participation）、すなわち「市民の公的参加を阻害するための戦略的な訴訟」である。政府・自治体や大企業など社会的強者が市民の反対運動を萎縮させるために起こす恫喝的訴訟であるということで、米国では多くの州で禁止措置が講じられている。ところが、那覇地裁では《反対運動を萎縮させることを目的に訴訟が提起されたとは認めがたい》として、弁護団側の主張を退けている。

このヘリパッド移設に反対する高江住民たちの闘いを二〇〇六年から密着取材してきた琉球朝日放送の三上智恵ディレクターとそのスタッフによるドキュメンタリー『標的の村——国に訴えられた東村・高江の住民たち』の劇場映画版（二〇一三年）をポレポレ東中野で観る機会があった。二〇一二年九月と十二月の二度にわたってテレビで放送したのち、劇場用に映画化したものという。米軍による戦闘訓練で「標的」に見立てられながら生活するとはどういうことかについて、深く考えさせられるフィルムだ。

なかでも衝撃的だったのは、ヴェトナム戦争さなかの一九六四年、北部訓練場に作られた「ベトナム村」に高江集落の人びとが徴用されて南ヴェトナムの村民に扮装させられ、対ゲリラ戦訓練が実施されたという事実が紹介されていたことである。

映画のなかでナレーターも引き受けている三上の解説によると、この事実自体は当時すでに沖縄人民党の機関紙『人民』が一九六四年九月九日付けの記事で報じていたという。しかし、わたしには初めて耳にし目にした事実であり、受けたショックには言いしれぬものがあった。

また映画は、二〇一二年七月に岩国基地に陸揚げされたオスプレイの普天間基地への移転を前にして、九月二十八日から三十日にかけて、普天間基地のゲート前に座り込んで基地を完全封鎖した市民たちと、これを強行排除しようとする沖縄県警機動隊とのあいだで繰りひろげられた、修羅場さながらの闘いの様子も克明に伝えている。これも、今回映画を観るまでは知らなかった事実である。

三上が二〇一三年八月にドキュメンタリー雑誌『neoneo』編集部から受けたインタヴューで答えているところによると、《やられている側以外に沖縄の放送局が立つ場所がありますか》とのことであった。このように報道の「公正中立」原則をあえて破り、終始一貫して反対派住民の目線からカメラが回されつづけているのも、印象に残った。

なお、高江ヘリパッド訴訟の被告、伊佐真次は一審判決を不服としてただちに控訴するも、福岡高裁那覇支部は二〇一三年六月に控訴を棄却。伊佐のほうでは最高裁に上告し、裁判は現在も進行中である。

川満信一さんへ　「琉球共和社会憲法C私（試）案」をめぐって

川満信一さん

このたび川満さんの「琉球共和社会憲法私（試）案」の潜勢力について考える論集を編むことになったので、上村さんにもぜひ一筆お願いしたい、との依頼が仲里効さんからありました。

そこでさっそく、川満さんが『新沖縄文学』四八号（一九八一年六月）に発表なさった「琉球共和社会憲法C私（試）案」を『沖縄・自立と共生の思想――「未来の縄文」へ架ける橋』（海風社、一九八七年）に収録されているテクストで読み返してみました。そして読み返してみて、まず第一条で基本理念として「国家の廃絶」が高らかに宣言されたのにつづいて、同じく第一条で、本憲法が共和社会人民に保証し確定するのは《万物に対する慈悲の原理に依り、互恵互助の制度を不断に創造する行為のみである》と謳われているのが、あらためて目を惹きました。

ここで言われている「慈悲の原理」に関連しては、第三条でも《慈悲の戒律は不立文字であり、自らの破戒は自ら裁かなければならない。法廷は人民個々の心の中に設ける。母なるダルマ、父なるダルマに不断に聴き、慈悲の戒律によって、社会および他人との関係を正さなければならない》という命法があたえられていますが、ここからは、川満さんが沖縄の「祖国復帰」前後から可能性を探ってこられた「共生の思想」が仏教の教えのうちにひとつの落着点を見出しているのを確認することができます。目を惹いた理由です。

と申しますのも、川満さんにおける「共生の思想」の可能性を探し求めての思索の旅は、川満さんが谷川健一さんの編集になる木耳社刊の『叢書・わが沖縄』の第六巻『沖縄の思想』（一九七〇年）に寄せられた論考「沖縄における天皇制思想」で、天皇という存在の起源を「豊穣」の祈念にもとづく「祭」と「政」の古代共同体的な融和のうちに見さだめるとともに、こうした起源をもつ天皇制のイデオロギーを受容し、自分たちの生活原理のなかに包摂していく素地が沖縄の民衆のうちにもたしかにあったと指摘なさったとき、すでに胎動していたのではないか、とわたしはみています。そこでは、《「豊穣」への祈念に基づくナショナリズムは、それ自体決して不健全ではないし、かつて人々が天皇制に吸引されたときに抱いた「祭」と「政」の融和による古代共同体的幻想もそれ自体なんら悪ではない。ただそれが資本主義の悪と結びつけられ、民衆に対する搾取と抑圧へ矢印を逆に向けたとき、最大の悪となったのである》としたうえで、「ということは」と言葉を接いで、《民衆の純粋なナショナリズムや幻想の持つ巨大なエネルギーを、資本の論理に収斂させず、その矢印の逆向きをはねかえす民衆の自立の根の深化を押し進めることによって国家廃滅にまでいきつこうとするのが思想の闘いとなるだろう》との展望が提示されてもいましたよね。

そしてこのような展望のもと、沖縄の「祖国復帰」の直前に『中央公論』一九七二年五月号に発表なさった論考「沖縄祖国復帰の意味」では、川満さんと同じ宮古島出身で当時イリノイ大学の労働・労使関係研究所に勤務していた平恒次さんが同誌一九七二年二月号に寄せた論考「人間、国家、ナショナリズム」のなかで、日本国憲法の理念に期待しようとする動きが沖縄の内部から出てきていることについて、これを「沖縄の憲法ナショナリズム」として歓迎しているのを問題視して、そのような規定は《これまでの沖縄において日本国家が政治的に意識されたものであるという限りにおいて妥当な規定であるが、民衆の内部に抑圧されたままになっているナショナリズムの内実からすれば規定の妥当性を欠いている》と批判なさったうえで、天皇制を成立させていった民衆の情念の深部には《「共働・共生」を求めあう全体への帰一の志向》が力強く働いており、これが沖縄の「島的共同社会」の特質をなしているとして、そうした沖縄民衆の共同幻想とそのエネルギーを《当為としての共同体創造》へと方向づけうる可能性の有無が探られてよいのではないか、と述べておられました。

さらに、つづいて『中央公論』一九七二年六月号に発表なさった「民衆論——アジア的共生志向の模索」では、日本国家と琉球／沖縄の関係について語るさい、そこに「アジア」というイメージ空間の広がりを媒介させてみたなら、そこからは新たな思考の転回軸がつかめるのではないか、との問題提起をなさっておられます。これは、川満さん自身もおっしゃっているように、まことに《冒険的な問題提起》と言うほかありません。しかしまた、じつに刺激的で魅力的な問題提起でもありました。

ただ、この段階では、肝腎の「アジア」について、川満さんはまだ明確な概念規定をあたえて論理化しうるところまでいたっておられなかったようですね。「アジア」について語るためには、そもそも「アジア」とは地理空間的にどこからどこまでを指すのか、あるいは文化的空間として考えるならばその同質性や異質性においてどうとらえられるのか、なぜ「アジア」であり、ヨーロッパやその他ではないのか、といったさまざまな概念規定を明確にすることが先決であるとされながら、それらの点についての概念規定はついにあたえられることがありませんでした。

それがどうでしょう。おそらくは一九七〇年代も後半に入ってからではないかと推測しますが、川満さんはしだいに仏教に魅了されていかれたようですね。そして「アジア」を大まかにいって仏教圏と等置なさり、このことをもって「アジア」という呼称にようやく明確な概念規定をあたえることができたものと了解なさっておられるように見受けられます。

じっさいにも、川満さんが一九七八年、それまで書いてこられた一連の評論をまとめて『沖縄・根からの問い――共生への渇望』と題する本を泰流社から世に問われたさい、新たに書き下ろして同書の最後に配された「共同体論――可能性への模索」には、舞台へと飛び出した奴は、大方まちがいなく、「世界をその手で創れ！／地獄をくつがえして楽園を！／迷妄の残滓を止揚して英智を！／此処におまえの道がある！」と叫ぶが、一方では、「そのセリフや身振りも、現実という舞台上の虚々実々ではないか」と言う《寒々とした超自我的な声》の持ち主もいて、《いったい、なにが真実なのかは、あるいは人々の心奥に二千年余もうづくまり続けて、ひたすら無為の有為を生き続けている悟性の菩薩の、途轍もない思惟の時空でしか見透かされないのかも知れぬ》とあります。そして仏教学者の玉城康四郎さんが『中央公論』一九七三年十月号に寄せられた「東洋思想からの発題」の一節を引いたうえで、そこで解説されている仏教における時空間のとらえ方はたしかに《めまいを誘う》が、《しかし、それは今日、われわれをとりまく進歩主義の政治、社会思想が、ともすればおち入りがちな、性急で狭隘な観念のトリックの中毒症状に対する得難い清涼剤ではないのか》とも述べておられます。

また、川満さんが一九七九年八月三日に沖縄経済自立研究会のサマースクールでお話しになった講演に加筆と削除をほどこして『新沖縄文学』四四号（一九八〇年三月）に掲載なさった「沖縄・自立と共生の思想」では、《人間の深層には宇宙的構造があり、宇宙の生理としての神話的な広がりにおける関係の論理を想定しないと存在の深層は解けないのではないか、ということを仏教の思想は語っているように思える》としたうえで、仏教の諸宗派のなかでもとりわけ唯識学派の思想に着目され、——たぶん中期大乗経典のひとつで唯識思想を体系化したとされる『解《げ》深《じん》密教』の「一切法相品」における解説を参照なさったのでしょう——存在が「識の転変」にともなってどのように心に立ち現われるかを《遍計所執性《ヘンゲショシュウショウ》を離脱し／依他起性《エタキショウ》に目覚め／然して、円成実性《エンジョウジッショウ》を得度す》というように概括しておられます。

川満さんのご説明によると、「遍計所執性」というのは、あくまでも自己中心的な視点に立ったところから世界を対象化してとらえようとする人間一般に通有の認識様式のことであり、「依他起性」というのは、世界を構成することどもはすべて依存関係、つまりは「縁起」によって成り立っているとする見方のことでしたね。このような意味での「遍計所執性」を離脱して「依他起性」に目覚めるとき、そこからは「円成実性」が得度される、つまりは悟りの境地が開かれるというのが、川満さんのご理解のようでした。このようなご理解に立って、川満さんはなかでも「依他起性」に目覚めることの意義を力説なさっています。そして川満さんのおっしゃる「共生の思想」の創造的な実践とは《個人におけるこのような認識を社会的認識として実現することにほかならない》と説明なさっていますが、この言葉は、つづいて川満さんが、二世紀に生まれたインド仏教の僧、ナーガールジュナ（龍樹）が「六十頌如理論」の「救済法としての生滅を説く」のなかで《依存関係によって生起するものは生起と消滅を離れていると知るにいたるならば、彼らは、謬見が生み出した生死（輪廻）の海を〔空性を見る大船によってかならず〕渡るであろう》と述べているのを引用なさったうえで、そこでナーガールジュナが説こうとしたのは《人間の内部宇宙には、意識を越えた意識領域というか、時間も空間も超越した、いわゆる「ブラック・ホール」があって、直観によって、自らの内部宇宙のブラック・ホールに跳びこんだとき、現象としての世界は「幻夢」としての本質をあらわにし、生や死の境域を超越した宇宙生理（縁起）の法則性そのものとして同化（無化）することが可能だ》ということではなかったのか、と受け止めておられたこととならんで、印象に残っています。

　川満さんが「琉球共和社会憲法C私（試）案」において「慈悲の原理」ないし「慈悲の戒律」をその憲法の根本原理として設定なさったとき、その「慈悲」という言葉のうちに川満さんはいまわたしがたどり直させていただいたような仏教の教えについての川満さんのご理解を集約したうってつけの表現を見てとられたものとわたしは受け止めましたが、この受け止め方にまちがいはございませんでしょうか。ちなみに、「慈悲」という仏教の観念については中村元さんが一九五六年に平楽寺書店からお出しになった『慈悲』のなかでくわしく解説なさっています。川満さんが「慈悲の原理」を「琉球共和社会憲法C私（試）案」の根本に据えるにあたっては中村さんの本も参照なさったものと推察されますが、どうだったのでしょう。

＊＊＊

さて、しかしながら川満さん。川満さんが沖縄の「祖国復帰」前後から可能性を探ってこられた「共生の思想」が「琉球共和社会憲法C私（試）案」にいたって仏教の教えのうちにひとつの落着点を見出したのだとして、そのときにはどうなのでしょう。はたしてその落着点は川満さんが「共生の思想」の可能性を求めての思索の旅に乗り出された当初にめざしていらっしゃったものだったのでしょうか。

川満さんの最初の評論集『沖縄・根からの問い』のタイトルを借りるなら、まさに「根からの問い」ということこそは川満さんの批評活動を当初から規定し賦活してきた基本的な姿勢だったのではありませんか。そしてその場合の「根」とは――すでに「沖縄における天皇制思想」で明言していらっしゃったように――「民衆」の謂いにほかなりませんでした。知識人と称される者たちも、もとはといえば民衆をみずからの「根」としてそこから生い育ってきたのだった。そうであってみれば、それ自体率先して《凄まじいばかりの国家求心志向を押し進めてきた》戦後沖縄の復帰運動から自分たちを解き放ち、吉本隆明のいう「自立の思想的拠点」を築き上げるには、個々の知識人がそれぞれに内在させている民衆的な「自立の根」を深化させていくことによって、目前にのしかかってきた日本国家の国家目的にねじふせられることのないよう全力を傾けていくしかない——というのが、川満さんがそもそも批評活動に乗り出されるにあたっての出発点における川満さんの覚悟でした。そして知識人のこのような民衆的な「自立の根」の深化に向けての努力を川満さんは沖縄の島的な小共同体に生きる人びとが古代から営んできた「共働・共生」的生き方に即しながら推進していこうとなさったのだ、とわたしは了解しています。

そうであったとしたなら、どうでしょう。川満さんがみずから解こうとなさっていた課題は琉球弧を形成する島々の小共同体において古代から脈々と受け継がれてきたと川満さんのとらえていらっしゃる民俗的な祖霊信仰のありかたを見極めることであったとして、十三、四世紀ごろに琉球に伝来したといわれる仏教のほうは島的共同体を形成する民衆の固有信仰にあくまでも上から付加されたものであって、民衆的な「根」から自生したものではないのではないでしょうか。かりに琉球弧に生きる人びとの祖霊信仰には仏教の教えと親和的な要素が少なからず存在したとしてもです。

川満さんは「民衆論」において《アジア的共生志向》なるものの模索に乗り出されるにあたって、冒頭で《わたしが「アジア」と呼ぶとき、そこにわたし自身の体臭を嗅ぎ、ある同和的な状態へ溶解していく個としての自分のありかたに当惑する》と打ち明けるとともに、その「当惑」の原因は《近代主義に基づく個体優位の論理しか語ってくれなかった戦後の思想状況のなかで、自らもまた個体優位の発想において世界を対象化しようとしてきたことにあるようだ》と自己分析なさっています。そのうえで、この「当惑」をみずからうち払うかのようにして、「人間の本質は社会的諸関係の総体」であるというマルクスの規定を《支配される側の論理においてアクティヴな契機へ連結していく認識》の必要性を説いておられます。いわく、《わたしたちの労働がなんらの疎外もなく全体へ合一し、個が全体を生きるということが人間の本質的解放として規定されるとすれば、戦後社会に繁殖した個体主義に対して、いまあらたな視点から全体主義あるいは〝民衆総体主義〟の論理を提起することが、思想上の緊要な課題ではないかと考える》。《もはや生死の問題さえ個人性を越えてある、という状況認識が、沖縄の島的共同体のありかたを思考の梃として、被植民地、被侵略地の歴史体験を共有するとみられる「アジア」のイメージ空間を媒介に新たな思想の転回軸を可能にする》。さらには、一歩踏み込んで、《天皇制の全体主義を成りたたせてきた民衆の意識のなかには、わたしがアジア的社会の特質として想定するところの共生の思想が強く働いていたのではないか。……このようにみるとき、マルクスの思想において、いわば最高の理念ともいうべき〝個即類〟としての人間本質の実体化をめざしたものが、天皇制を成立させた民衆の基層にあったことを否定し得ない。……そしてその全体への自己同一化を、自らの救済や解放の方法として実体化しようとしているのが、わたしのイメージを形成する〝アジア〟である》とも。

いずれも物議を醸し出しそうな主張です。しかし、すくなくともわたし自身は川満さんのこれらの主張に異存はありません。また川満さんは『中央公論』一九七二年十月号に発表なさった論考「沖縄と日本の断層——小共同体と天皇制」で、急進的な東洋的無政府思想で知られる権藤成卿が『自治民政理』（学藝社、一九三六年）において《各国ことごとくその国境を撤去するも、人類の存在する限りは、社稷の観念は損滅を容《ゆる》すべきものではない》と述べているのを引いて、《思想の現在的課題は、この社稷の観念の成立根拠をつきとめ、逆に社稷の観念の呪縛を解く方法を考えていくことにある》とされながらも、《社稷観念が国家共同体形成の根本にかかわる重要な要素であったことは疑えないし、政治支配の構図が拡大されていく過程で、異なった社稷観念相互の相克と受容がどのようなかたちで現われるかをつきとめることは、国家支配の構造をとらえるひとつの決め手になることは確かである》と述べていらっしゃいますが、この点にかんしてもまったく同感です。なお、ここで川満さんが引用なさっている権藤成卿の『自治民政理』については、わたしも橋川文三さんが編集なさった筑摩書房刊『超国家主義』（一九六四年）に収録されているテクストで目にした記憶があります。お見受けするところ、川満さんにとって吉本隆明さんは思索をめぐらせていくにあたってのこよなき水先案内人だったようですが、わたしの場合には橋川文三さんがそうでした。

しかし、右のような川満さんの主張には異存がないばかりか、全面的に同感であるからこそ、そこで川満さんが模索に乗り出しておられた「アジア的共生志向」が「琉球共和社会憲法C私（試）案」にいたって仏教的な「慈悲の原理」を根本的原理として設定することによって落着点を見出していることには違和感をいだかざるをえないのです。繰り返しますが、仏教は琉球弧を形成する島々の共同体において古代から連綿と受け継がれてきた自生の固有信仰に外から、そして上から付加されたものでありましょう。一方、川満さんが沖縄の島的共同体のうちに見てとられた「共働・共生」的な生き方を「アジア」的な広がりにおいて論理化する可能性の模索に乗り出されたときに向かおうとなさっていたのは、あくまでも当の「共働・共生」的な生き方の「根」を掘り下げていって、そこから「反国家」の思想的よりどころとなるものを紡ぎだしていくということであったはずです。「琉球共和社会憲法C私（試）案」にはどうもその川満さんの当初のもくろみからの飛躍というか、視座そのものの転換があったように推察されるのですが、どうでしょう。お答えいただけると幸いです。

＊＊＊

それともうひとつ、この落着のさせ方で気にかかる点があります。それは沖縄戦のさなかに慶良間諸島の渡嘉敷島で起きた「集団自決」事件の受け止め方にかかわっています。

この事件については岡本恵徳さんが例の谷川健一さんの編集になる『叢書・わが沖縄』の第六巻『沖縄の思想』（一九七〇年）に寄せられた論考「水平軸の発想――沖縄の共同体意識について」で立ち入って論じておられましたが、川満さんも「民衆論」のなかで言及していらっしゃいますよね。

まずは岡本さんの場合ですが、岡本さんは、沖縄戦について触れるとき渡嘉敷島の「集団自決」事件がよく取り上げられるのは、《そこに沖縄戦におけるあらゆる状況が集中的にあらわれていることにある》と受け止めていらっしゃいます。そして《ということは、更にいえば、同様な条件のもとにあったならば、似たようなことは、他の島でも地域でも充分に起こりえたであろうことを示している》と指摘なさっています。

そのうえで岡本さんは、石田郁夫さんが一九六七年に沖縄に出かけて見聞したことをまとめたルポルタージュ『沖縄　この現実』(三一書房、一九六八年)で渡嘉敷島での「集団自決」事件について《沖縄本島から、さらにへだてられた、この孤島の、屈折した「忠誠心」と、共同体の生理が、この悲劇を生み出したと、私は考える》と述べていることに言及なさって、石田さんの受け止め方には一面の真理があると認められながらも、《その自決に追いこまれた人たちの意識のなかには〝他のすべての人が死んでいくなかで、自分だけひとり生き残ることはできない〟のだとする意識や、あるいはまた、〝自分が死んでのちに残された子供や老人が、更にこれ以上の苛酷を背負わなければならないのならば共に死を選ぶことがよりよいのだ〟という意識がはたらいていたにちがいないのだ。とすれば、そういう〝自分だけ生きのびたとしても他の全ての人が死んだならば、もはやそこには、本当の、「生」などありえない〟とする意識を、それ自体正しくないと否定する根拠はどこにもない。むしろ逆に、事件を〝共同体の生理〟によるとすることで否定する論理が、究極のところ〝たとえ誰が死んだとしてもおのれのみ生きよう〟とする論理によるのであるならば、その論理は、逆に〝共同体の生理〟によって痛烈に撃たれるであろう》として、石田さんの「共同体の生理」批判の有効性に疑問を呈しておられました。「共同体の生理」は、本来ならば、《共に生きる方向に働らく》ものであった。それが《外的な条件によって歪められたとき》、《現実における死を共に選ぶことによって、幻想的に〝共生〟を得ようとした》のが渡嘉敷島の「集団自決」事件であったというのでした。

つぎには川満さんの場合です。川満さんは「民衆論」で《なぜ数百人もの人間が、敵に殺されるのではなく、全体として同時の死を共有するという集団自決の方法を了解したのかがまず問題となるだろう》とみずから問いを立てられたうえで、《個人主義の思想からすれば、たとえどんな極限に追いつめられようとも、なぜ自分一人だけでも生きのびようとするエゴイズムがなかったのか、ということになる》が、しかし、沖縄の島的共同体における人びとの意識のなかでは〝過去即現実〟という時空間があり、「死」の世界が「生」の世界と隣り合わせになっていたと指摘され、そのようなところでは、《自分ひとり別世界の重さを引き受けるよりも、全体と共にあちら側の世界へ移ることが選択行為としても当然であろう》と推察なさっていらっしゃいました。そして《この発想のし方は、誰かがひとりで別世界に残され、全体からはぐれてしまうことを憐れむことにもなる。だからこそ、戦争で極限状態に追いつめられたとき生きるも一緒、死ぬも一緒という心の紐帯が集団自決を成りたたせる島的共同体の内法となったのである》と述べておられました。

もっとも、ここで川満さんが沖縄の島的共同体のうちに息づいているのを見てとられた民衆の「共生」志向が端的にいって「全体主義」にほかならず、《したがって、それを肯定的に論及することは、一歩誤るとたちまち奈落という〝危険な綱渡り〟になる》ということについては、川満さんも重々ご承知でした。そこで、《当為として考えられる「全体主義」と歴史的犯罪としての「全体主義」の厳密な区別が必要とされてくる》として、この区別を明確にしていくためには、《全体への合一を求める社会的存在としての人間の本質性に即しながら、その合一へと志向する民衆が欺瞞的な幻想へ転進する根因をつきとめなければならない》との認識を示されてもおられました。

ただ、そのうえで、川満さんは《マルクスが「人間の本質は社会的諸関係の総体である」ととらえたときの、その「総体」を、無自覚ながらも本質において生きようとしてきたのが島的共同体のなかの人々であったともいえる》とおっしゃって、《もしわたし（たち）が、今日的な利益社会における人間の本質的疎外を克服して当為としての社会を想定するなら、そこには島的共同体にみられた全体への合一を志向する「共生」と「共死」の思想が、新たな可能性として照明されるのではなかろうか》との期待を表明されていらっしゃいましたね。

しかしながら、どうでしょう。この沖縄における島的共同体のなかでいまもなお息づいていて人びとの生活を支え賦活しているとされる「共生」と「共死」の観念が「〝島〟から〝アジア〟へ」という、それ自体としてはきわめて魅力的な志向のもと、仏教的な思想圏へと吸引されたとき、そのときにはどうなるのでしょうか。

仏教学者の山折哲雄さんは『こころの作法――生への構え、死への構え』（中央公論新社、二〇〇二年）のなかで、中村雨紅が一九一九年に作詞し、関東大震災のあった一九二三年に草川信が曲をつけた「夕焼小焼」の最後に出てくる《烏と一緒に帰りましょう》という歌詞について、《烏と一緒に帰ろうという気分になるのは、烏のような小さなものたちとともに生きているという実感があったからこそであろう。生きものたちとの共生感覚である》としたうえで、《大切なのは、その共生感覚には、やがて人間は涅槃を迎えるという共死の無常観までが脈打っていたということだ。共生共死の人生観である》と述べています。川満さんが「民衆論」のなかで「アジア的共生志向」の可能性の模索に乗り出されたさい、渡嘉敷島の「集団自決」事件に言及しながら苦闘なさっていた沖縄の島的共同体における「共生」と「共死」の弁証法が、ここで山折さんが説いていらっしゃるような仏教的無常観のうちに吸引されてしまったとき、その弁証法の批判的ポテンシャリティははたしてどうなってしまうのか、おおいに危惧されるところです。山折さんはつづけてこうも述べています。《それが今日この日本列島では、ただ生きたい、ただ生き残りたい、というエゴイスティックな共生の合唱だけしかきこえてはこないのである》と。これは川満さんが「民衆論」で示しておられたのと根底において共通する状況診断です。それだけに気にかかります。この点についても返答いただければと思います。

なお、「民衆論」といえば、今回の企画をお立てになった仲里効さんは、川満さんがこれまでに書いてこられたかずかずのエッセイのなかでもとりわけ「民衆論」から強いインパクトを受けておられる、仲里さん称するところの「復帰ぬ喰ぇーぬくさー」（復帰の喰い残し）のひとりですが、二〇〇二年十二月八日、東京外国語大学にわたしが代表をつとめる科研費プロジェクト《沖縄の記憶／日本の歴史》（一九九九年―二〇〇二年）の一環として仲里さんのほかにも川満さんと宮城公子さんを沖縄からお招きし、わたしの司会で「沖縄「復帰」後三〇年を振り返る――自立論の立場から」というシンポジウムをおこなったさい、その「民衆論」でキー概念となっている「共生共死」について、仲里さんが《これは私らからすれば非常に嫌だというのが生理的な感じとしてあるんですよね》と語っておられたのが印象に残っています（シンポジウムの記録は『未来』

二〇〇三年四月号と六月号に載っています)。当日はこの仲里さんの率直な感想への川満さんの応答をうかがう時間的余裕がありませんでしたが、この点をめぐって後日おふたりのあいだで会話がなされたことがあったのか、あったとしてそこではどのようなことが話し合われたのかにかんしても、ぜひうかがいたいものです。

＊　＊　＊

最後にさらにもう一点、川満さんの「民衆論」においてキー概念をなしている「共生共死」にたいする仲里さんの《生理的な嫌悪感》に言及させていただいたついでにうかがっておきたいことがあります。

川満さんも当然読んでいらっしゃると思いますが、仲里さんは二〇〇四年五月から二〇〇六年七月まで雑誌『未来』に「1972オキナワ　映像と記憶」と銘打って連載なさった原稿を大幅に増訂のうえ、二〇〇七年に未來社から出版なさった『オキナワ、イメージの縁《エッジ》』のなかの、間宮則夫監督が一九七一年に自主制作なさったドキュメンタリー『それは島——集団自決の一つの考察』を取り上げた「死に至る共同体」という章で、渡嘉敷島の「集団自決」事件が沖縄施政権の日本政府への返還を目前にした一九七〇年前後の時期に「復帰」に批判的な沖縄の戦後世代のあいだであらためて論議の的になるにいたった経緯を——一九六五年に渡嘉敷島の「集団自決」を素材に採った「島」を上演したコザの演劇集団「創造」の中心メンバーのひとりであった中里友豪さんの「接点としての慶良間」(『沖縄タイムス』一九六八年八月三十日)をはじめとする一連の文章と、当時東京で沖縄闘争学生委員会の解体後に元メンバーたちが結成した「離島社」に所属していた友利雅人さんの『現代の眼』一九七一年八月号に掲載された「あまりに沖縄的な〈死〉」を紹介しながら、解説なさっています。じつに得るところの多い解説で、なかでも友利さんについて紹介されている箇所には、わたしはいたく脳髄を刺激されました。

そこでさっそく仲里さんに連絡して友利さんのテクストのコピーを送ってもらい、読んでみたところ、どうでしょう。その筆致のなんと挑発的なことか。しかも、そこにはことがらの深層に肉薄して根っこをえぐり出そうとするラディカルさがともなっています。

まずは冒頭のくだり——《地獄以上の地獄と形容される沖縄戦において、沖縄の人間の死は実にさまざまな相貌をみせて刻みこまれているが、……それを語ることが沖縄の傷あるいは禁忌に触れるような死もあった。沖縄における直接的戦闘の開始以来わずか数日にして起こった慶良間列島の集団自決は、沖縄的な、あまりにも沖縄的な死として〔ひめゆり部隊や鉄血勤皇隊に代表される〕学徒隊の死とするどい対照を示している。／それは、家族・親族・村をひっくるめた死であったが、……現在の沖縄における日本国家との関係においてかんがえようとするとき、この死がもっている沖縄にとっての意味を明らかにすることは、避けて通るべきではない。沖縄にとって国家の回復がどのような意味をもつのか、という問題を解くひとつの壁としての集団自決である》。

ついで、渡嘉敷村遺族会編『慶良間列島渡嘉敷島の戦闘概要』（一九五三年）にもとづいて、島民によってまとめあげられた事件の全体像を復元したうえでの、《むしろこの「戦闘概要」に記されなかった、村民が語ることを避けた領域に、集団自決という陰惨な事実の本質を明らかにする鍵は存在しているように思われる》との感想。

そして間宮監督のドキュメンタリー『それは島』に写し撮られている、《村の内部の確執に触れようとする他所者》にたいする村民の《したたかな拒絶》の表情を例に挙げて、《村民の沈黙の頑強さには、かれらの戦争のくぐりかた、戦後のくぐりかたが凝集されている》と述べるとともに、その沈黙の背後に隠されている真実については《村民自身にもよく視えないにちがいない》としたうえで、それを視ようとすると、まずは《己れ自身に対する責任追及の過程をくぐらねばならない》し、さらに村の内部の責任を問い始めると、ちいさな共同体のなかにさまざまな抗争と不和が避けられなくなるが、《門中の秩序依然として残りつづけている村》にとって、それは破壊的な作用をおよぼすものになることは明らかであり、《しかも村民のすべてがその〈場〉にいたのである以上、ひとつの暗黙の共犯関係を否定するわけにはいかない》との指摘。ひいては《集団自決における責任追及はいつでも二重》なのであって、この二重性ゆえに、村民の記録も、その記録のなかで村民に自決命令を下したとされている大日本帝国陸軍海上挺身隊第三戦隊長・赤松嘉次の弁明も、相対化されざるをえないものとしてあるとの診断。

さらには、《「ほとんどの家が寝床で潮騒が聞こえるくらい静かで、平和な島」の生活のなかに、巨大な国家意志がおしよせてくる。島民は皇国観念によって自らを逃れようもなく縛りつけていく。あたかも自然のように。離島であること、ムラの共同体秩序が強かったこと、皇国防衛の楯という観念が骨がらみに浸透していたこと、米軍の直接的攻撃の対象とされ、その外圧に抗する術がなかったこと、それらのさまざまな錯綜をはらみつつこの破局への過程は展開していった》と概括したうえでの、《死に至る共同体とはこのようなものをさすのではないか》との問いかけ。

友利さんは、さらにつづけて、この渡嘉敷島の「集団自決」において凄惨なかたちで現出することとなった《国家志向、いわば死ぬことによって日本国民として生きるという共同性のパラドクス》は戦後の復帰運動の暗部にも断たれることなく流れつづけているとして、「集団自決」も復帰運動もともに自分たちにとって《負の遺産》であると指摘します。そのうえで、《国家にとりつかれた存在たる琉球・沖縄は島の根底にまで下降するのでなければ、その歴史を転倒することは不可能であるように思われる》という言葉でもって論を結んでいます。《アンチ・シュタートとしての沖縄——それがどのような形をとって現われるかはだれにとっても視えてはいないが、われわれにとってここで問題なのは、あれこれのプログラムではなく、国家に収斂していく共同性の回路を断つことである。その方法がみえてくるとき、はじめてわれわれは沖縄としての沖縄に向き合うであろう。いうまでもなくこの過程は、国家との対立であり、その解体に至るまでつづかなければならない》というのです。

琉球弧を形成する島々の共同体には渡嘉敷島の「集団自決」事件となって帰結しかねないような負の部分が内在しているということについては、さきほども確認させていただきましたように、岡本さんや川満さんもはっきりと認識されておられました。ただ、岡本さんや川満さんの場合には、共同体にそうした負の部分が内在していることを認識されながらも、力点はあくまでもそこでの人びとの生活を支え賦活している「共生」の原理のほうに置かれているのにたいして、友利さんの場合には、負の部分を根底まで追及しぬこうとしている点がきわだっています。友利さんの「あまりにも沖縄的な〈死〉」にかんしてはどうやら川満さんはこれまで言及されたことがなかったようですが、論考の存在そのものはむろんご存じだったはずです。どう受け止めていらっしゃるのか、あわせてうかがえると幸いです。

困民主義革命

今年（二〇一四年）六月、川満信一と仲里効の編になる『琉球共和社会憲法の潜勢力――群島・アジア・越境の思想』と題する本が未來社から出た。『新沖縄文学』第四八号（一九八一年六月）の特集「琉球共和国へのかけ橋」に発表された「琉球共和社会憲法C私（試）案」（起草者は川満信一）の可能性を今日の時点であらためて問い直そうという意図のもと、琉球内外の論者十二人が寄稿している。

これにはわたしも依頼を受けて、川満私案にたいして以前から抱いていたいくつかの疑問点について質問した一文を寄稿させてもらったが、そのさい、取り上げたいとおもいながら機会を逸してしまったものに、右の『新沖縄文学』の特集号に川満私案と並べて掲載されていた「琉球共和国憲法F私（試）案・部分」がある。

起草者は仲宗根勇。一九四一年、つまりはわたしが生まれたのと同じ年、沖縄県具志川市（現在はうるま市）に生まれている。『沖縄少数派――その思想的遺産』（三一書房、一九八一年）に収録されている「わが〝日本体験〟」によると、地元の小中高校に通ったあと、一九六〇年、東京大学文科一類に入学したとあるから、これもわたしと同期入学だ。在学中面識はなかったが、デモには毎回のように出かけていたとのことなので、どこかで顔を合わせていたかもしれない。

このことはさておき、F私案でとりわけわたしの目を惹いたのは、そこに「困民主義革命」という語が登場することであった。

《数世紀にわたり中国、日本及び米国の封建的、帝国主義的支配のもとに隷属させられ、搾取と圧迫とに苦しめられてきたわれら琉球共和国の人民は、今回困民主義革命の世界的発展の中に、ついに多年の願望たる独立と自由を獲得する道についた》。

こう前文の①には謳われている。そしてこれには《困民主義とは、今回の琉球共和国成立の動因となった革命の指導的思想。民主主義革命の歴史的任務の終了、それに打ち続いた社会主義革命の官僚制国家資本主義的堕落という歴史的現実を踏まえ、古くはアナルコ＝サンディカリズム、そして社会主義国家連合軍によって圧殺された一九八〇年代ポーランド労働者運動の歴史的痛憤を背負って、人民の参加と自主管理によって〝無政の郷《コンミューン》〟を樹立しようとする歴史哲学にほかならない》との注釈がほどこされている。

人民の参加と自主管理によって〝無政の郷《コンミューン》〟を樹立しようとする歴史哲学としての「困民主義」！　一九六〇年代から七〇年代にかけて「革命」の夢を追い求めながら、その過程でマルクス主義への幻滅をも味わった同世代のひとりとして、言わんとしているところは痛いほどわかる。

それにしても、「困民主義」ないし「困民主義革命」という語を仲宗根はいったいどこからひねり出したのだろうか。

この言葉は仲宗根の二十代後半から三十代後半にかけて書かれた文章をまとめた『沖縄少数

派』には登場しない。またつい先日、同じく仲宗根の『沖縄差別と闘う——悠久の自立を求めて』という本が未來社から出版された。そしてそこにはＦ私案が全文再掲載されたうえ、これに関連する論考も収録されているが、それらの論考にも「困民主義」ないし「困民主義革命」そのものへの言及は見あたらない。

だが、「困民」といえば、わたしたちにはまっさきに秩父困民党のことが思い浮かぶ。またＦ私案には「無政の郷《コンミューン》」が「困民主義革命」のさなかに立ち現われるとあるが、この「無政の郷《コンミューン》」という語は井出孫六が『秩父困民党群像』（新人物往来社、一九七三年）で使ったものであることにも注意したい。たぶん仲宗根は井出の本を読んでいたのだろう。

いまひとつ考えられるのは、一九七〇年前後に竹中労、太田竜、平岡正明ら「世界革命浪人《ゲバリスタ》」たちが唱えていた「窮民革命」との関係である。「困民主義革命」という造語は、ひょっとして連中の「窮民革命」との連想からひねり出されたのではないだろうか。

じっさいにも、《困民主義革命の世界的発展の中に》という表現は、『闇一族』第三号（一九七二年四月）に掲載された竹中労の「沖縄、ニッポンではない——我観・京太郎《チョンダラー》琉球史」（『琉球共和国——汝、花を武器とせよ！』三一書房、一九七二年、所収）の《俺はイミヌ・チョンダラーだ。琉球の独立を、まぼろしの人民共和国、汎アジアの窮民革命をゆめみる》という言葉を連想させずにはおかない。

また太田竜は『琉球弧独立と万類共存』（新泉社、一九八三年）で《Ｆ私案の特徴は「困民主義革命」を想定していることである》と述べている。そう述べるとき、太田の念頭には「窮民革命」のことがあったのではないかと推測される。太田自身は、一九七二年七月二十八日の「赤軍派同志諸君への檄」(『世界革命への道』新泉社、一九七八年、所収)で《「窮民革命」という路線は、建国・建軍・建党という私のゲバリスタ路線とは、まったく別のものである》と言明して竹中や平岡と訣別するにいたっているとしてもである。

「困民主義革命」という語がひねり出されるにあたっては、秩父困民党の先例以外にも、「窮民革命」論からのなんらかの示唆があったものとみて、まず間違いはないのではないだろうか。

「琉球民族独立」論の陥穽

川満信一は、彼と仲里効の共編になる『琉球共和社会憲法の潜勢力』所収の「琉球共和社会憲法私案の経緯——共和国と共和社会はどう違うのか」のなかで、『新沖縄文学』第四八号に彼の「琉球共和社会憲法C私（試）案」と仲宗根勇の「琉球共和国憲法F私（試）案・部分」が並べて掲載された経緯について、事前におこなわれた匿名座談会「「憲法」草案への視座」での議論をも紹介しながら説明している。そしてF私案を《国家がなくては憲法は成り立たない、という法的正鵠論に基づいた案》と規定するとともに、国家を前提とする憲法は統治のための実定的な制度法であるのにたいして、自分のC私案は「国家」ではなくて「社会」が前提になっており、個人が社会参加するための《主体の基本倫理》を定めようとした自然法である点に《ニュアンスの違い》があると解説している。

国家か、それとも社会か。——これはいかにもC私案の第一条で《われわれ琉球共和社会人民は、歴史的反省と悲願のうえにたって、人類発生史以来の権力集中機能による一切の悪業の根拠を止揚し、ここに国家を廃絶することを高らかに宣言する》と謳いあげた川満らしい問題提起であるといってよい。

だが、今回の川満のエッセイでとりわけ目を惹くのは、《琉球民族（マイノリティー）を一括りにして、被隷属者と規定し、日本国民という多数者から分離することで、少数民族国家の自決権を確保するという発想》への疑義である。名指しこそされていないが、具体的には、二〇一三年五月十五日に友知政樹(沖縄国際大学)や松島泰勝(龍谷大学)らによって設立された琉球民族独立総合研究学会(以下、琉球独立学会と略記)と、同学会の設立を《画期的なこととしてその活動に期待している》と「うるまネシア」第一六号(二〇一三年八月十五日)に寄せた「「琉球独立」論をめぐる雑感」で表明している新川明のことを指しているものとおもわれる。

「琉球民族独立」という彼らの主張を川満は《現実の情況を打開するための戦略的意味では有効であろう》としながらも、《抵抗のナショナリズムに重点を置きすぎると、国家の問題を十分に考えつくさないで性急なイデオロギーに走る危険がある》と警告する。《「琉球民族独立」の主張は、戦略的プロセスとしては容認されるとしても、それが目的化されたら、結局、琉球民族を基本とする「近代国民国家」の後追いという思想の枠(ナショナリズム)から出られない。それでは私たちの未来構想は後ろ向きのつまらないものにしかならない。仮に「琉球民族独立国」が実現しても、その国家制度を資本主義体制の外部で、桃源郷のように成り立たせることはまず不可能である。世界の資本主義体制が持続するかぎり、琉球内部における階級的矛盾は同じ轍を踏むことにしかならない》。こう川満は指摘するのである。これはまったく川満の指摘するとおりではないかとおもう。

また新沖縄フォーラム『けーし風』を主宰する新城郁夫(琉球大学)も、同誌第八〇号(二〇一三年十月十日)の「備忘録④新川明氏への疑問」のなかで、新川が『情況』二〇一三年一・二月合併号に寄せた「「尖閣」は沖縄に帰属する」という論考の問題設定には戸惑いがあると打ち明けている。《棚上げ論に戻るという正当な理路を踏まえながら、尖閣の帰属性を琉球・沖縄の名において主張するとき、氏の認識は、国家の論理に絡め取られてはいないか。そうした認識のありかたと、アナーキズムに拠りつつ鋭利な反国家論を展開してきた新川氏自身の思想的営為が、いかなる整合性を持つのか、私には理解しがたい》というのだ。「反国家の兇区としての沖縄」という新川の挑発的なアジテーションから沖縄と日本国家の関係を考えるうえで貴重な示唆を得てきたひとりとして、最近の新川の発言にたいする新城のこのような戸惑いはそのままわたしの戸惑いでもある。

ついで新城は、新川が『うるまネシア』第一六号に寄せたさきの論考で《独立論が内在させるナショナリズムの限界を私は否定しない》とことわりながらも、《しかし、いわゆる「独立」運動は、植民地支配下にある人間集団（民族）が、自らの人間的な解放を求める反植民地運動（闘争）、反帝国主義運動（闘争）として取り組まれてきたものであることは、近現代の世界史が示すところであり、その運動（闘争）が第一義的にはそれぞれのナショナリズムに根差していることも歴史的事実である》と述べているのに反論している。《ナショナリズムは、他のナショナリズムへの対抗的依存においてみずからを構成する点で、「それぞれ」の地域に「根差した」民族的主体では説明のつかない他律性を有している。同時に多くの場合、ナショナリズムは地域からの乖離のなかで生成し、地域を分断する。そして、ナショナリズムによってこそ、民族と領土が多く事後的に創られる》というのだが、「ナショナリズム」についてのこの新城の受け止め方もおおむね首肯できる。

新川の指摘する《歴史的事実》にかんしては、川満のほうでは《スカルノやマルコスら、植民地解放闘争の英雄たちが親族的独裁体制しか作れなかった歴史的事例》を対置していることにも留意しておきたい。

『越境広場』

沖縄でまたまた新しい雑誌が出た。『越境広場』という。

二〇一五年三月二十五日に刊行された創刊0号の巻頭に掲げられている「創刊の辞——沖縄を交差点として」(文責・崎山多美)には、《地政的に大国の狭間に位置する沖縄が、基地問題や領土問題をはじめとして、東アジアにおける国家間の緊張関係から理不尽にも危機的な状況を強いられている現在、沖縄の歴史的体験を自覚的に表現し思想化することは、この時代を生きる私たちにとって抜き差しならない重要な課題だと思われます》とある。

そのうえで、沖縄という場所で沖縄を表現していくには《いくつかの厚い壁や深い陥穽》があるとして、とりわけ、《沖縄の差別的歴史と現在の政治的状況への危機感のあまり一方的な被害者意識のみを声高に叫ぶ》という《硬直した思考》に陥ってしまうことが《当面危惧される問題》のひとつとして指摘されている。現在沖縄では《権力者に対する抵抗の表現であったはずの言葉がぎゃくに他者を傷つけ、挙げ句に排除する》といった事態や《過剰な自己防衛のための短絡な表現が横行する》といった事態が散見される。《そのような無自覚な「正義」の言葉がまかり通る実態が、現在の沖縄の言説空間の複雑さや多様性を覆い隠し、単線的で一方的な表現の狭隘さを露呈しているように思われる》というのだ。一例として、最近声高に謳われるようになった「沖縄的アイデンティティ」という表現があげられている。
かくては、《政治的抵抗のメッセージを踏まえつつも、一方的な「正義」の言葉だけを声高にふりかざすのではなく、困難な状況を直視し乗り越えるための新たな可能性を孕む、しなやかで、強く、広がりのある表現を根気よく丁寧に紡ぎ出すこと》、これこそが現在、沖縄の言説空間がそのなかに嵌りかけているかにみえる《思考の陥穽》を避けるために求められているとの認識。ひいては《国家権力が引いた領土の境界に自足せず、境界を越え、お互いに交差し、往還し、柔軟な想像力を身につける》ためのトレーニングの場としての『越境広場』の刊行。

ここで崎山によって危惧の念が表明されている、沖縄という場所で沖縄について思考する場合に嵌りがちな「陥穽」については、わたしも「ヘテロトピア通信」の五十五回目「「琉球民族独立」論の陥穽」（『みすず』二〇一四年十二月号）で指摘させてもらったが、このたびの雑誌『越境広場』を刊行するにあたって中心的な役割を演じた仲里効も、創刊号の特集1「沖縄、そしてアジア――交差する記憶と身体」の冒頭に配されている、中国社会科学院文学研究所の孫歌にあてた書簡「《ずれて》と《つなぐ》を巡って」のなかで、《沖縄（人）の「アイデンティティ」が過度に強調されていく現象》を前にしての《居心地の悪さ》を率直に語っている。

またNのイニシアル名で記された「編集後記」では、《内省することの希薄さと、それゆえに沖縄を、沖縄という場を、自己に同一化し外へ向かっては声高になる〝擬似沖縄〟たち、スペクタクル化とイヴェント化する文化シーン、表面的な賑々しさとは対照的に、窮屈さを強め、空洞化していく〝言葉〟たち。このような沖縄の言葉をめぐる風景は、翼賛化しつつある時代の思潮とどこかで共犯しているのではないか、という思いを強く抱かされる》とも述べている。

仲里効といえば、二十年前の一九九六年早春、彼が旗振り人となって「時代をアートするマガジン」と銘打って那覇で創刊された雑誌『ＥＤＧＥ』の創刊の辞「EDGE to EDGE」での言葉が、いまでも鮮明にわたしの脳裡に焼きついている。そこにはつぎのようにあった。《日本とアジアのエッジ～沖縄。ここは近代が通過し、伸縮する波打ち際。そして現代という力の流れを「間‐主体」として織りあげる。ここにはあの国家や民族の球形の内部がない。ただ裂線のように走る「ヘリ」の鋭角があるだけだ》と。また《沖縄にこだわりつつ、沖縄を超える》とも。

この『ＥＤＧＥ』創刊の辞におおいに共鳴するところのあったわたしは、一九九九年に当時勤務していた東京外国語大学で《沖縄の記憶／日本の歴史》と題するプロジェクトを起ちあげたさい、それを仲里らのグループと共同で進めることを思い立った。このわたしの要請を仲里は快く受諾してくれ、沖縄戦を素材にしたクリス・マルケル監督のヴィデオ・フィルム『レヴェル５』（一九九六年）の那覇での上映を皮切りに、プロジェクトは自分でも驚くほどの成果をあげることができた。

ただ、『ＥＤＧＥ』は二〇〇四年に第一三号を出したところで、休刊状態に入ってしまった。そして近年、日本本土のメディアではまさに仲里の指摘するとおりの「翼賛化」の動きが目立つようになり、それと符節を合わせるかのようにして、沖縄では狭隘なナショナリズムの言説が勢いを得てくるのだった。

そのような状況を仲里がどんなに苦々しく受け止めていたか、察して余りあるものがある。と同時に、現今の沖縄における言説状況に仲里が感じていると告白している《居心地の悪さ》をなんとかして《破却》するべく、そのための力能の模索のこころみとして創刊されたという『越境広場』には心からの声援を送りたい。そして微力ながら協力させてもらいたいとおもう。

イメージが歴史と詩的に交わる場　東松照明『太陽の鉛筆』をめぐって

多木浩二は『日本列島クロニクル――東松照明の50年』（東京都写真美術館、一九九九年）に寄せた「TRACES OF TRACES」という一文（のちに多木浩二『写真論集成』岩波現代文庫、二〇〇三年に収録）で、東松照明の写真集『太陽の鉛筆――沖縄・海と空と島と人びと・そして東南アジアへ』（毎日新聞社、一九七五年）の冒頭に配されている、斜めに傾いた海の上に、雲が湧き出してきた、まさにその瞬間を撮った「波照間島」（一九七一年）を《東松さんの写真のなかでも格別に記憶に残る数枚》のうちの一枚に挙げている。そしてそれは《イメージが歴史と詩的に交わる瞬間》ではないかと自問したうえで、《このように、〔イメージが〕ときには深く、ときには長く、世界と交わる場を私はヒストリカル・フィールドと呼ぶ》と述べている。

「ヒストリカル・フィールド」というのは、ヘイドン・ホワイトが『メタヒストリー――十九世紀ヨーロッパの歴史的想像力』（一九七三年）の序論で「歴史の詩学」の構想を開陳したさいに用いた術語である。そこでは、歴史家の職務は史料に報告されているもろもろの事件をもとにして過去に「実際に起こったこと」を復元することであるが、歴史家がその職務を遂行するためには、それらの事件のすべてをもれなく自らの上に住まわせた「ヒストリカル・フィールド」とでも称すべきものについての全体的なイメージをまえもって描き出していなければならないと主張されるとともに、「ヒストリカル・フィールド」のまえもっての形象化行為は本質において詩的な行為であることが強調されていた。

このホワイトの「歴史の詩学」の構想とそのなかで「ヒストリカル・フィールド」という術語が占めているとおもわれる中軸的な意義については、じつはわたしも『現代思想』一九九六年十月号の特集《いま精神分析に何ができるか》のために多木とおこなった対談「歴史の詩学と精神分析」で提起して議論したことがあった。多木が一九九九年のエッセイで「ヒストリカル・フィールド」という言葉を口にしたのには、そのときの対談のことが念頭にあったのではないかと推測される。

だが、わたしの推測の当否については、いまは措く。ここで注目したいのは、仲里効も、二〇一二年に八十二歳で他界した東松照明を追悼して『現代思想』二〇一三年五月臨時増刊号で組まれた総特集《東松照明――戦後日本マンダラ》に寄せた論考「イメージの群島と光の詩学――東松照明の沖縄クロニクル43」で東松の「波照間島」を取り上げ、沖縄は《島々の連なりであることによって、独特な〈あいだ〉の思想を紡ぎだす。島々の〈弧〉と〈孤〉、そう言ってもよい。東松照明という強烈な眼球の持主は、この〈孤〉の空間性と〈弧〉の時間性を写真の装置によってしかできない方法で交わらせ、光の詩学を立ち上げていく》と述べたさい、わたしが冒頭に引いた多木の文章に読者の注意をうながしていることである。《そうした光の詩学を、ヒストリカル・フィールドという言葉で言いあてたのは多木浩二であった》というのだ。

そのうえで仲里は、東松はすぐれたフィールドワーカーでもあったとして、『カメラ毎日』一九七二年四月号に発表された「日誌・波照間島」（のちに『朱もどろの華――沖縄日記』三省堂、一九七六年、に収録）の解読作業に入っていく。そして言う。《たしかに「日誌・波照間島」は、出来事の陰翳を凝視したフィールドワークとして、だが、写真家の眼と耳においてしかなし得ないドキュメントとして読むことができる。言語の記録そのものが眼の運動となっているのだ》と。

さらには、《フィールドワークは、ドキュメンテーションの臨界につねに詩を出現させるという意味でフィールドワークを越える。そのとき、斜めに傾いた海と生まれたての雲との出会いが向こう側からやってくる。光が詩学を孕んだ瞬間だ》とも。そしてそこには《一回きりの、島の時間や空間と交わるヒストリカル・フィールド、あの海景が生まれた原場にして幻場がある》としたうえで、東松が『太陽の鉛筆』の冒頭に「波照間島」を置いたのは《きっとそのようなたった一回限りではあるが、島の時空とシンクロした、根源的なイメージが立ち上がってくるまさしくヒストリカル・フィールドの極みだったからに違いない》と結んでいる。

東松の写真「波照間島」についての以上のような仲里の解読のこころみからは、批評家・多木浩二の眼識の非凡さとそれが後代の写真家や批評家にあたえた影響力の大きさをいまさらのように認識させられる。

ただし、仲里の論考「イメージの群島と光の詩学」の意義は、この点に尽きない。論考では、つづいて「日本復帰」以後、二〇〇二年の「沖縄マンダラ」展を経て、二〇一一年の「太陽のラブレター」展にいたる過程で東松におとずれた葛藤と転位の軌跡がたどられる。そして

《〔松浦理英子の「太陽のラブレター」展評にある〕「空気と光を清めて色彩を呼び覚ます」、まさしく光のメディウム》としての東松の写真技法が、多木のそれにも比肩しうる、仲里独自のエッジの利いた批評眼でもって、みごとに析出されている（仲里の同論考は、さきほど未來社から刊行された仲里の新著『眼は巡歴する――沖縄とまなざしのポリティーク』に一部改稿のうえ収録されている）。

＊

二〇〇二年七月、沖縄県浦添市美術館で東松照明展「沖縄マンダラ」が開催されたが、そのカタログに仲里効が「限りなく零度の近くで――東松照明と沖縄」と題された一文を寄せ、沖縄との出遭いが写真家・東松照明にあたえた衝撃の深さについて、写真集『太陽の鉛筆――沖縄・海と空と島と人びと・そして東南アジアへ』（毎日新聞社、一九七五年）に照準を合わせながら力のこもった批評を展開している。

仲里はまず、沖縄は「日本人シリーズ」と「占領シリーズ」という「戦直派」東松照明のライトモティーフであった二つのシリーズの《残された最後の場所》として召喚されたことを確認したうえで言う。《だが、そうした東松のモチーフは、現実の沖縄の土を踏むことによって大きな変化を余儀なくされる》と。さらには畳みかけるようにして、《いや、変化というなまやさしいものではない。それは東松のモチーフを揺るがしかねない強烈な「カルチャー・ショック」を伴ったもう一つの世界との出会いであった》とも。「アメリカニゼーション」の浸透は、沖縄本島の基地周辺のごく限られたエリアでの現象にすぎず、沖縄本島以外の島々は

《「アメリカニゼーション」の及ばない、いやむしろ「アメリカニゼーション」を拒む、目鼻立ちのしっかりした彫りの深い世界》として東松の眼前に立ち現われたというのだ。

ついで仲里は、東松が四度目の渡沖直前の一九七二年四月、たぶん社会正義をふりかざした報道写真のうそっぽさと犯罪性を激しく弾劾していた中平卓馬の批判がルポルタージュ無効論に行き着きかねないことへの応答であったのだろう、「ルポルタージュは有効である」という仮説を立てるとともに、《被写体のための沖縄。沖縄のために沖縄に行く。この被写体のルポルタージュが成れば、ぼくの仮説〈ルポルタージュは有効である〉は、検証される》(『昭和写真・全仕事〈series 15〉東松照明』朝日新聞社、一九八四年、所収)と記していたことに着目する。そして言う。《写真を捨てきれない東松の〈写魂〉の存在理由を賭けた試みの場、それが沖縄の、そして沖縄へ行くことの意味であったはずである》と。

そのうえで仲里はその四度目の渡沖の集大成である『太陽の鉛筆』を東松のフォトグラフィカル・ヒストリーにおける「それ以前」と「それ以後」を画する転換点に立つものと位置づける。そして『太陽の鉛筆』のうち、まずは前半の「沖縄編」について、《限りなく零度に近い場で感光された希有な結晶》であると評価する。《亜熱帯の自然が曼荼羅のように写真家に降りてくる。モノを一つ一つ切り捨て、存在を限りなく零度に近づけ、透明になることによって千のフォルムがやってくるのだ。その時、ヒトはただの目になる、はずだ。／一方向に流れる近代の時間から遠く離れたシマの円環する時間は、千年が一日のように流れていく。ただ、日に日を重ねる時の漂いはいい知れぬ優しさに誘うと同時に死の味覚として感受され、写真家は孤影を濃くする》。こう仲里は「沖縄編」の写真を、そこに挿入された「宮古日記」からも示唆を得ながら読み解くのである。

その一方で、後半の「東南アジア編」のうちには《沖縄を〈南〉にむけて開こうとする越境への願望》を見てとっている。

この仲里の批評に接して以来、ぜひ入手したいとおもいながら入手できずにいた『太陽の鉛筆』の新版がこのほど出た。伊藤俊治・今福龍太編『新編 太陽の鉛筆』（赤々舎、二〇一五年）。初版『太陽の鉛筆』における写真と文章を基本的な構成や順序は変えずに新たな装いで書籍化したという「太陽の鉛筆1975」と、一九七三年から東松が他界する二〇一二年までに撮られた写真のなかから一〇三点を選んだ「太陽の鉛筆2015」の二分冊からなる。収録されている写真はすべて、東松の妻・泰子があらたにみずからの手で調整しプリントしたものだという。

贈られてきた『新編 太陽の鉛筆』のページを繰りながら、沖縄と出遭うなかで東松が試されることになった〈写真家であること〉の存在理由についての問いの深刻さに想いをいたすとともに、仲里の批評眼の確かさにあらためて感服させられた。

仲里は「沖縄マンダラ」展のカタログに寄せた一文を《沖縄は、沖縄のシマジマは、写真家を試した。〔中略〕その写真によって今度は沖縄が試されるのだ。そしてその試みをくぐることなしには、写真家が歩み行こうとする向こうの「アメリカでも日本でもなく、名付けられる前の渾沌の海」へ旅立つことはできない》と締めくくって、〈越境〉にむかっての彼自身の覚悟を再確認している。このことにも注目しておきたい（仲里の一文は、サブタイトルを「東松照明と作者・沖縄」と改め、本文にも修正をほどこしたうえで、仲里効『フォトネシア――眼の回帰線・沖縄』未來社、二〇〇九年、に収録された）。

また今福龍太が解説「ユートピアの震える風」で展開している『太陽の鉛筆』を《「光が－描く」ことの無限の多様性と陰影をときにつつましく、ときに冒険的に媒介し、そのイメージ群が私たちの精神や想像力をいかに覚醒させ、どこに誘うかを深く問いかけた、類を見ない作品》と受け取ったところからの分析も読み応えがある。

＊

ところで、『太陽の鉛筆』には気にかかる点がある。「東南アジア編」でのカラー写真の採用である。

「地方政治家」（一九五七年）に代表される「日本人シリーズ」にしても、「基地－ヨコスカ」（一九五九年）を嚆矢とする「占領シリーズ」にしても、それまでの東松の写真は、清水穣も指摘するように、モノクロームのあらゆる構図的可能性を駆使して、主観的な意味づけの彼方に存在すると想定されるリアルな世界をシュールに写しとる点に特色があった。そしてそのような〈現実の暴露〉が写真の原点とされるところでは、カラーに居場所はなかった（『白と黒で――写真と……』現代思潮新社、二〇〇四年）。

東松が一九六九年二月、当時はまだアメリカの施政権下にあった沖縄に出向いたのも、その「占領シリーズ」の残された最後の場所としてであり、基地の現実を暴露することが目的であった。だとすれば、そこでも写真は当然モノクロームでよいはずだった。現に沖縄に取材した最初の写真集『オキナワ沖縄オキナワ』（写研、一九六九年）では、米軍基地に囲繞された沖縄本島の現実が、あたかも同じ時期『PROVOKE』に拠る中平卓馬や森山大道ら写真界の若き反逆児たちが実験していたアレ・ブレの手法をも取り入れながら、モノクロームでみごとに暴き出されている。また『太陽の鉛筆』でも前半の「沖縄編」はすべてモノクロームで撮られている。

ところが、後半の「東南アジア編」にいたって、突然、目にも鮮やかなカラー写真が登場する。東松に、いったい、なにが起きたのだろうか。

この点について、東松自身は『日本列島クロニクル　東松照明の50年』展（東京都写真美術館、一九九九年）のカタログに寄せた「カオスの海へ」というエッセイのなかで、『太陽の鉛筆』を境にしてモノクローム写真からカラー写真へと移行していった理由を《これまで説明できないできたが、過去50年間の写真を見直すプロセスで、かすかに見えてきた》とことわったうえで、《見えてきたのは、アメリカへのこだわりが希薄になったことである》と説明している。《モノクローム写真にはアメリカが見え隠れしているけれど、カラー写真にアメリカの影は薄い》というのだ。

たしかに一理ある説明ではある。『太陽の鉛筆』に収められている、《日本の戦後史を一口で特長づけよ、と問われれば、ぼくはためらいなく、アメリカニゼーションと答えるだろう》という言葉で始まる、一九七四年の宮古島移住後の日記でも、四分の一世紀にわたって米軍の施政権下にあったにもかかわらず、《アメリカの影響をほとんど受けていない沖縄の存在》をまのあたりにして、沖縄のなかでも、「占領」地域よりも、《ついに「占領」されることのない、アメリカニゼーションを拒みつづける強靭かつ広大な精神の領域》のほうに魅せられていった、と記されている。

しかし、すでに「沖縄編」でも、収録されているのはすべて沖縄本島以外の、基地とは直接には関係のないシマの人びとの生活なのである。しかも、いずれもがモノクロームで撮られている。カラーへの移行を《アメリカ離れ》でもって説明しきるのは、無理があると言わざるをえないのではないだろうか。

だが、カラーへの移行の動機についての詮索はこのぐらいにしておく。特筆に値するとおもわれるのは、「東南アジア編」の冒頭に掲げられている文のなかで、《これまで、島めぐりをしてきて、とりわけ八重山の島々をまわって感ずるのは、習俗といい伝説といい、日本のそれとは違うことだ。きわめて南方要素が強いのだ》として、この「南方要素」をバネとして東南アジアへ出発するとの決意が表明されていることである。

これは一見したところ、柳田國男の『海上の道』を逆にたどりながらの、日本人の原郷を探し求めての旅のようでもある。じっさいにも、『朱もどろの華——沖縄日記』（三省堂、一九七六年）のあとがきには、沖縄に関心をもった理由のひとつに『海上の道』を読んだことが挙げられている。

しかしまた、「カオスの海へ」では、それは《アメリカでも日本でもない、名付けられる前の混沌の海への旅立ちである》と宣言されている。《私のカラー写真は、いったん日本的なものに向かうけれど、そこには立ち寄るだけで留まらず、日本の向こう側へとジャンプする》とも。倉石信乃も『東松照明写真集：camp OKINAWA』（未來社、二〇一〇年）の解説で指摘しているように、東松にとって〈脱アメリカ〉はただちに〈脱日本〉でもあったのだ。

さらに、「東南アジア編」の冒頭に掲げられている文のなかで東南アジアへの旅は《アンナンへの旅》とも言い換えられているが、その「アンナン」は、仲里効も二〇〇二年の東松照明展「沖縄マンダラ」のカタログに寄せた「限りなく零度の近くで――東松照明と沖縄」で注意をうながしているように、具体的な地名としての「安南」、すなわち国家としてのヴェトナムではなく、琉球王国による搾取と抑圧からの「島抜け」をこころみてきたシマビトたちの心に描かれた《国家という境界に囲われない既視と未視のあわいのコンタクトゾーン》としての〈南〉であったことにも留意したい。

追悼・中平卓馬

二〇一五年九月一日未明、中平卓馬が他界した。享年七十七。

訃報に接して、さっそく書架から中平の写真集と批評論集を取り出した。そして故人を偲びつつ、中平と多木浩二が岡田隆彦、高梨豊とともに一九六八年に創刊し、第二号からは森山大道もくわわって、とりわけ中平と森山の「アレ・ブレ・ボケ」を特徴とするモノクローム写真によって斯界に衝撃をあたえながら、翌一九六九年に第三号が出たところで休刊、そのまま廃刊となってしまった写真同人誌『ＰＲＯＶＯＫＥ』（季刊）の遺産について、あらためて考えてみた。

当時の写真を眺めながら文章を読み返してみて、いろいろと思いをあらたにするところがあった。なかでも今回いまさらのように確認させられたのは、中平が文章で発しているメッセージと写真そのものから伝わってくるものとのあいだの齟齬である。

多木浩二／中平卓馬編『まずたしからしさの世界をすてろ――写真と言語の思想』（田畑書店、一九七〇年）に収録されている「リアリティ復権」（『デザイン』一九六九年一月号）を見てみよう。このエッセイのなかで中平は《はりつめた凝視》ということを口にしている。

前提におかれているのは、《カメラは世界をトータルにとらえることはできない。それにできるのはたかだか眼前に生起するばらばらの現象、全体との関係すらさだかでない羅列的な現実をただそれだけのものとして記録することでしかない。しかしそれはまさしく眼前の現象であるが故に、眼で確認できる現実の断片であるが故に、それだけのものとしてのリアリティをもつことができる》という信念である。ひいては、世界を《はりつめた凝視》においてとらえ、さしあたってこれだけは真実だと確信できる現実をいくつもいくつも積み上げていくことの必要性。

　だが、どうだろう。当時中平が撮っていた写真は《はりつめた凝視》の所産というにはほど遠く、八角聡仁も二〇〇三年十月四日から十二月七日まで横浜美術館で開催された中平卓馬展「原点復帰—横浜」のカタログに寄せた一文「イメージの零度」で指摘しているように、むしろ《見ない》ことによって成立していたと言ったほうが当たっているのではないだろうか。じっさいにも、それらの写真はまさに「アレ・ブレ・ボケ」という形容がぴったりくるものが大半である。言説と写真とのあいだには歴然とした齟齬が存在するといわざるをえない。

　多木浩二は中平の最初の写真集『来たるべき言葉のために』（風土社、一九七〇年）を《これはかれの見ている世界ではなく、かれが動いていく気配＝起伏が世界からとりあつめる断片であり、起伏そのものが世界なのである。見るという行為に付与されたあたりまえの意味（遠隔操作）はそこにはなくて、見ることは見えないものへむかっての投身であり、むしろ見ることの禁欲なのである》と評している。ついでは《果たして写真とはこういうものかどうかは、ぼくには全くわからないが少なくともここにははじめて出来事の意味でなく、おのれの魂のふるえでしかない写真が生まれてきたことだけは特筆すべきである》と（『デザイン』一九七〇年十二月号）。的確な評言というべきだろう。

中平の『来たるべき言葉のために』に付されている論考「同時代的であるとはなにか？」（『デザイン』一九六九年五、六、七、八月号）には、「写真は記録である」ということを《一面的に強調するあまり》、《生きている記録者の眼を排除するような言いまわしをしてきたことを認めなければならない》と自己批判したうえで、《ぼくは再びこの記録という言葉を、現実に生きている自己記録者の内面としての生の記録から出発して、それと世界との対応関係のうちに再び記録をとらえなおさねばならないと感じている》との述懐の弁がみられることにも注目しておきたい。

もっとも、中平自身はその後まもなく、彼が当時撮った写真について《そこには常日頃馬鹿の一つ覚えのようにぼくが主張していた裸の世界の露出ではなく、イメージによる世界のデフオルマシオンしかなかったのではないか》との疑念を書きつけている（「イメージからの脱出」『デザイン』一九七一年一月号）。そして『なぜ、植物図鑑か』（晶文社、一九七三年）では、《粒子の荒れ、ブレは、〔中略〕世界を凝視すること、事物《もの》が赤裸々に事物《もの》自体であることの確認以前に、見ることをあきらめ、ちょうどその空白を埋めあわせるように情緒という人間化をそこにしのび込ませていたにすぎないのである》と断定するにいたる。

しかし、だからといって、清水穰は中平が一九六四年から一九八二年にかけて雑誌に発表した写真の集成『都市　風景　図鑑』（月曜社、二〇一一年）に寄せた解説「写真原点」の形成——中平卓馬マガジンワークによせて」のなかで、一九七八年の「沖縄　写真原点Ⅰ」以前の中平の写真には《伝記的、資料的意義以外のなにかを見出すことは難しいだろう》と述べているが、こう片づけてしまってよいものだろうか。少なくともわたしには、多木が《おのれの魂のふるえでしかない》と評する、『PROVOKE』刊行当時に中平が撮った「アレ・ブレ・ボケ」写真の衝迫力は現在もなお失われていないのではないかとおもわれる。

＊

中平卓馬が一九七七年に急性アルコール中毒で昏倒し、記憶障害を患ってから撮った写真については、その作品としての意義がどこにあるのか、正直に言って、いまひとつ摑みきれないところがあった。

《〔一九七七年以後の中平には〕発表の意思はありながらも、それを具体化する力に乏しく、細胞分裂のようにただ写真が増殖しつづけるだけである。それに撮られた写真は、特別なテクニックを要しない、シャッターを押せばだれもが撮れるスナップ写真であり、その意味で「作品」としての価値はない》。

一九九三年中平の沖縄撮影行に同道した大竹昭子は『芸術新潮』同年九月号の「眼の狩人たちの肖像【番外編】中平卓馬の沖縄撮影行」で――《考えてみれば、これこそが中平の繰り返し唱えてきた写真のありようなのである》とことわりながらも――こう評しているが、たまたま同年同月号の『アサヒカメラ』で「刷新たる撮影起結」と題された中平のスナップショットを眼にしたときのわたしの思いも似たようなものであった。

　こうしたなか、二〇〇二年に刊行されたカラー作品だけからなる初の写真集『hysteric Six NAKAHIRA Takuma』（Hysteric Glamour）と、二〇〇三年秋、横浜美術館で開催された「中平卓馬展　原点復帰―横浜」あたりからだろうか、中平の後期作品についての再評価の動きが出てくる。

　たとえば、横浜美術館での展示会のキュレーターを勤めた倉石信乃は、一九七八年以後の中平の作品群を指して《中平のかつての言葉を引けば、「事物が事物であることを明確化することだけで成立する」という、困難な写真の次元を切り開こうとしている》と評価している（「「中平卓馬展　原点復帰―横浜」の概要と構成」、中平卓馬『原点復帰―横浜』オシリス、二〇〇三年）。

　また、二〇〇九年には『中平卓馬　来たるべき写真家』という本が河出書房新社から「KAWADE道の手帖」シリーズの一冊として出たが、それに寄せた論考「中平卓馬の「日々」」で清水穣は、《私の写真は　ほとんどすべてを忘却してしまった　私自身の　止むを得ぬ行為だ》という中平の『新たなる凝視』（晶文社、一九八三年）冒頭の言の意味するところをつぎのように読み解いてみせている。

　《記憶喪失とは自分の名を満たしていた実存を失くすことである。「私は中平卓馬だ」という同一性《アイデンティティ》が消え、「中平卓馬」という覚えのない名が私のことだ、と告げられる。「中平卓馬」を「この私」として生きるためには、その空っぽの名前を毎日充塡しなければならない。彼はそのために「カメラになった」》。

　さらに清水は、中平の二〇〇二年から一〇年までの作品を展示した二〇一一年の都内二箇所での個展「Documentary」についての展評では、《写真とは、全ての普通名詞を固有名詞化し、すべての存在者が「これ」であり、その「これ」性（haecceity）において等価（equivalent）になる事態である》と定義したうえで、《中平卓馬は現代において最も純粋な写真を撮る人である。写真の「原点」、すなわち固有名の「これ」性と等価性だけで成立する彼の作品は、写真に小賢しい後知恵（キャプション等）をつける数多の写真家を恥じ入らせる》と述べている（「批評のフィールドワーク14：Naked Photography（1）――中平卓馬『Documentary』（シュウゴアーツ、BLDギャラリー）」、『ART iT』二〇一一年二月二十八日付）。

　そして最後にはふたたび倉石。

　倉石は、中平が二〇〇九年から一一年にかけての四度に及ぶ沖縄撮影行のさいに撮った写真を収録した『沖縄』（ラットホールギャラリー、二〇一七年）の解説「人と動物――後期中平卓馬の写真」で、「記憶喪失」以降の中平の写真では、同じ対象を反復して撮影しようとする姿勢が目立つことに読者の注意をうながす。ついで、中平を《日本最後のモダニストのひとり》と規定したうえで、その中平は《まさに字義的に記憶を失うことで（「記憶喪失者」をモデル的人格とみなす）モダニズムの理想に殉じつつも、かかる自己解体を全うすることで、当の理想を抹消・変質させている》と指摘する。そしてこう締めくくるのである。中平の後期作品に見られる主題の「反復と限定」はけっして病理の所業ではなく、《新たに主体に「加算」された生体的な柔構造を備えた機械装置のごときものとして、カメラと身体に対しては双方が同期するように調整的に働きかけ、類い稀な写真を産出せしめてきた》のであって、この意味において《記憶喪失とは一種の「発明」にほかならない》と。

これはまたなんと意表を突く、しかしまた的確このうえない解釈であることか。眼を見開かされる思いがした。

ちなみに、一九九三年の時点で記憶喪失後の中平の写真には「作品」としての価値はないとしていた大竹も、二〇一一年に書いた「中平卓馬の写真家覚悟」では、同年出版された『Documentary』(Akio Nagasawa Publishing) に収録されている写真を取り上げ、そこでは中平が「写真装置」そのものになりきりながら、このことと写真家としての「自意識」とのあいだの二律背反を乗りこえて、《写真の意思に沿おうとする自意識をもって自己の向こう側に飛びだし、物を物たらしめている姿をとらえる写真の王道に到達した》と認めている(『彼らが写真を手にした切実さを——《日本写真》の50年』平凡社、二〇一一年、参照)。

テロルの伝説、あるいは桐山襲『聖なる夜　聖なる穴』をめぐって

陣野俊史『テロルの伝説――桐山襲烈伝』(河出書房新社、二〇一六年)を読む。そして一九八三年から九二年まで桐山の書いた八冊の小説についての解題と小論、それに残されたノートまでを読み込んだ著者の懇切丁寧な案内に助けられながら、『パルチザン伝説』(作品社、一九八四年)と『風のクロニクル』(河出書房新社、一九八五年)を書棚から取り出して読み返す。また未読の『スターバト・マーテル』(河出書房新社、一九八六年)と『聖なる夜　聖なる穴』(河出書房新社、一九八七年)、さらには『亜熱帯の涙』(河出書房新社、一九八八年)に遺作『未葬の時』(作品社、一九九四年)なども古書で買い求めて読む。

暑い盛りの読書だったが、じつに濃密な読書の二か月間であった。なかでも『聖なる夜　聖なる穴』には構成の手法に舌を巻く一方、作者が発している政治的メッセージの過激さに驚嘆させられると同時におおいに共鳴するところがあった。

まずは構成手法。――小説は、「コザ暴動」の起きた一九七〇年十二月十九日から二十日にかけての深夜、コザの丘の上の町で娼婦をしている十七歳の少女とそこを訪れて沖縄出張の最後の夜を過ごすヤマト人技師との会話と、一九七五年七月、ひめゆりの塔の壕のなかに潜んで、参拝に訪れた皇太子夫妻の前に、頭からガソリンをかぶり、一個の炎となって飛び出す機

会をうかがっている、ジャハナという名の青年と、自分と同じ名をもつ、沖縄近代の栄光と悲惨を一身に体現することとなった謝花昇《じゃはなのぼる》との対話が交響しながら展開するのだが、そのポリフォニーのみごとさといったら。小説家・桐山襲の最高傑作とみて間違いないだろう。

ちなみに、少女はヤマト人技師に、五か月前、ヤマトから帰ってきた沖縄出身の歯のない「兄さん」に歯を植えつけてあげたことがあると話す。そしてその「兄さん」というのが謝花昇と同じ名をもつ青年であることが、のちに青年の謝花昇との対話のなかで明かされる。青年は、一九六八年にヤマトの大学に留学するも、新左翼系のデモに参加して逮捕され、七〇年、日本国政府から滞在許可証を奪われて沖縄に追い返されたとのことで、歯はデモの最中に襲いかかってきた機動隊の楯で失ったという。この〈歯〉というフェティッシュを時間と場所を隔てて交差する二つの物語の連結環に使っているあたりは、いかにもラテン・アメリカのマジック・リアリズム作家たちに親炙していたという桐山らしいプロットの立て方である。

ついでは政治的なメッセージ。——大里康永『沖縄の自由民権運動——先駆者謝花昇の思想と行動』(太平出版社、一九六九年)によると、明治新政府下の沖縄で第一回県費留学生に選ばれて上京し、天皇に拝謁後、学習院と東京山林学校に学び、農民出身の第一号の学士となって帰還した謝花は、県の技師として山林開墾問題に取り組むとともに、やがて参政権獲得運動を主導し、時の沖縄県知事・奈良原繁と激しく対立するも敗北。一九〇一年、三十七歳のとき、失意のうちに新たな職を求めて山口県に向かう途中、神戸駅で突然発狂する。そして廃人同様となって郷里に戻り、死去するまでの数年間を東風平《こちんだ》の四辻に坐りこんで路面に「奈良原」と書きつけ、子どもたちを呼び止めてはそれを踏むよう命じていたという。

この謝花をいまひとりのジャハナの対話の相手として登場させるにあたって、桐山は新川明の『反国家の兇区』（現代評論社、一九七一年）から深い啓示を受けたと記しているが、その新川は同書に収録されている謝花昇論ノート「〈狂気〉もて撃たしめよ」（『現代の眼』一九七一年八月号）で、謝花を沖縄の自由民権運動の先駆者であるとか、戦後の米軍政下における沖縄人民の闘争の原点であるとする見方を厳しく糾弾し、《いまこそ狂気の謝花をして、正気の謝花を撃たしめなければならぬ》と主張していた。

おそらくはこの新川の主張に煽られたのだろう、しかしまた桐山はそこにさらに一点、——この点は仲里効も西谷修との共編『沖縄／暴力論』（未來社、二〇〇八年）所収の「ブルー・ヴァリアント——『聖なる夜　聖なる穴』の迷宮から」で指摘しているように桐山の独創なのだが——天皇制国家日本批判のモティーフを加味して、明治のジャハナに語らせるのだった。《正確に言えば、……奈良原ではなく、わたしは恐るべき一個の名前を——わたしが県費留学生として入京したとき、ただ低い足音だけを聴いた不可侵の者の名前を——湿った土の上に刻み込んでいたのである。……／……かつてわたしは、あの国そのものとして、第一号の学士として、沖縄に帰還して来たのであったが、いまやあの国そのものが、狂人としてのわたしの第一の敵となったのである》と。

そしてこれには一九七五年七月、洞穴のなかで《徐々に兇暴な姿を整えながら、外の世界へ出て行く時を待っている》青年の《おまえの呪われた名前は、いまようやくおれのものとなった。七十五年前のおまえの狂気が、おれの体の中でたしかに脈打ち始めている》という台詞がつづくのである。これはまたなんと鮮烈で、接する者の心を激しく揺さぶらずにおかないメッセージであることか。桐山版〈テロルの伝説〉はここにいたって新たな頁を開くこととなるのだった。

IV

二〇〇三年に新曜社から出た『神、人を喰う――人身御供の民俗学』で知られる気鋭の民俗学者・六車由実《むぐるまゆみ》が、東北芸術工科大学教員の職を捨て、郷里・静岡県の特別養護老人ホームで介護職員として働き始めたということは、雑誌『みすず』第五八五号（二〇一〇年八月）の「へテロトピア通信13柳田國男以後」で、柳田國男と赤坂憲雄の仕事にかんする彼女の論評を取り上げたときにも人づてに聞いていた。

その六車が久方ぶりに新著『驚きの介護民俗学』（医学書院、二〇一二年）を世に問うた。デイ・サーヴィスやショート・ステイにやってくる高齢者たちの介護をするかたわら、各自の人生体験を語ってもらい、それをノートに書きとめていく。こうして得られた「聞き書き」を素材にして、「介護民俗学」という新しい学問領域が秘めている豊かな可能性を探ろうとした意欲作である。

本書から教えられた点は少なくない。なかでも示唆的であったのは、高齢者を相手にした介護の現場での「聞き書き」の意義についての著者の所見である。「聞き書き」というのは、民俗学の領域では古くから実践されてきた常套的な手法である。ただ、この手法を高齢者相手の介護の現場に応用するとなるとどうだろう。老人ホームには記憶力の衰えた高齢者が集まっているというイメージがわたしたちにはある。だから老人ホームの利用者は「聞き書き」の対象にはならない、とわたしたちは考えがちだ。著者が担当した利用者の多くは認知症患者だというのだから、なおさらである。

ところが、著者が老人ホームでの介護体験をもとに報告しているところによると、多くは認知症を患っている高齢者たちも、《子どものころから青年期についての記憶はかなり鮮明であり、ムラで出会うお年寄りたちに勝るとも劣らない記憶力の持ち主たちばかりである》という。

そればかりではない。《老いや病による絶望感、喪失感を抱えている利用者が、昔語りをしているそのときには喜びを感じてくれているのは少なくとも確かであるようだ》とも著者は報告している。

認知症を患っている高齢者たちから聞き書きをとることができるとは！　しかも、彼らは喜びを感じつつ自分の若いころの思い出を語ってくれたというではないか！　これは驚き以外のなにものでもなかった。

もっとも、このように老人ホームは「民俗学の宝庫」だとして、介護学の立場から見た場合、聞き書きをとることに一体全体どんな意義があるのか、疑問に感じる向きもないわけではないだろう。

だが、この疑問にかんしても、著者は逆に問い返す。介護や福祉の世界でのコミュニケーション論では、語られる言葉による言語的コミュニケーションにくらべて、態度や表情、身振りといったものを情報としてやりとりをする非言語的コミュニケーションが過剰に重視されがちではないか、と。

じつをいうと、介護や福祉の世界でも「話を聞くこと」は「傾聴」と称されて、ケアや援助の場面の基本とされている。ただ、「傾聴」の場合には、語られる言葉が示す内容そのものよりも、「言葉のなかに隠された利用者の気持ち、思い、心の動き」を「察する」ことが目的とされているのではないか、と著者は言う。

そのうえで著者は「傾聴」の技法に疑問を呈して問いかけるのである。《言葉の裏にある見えない「気持ち」を「察する」のではなく、相手の言葉そのものを聞き逃さずに、書きとめることに徹する》ことこそが肝要ではないか、と。これはまた「傾聴」の技法へのなんと痛烈な批判であることか。

さらに著者は一歩踏み込んで、「聞き書き」は死の淵にいる利用者へのターミナル・ケアとしての意味も必然的にもつことになるのではないか、とまで言い切っている。ずいぶんと大胆ではあるが、著者が列挙している具体例に照らし合わせてみるなら、これも得心のいく主張であると言ってよい。

この一方で、著者によると、介護の現場での聞き書きは、民俗学的調査のためにおこなわれる聞き書きとは異なって、あくまでも「テーマなき聞き書き」でなければならないという。まえもってテーマなど設定せず、利用者の話を虚心坦懐にメモにとる。そしてその話にただただ「驚き続ける」。これこそが「介護民俗学」の真骨頂であるというのだ。

たしかに、介護の現場は「驚く」ことを封印しなければとてもやっていけないほど苛酷である。それでもなお、《驚くことを禁欲するのではなく、驚きを感じる自分に素直になってみる。そして忙しいときには少しのあいだ、そのときめきを胸の中に秘めておき、時間のゆとりがあるときには思いっきり利用者と向き合い驚いてみる》。もちろん、現場の業務を遂行することと、利用者の話に驚きを感じる自分に素直になってみることとのバランスをとるのは容易ではない。《しかし、知的好奇心とわかりたいという欲求、そしてわかったときの驚き、それが利用者と対等に、そして尊敬をもって向き合う始まりになる。それだけは確かなようだ》——と著者は本書を締めくくっている。

ここには、鷲田清一も『朝日新聞』二〇一二年四月一日号で評しているように、《介護と民俗学の双方になにかとてつもなく新しい風が吹き込みそうな気配》が漂っている。

関係の絶対性

今年（二〇一二年）三月十六日に八十七歳で死去した吉本隆明を追悼して六月に刊行された中央公論編集部編『吉本隆明の世界』（中央公論新社）の巻頭を飾る加藤典洋との対談「吉本隆明を未来へつなぐ」のなかで、見田宗介が吉本の魅力の核は文体にあると語っている。いわく、《吉本さんの文章はとてもゴツゴツと節くれだっていて、深みや澱みを作りながら決して流暢に流れていかない。その文章が、僕には何より信頼できるものなんです》。そして《そうなるのは吉本さんの内側に矛盾があるためだと思います》と言葉を接いで、その「矛盾」の出所を《巨大な情念とそれに拮抗する明哲な論理が軋んでいること》のうちに突き止めている。

ここで見田が指摘する「巨大な情念」と「それに拮抗する明哲な論理」とのあいだの《軋み》は、思想家・吉本隆明の誕生を告げるモニュメントと目される「マチウ書試論」のうちにも、たしかにそれが発する音らしきものを聞き取ることができる。考察の全体を締めくくって、「マチウ書」こと「マタイによる福音書」の作者が律法学者とパリサイ派を激しく攻撃するなかで語ろうとしたのは《現実の秩序のなかで生きねばならない人間が、どんな相対性と絶対性との矛盾のなかで生きつづけているか》ということであったとしたうえで、なるほど人間には自由に選択する意志が具わっているが、《人間の情況を決定するのは関係の絶対性だけである》との断定がくだされたのち、はしなくもつぎのように私情が吐露されている箇所がそれである。

じっさいにも吉本は書きつけている、《ぼくたちは、この矛盾を断ちきろうとするときだけは、じぶんの発想の底をえぐり出してみる。そのとき、ぼくたちの孤独がある。孤独が自問する。革命とは何か。もし人間の生存における矛盾を断ちきれないならばだ》と。

吉本が「マチウ書試論」において解明しようとしたのは、古代イスラエルにあってユダヤ教とのあいだで熾烈な争闘を繰りひろげた原始キリスト教における「反逆の倫理」のありようである。これを吉本はフランス語訳「マタイによる福音書」をテクストにして解明しようとするのだが、その筆致はおおむね、いたって冷静かつ明哲である。そして冷静かつ明哲な論理の力によって原始キリスト教における「反逆の倫理」のありようを解きほぐしていった結果、《秩序にたいする反逆、それへの加担というものを、倫理に結びつけ得るのは、ただ関係の絶対性という視点を導入することによってのみ可能である》との結論を導き出すのである。

ところが、ここにいたって、文体は突如変調を来たす。論理の背後で吉本を突き動かしていた情念が抑えようにも抑えがたく噴き出してきて、それまでの論理的な筆致とのあいだに軋みを生じさせる。とともに、それは「関係の絶対性」という言葉が読者を魅了するうえで絶大と言っても過言ではない効果を発揮する。まさに見田の言う吉本における軋む文体の魅力である。

それにしても、《秩序にたいする反逆、それへの加担というものを、倫理に結びつけ得るのは、ただ関係の絶対性という視点を導入することによってのみ可能である》とは、どういう意味なのであろうか。

この点について、月村敏行は講談社文芸文庫『マチウ書試論・転向論』（一九九〇年）に寄せた解説で《「秩序」はさまざまな関係に織りなされているから、「秩序」を構成する関係ではなく、「秩序」を「反逆」として超える「関係」こそが「絶対性」として提出されたのだ》というように受け止めている。

だが、この月村の受け止め方にかんしては、最首悟も『現代思想』二〇〇八年八月臨時増刊号の総特集《吉本隆明・肯定の思想》に寄せた「「関係の絶対性」についての謅想」で指摘しているように、疑問符を付けざるをえないのではないだろうか。

わたしとしては、ここはむしろ高橋順一が『吉本隆明と共同幻想』（社会評論社、二〇一一年）で提起している解釈に賛同したい。

高橋は述べている。《「関係の絶対性」は、現実に存在する関係秩序を肯定することではない。まして現実の相対性に安住することでもない。問題なのは、「関係の絶対性」という視点を導入したときはじめて正義が、より普遍的にいえば観念や理念が、現実に対して相対性を負わざるをえないことを本質的な形で自覚し認識することができるということである。それは、「観念の絶対性」と「関係の絶対性」が、たんなる相対性ではなく、「逆立」の関係として捉えられることを意味する。〔中略〕このことを踏まえないかぎり反逆と加担の循環を脱することはありえない》。

吉本は「マチウ書試論」の執筆（一九五四―五五年）に先立って『詩文化』一九四九年八月号に発表されたエッセイ「ラムボオ若くはカール・マルクスの方法に就ての諸註」のなかで、「詩的思想」と「非詩的思想」とのあいだには一般に「逆立」の関係が存在すると述べていた。高橋が「マチウ書試論」に登場する「関係の絶対性」は「観念の絶対性」と「逆立」の関係にあると言うとき、それは吉本が一九四九年のエッセイで「詩的思想」と「非詩的思想」の関係を「逆立」と称したのを受け継いでいる。この高橋のとらえ方のほうが説得性に富むのではないかと考えられるのである。

今年（二〇一二年）の夏は例年にも増して猛暑日がつづいた。そうした猛暑の盛りの八月五日、山本ひろ子の主宰する成城寺小屋講座で土曜会「差別と芸能・文学シリーズ」第三回目の会合があった。

会は二部に分かれていて、第一部では、山本ひろ子が高澤秀次監修『別冊太陽・日本のこころ199――中上健次』（平凡社、二〇一二年）に寄せたエッセイ「『紀州』の向こうへ――キンジニヤニヤと「兄妹心中」、そして南方的想像力」のうち「兄妹心中」の部分を中心に報告をおこなった。

「兄妹心中《おとどいしんじゅう》」というのは新宮・春日の被差別部落に伝わる盆踊りのくどき歌で、中上の小説『枯木灘』でも山場近く、盆踊りの場面で歌われるが、似たようなくどき歌は紀州以外の土地でも同じく被差別部落民のあいだで伝承されてきた事実があることを山本は指摘する。そのうえで、こう推理するのだった。《ひょっとして新宮・春日の路地とその物語は閉じられたのではなく、ひそかにその触手を〔外にまで〕伸ばしていたのではないか》と。中上を魅了しつづけたという「兄妹心中」の秘めている可能性について、それを中上が取り上げた「紀州」以外の地にも散在する「もうひとつの路地」にまで押し拡げて探りあてようとしていて、なかなか興味深かった。

だが、第一部にも増して興味深かったのは、『黒い翁――民間仮面のフォークロア』（解放出版社、一九九九年）で知られる能面研究者・乾武俊の最新著『能面以前――その基層への往還』（私家版、二〇一二年）をめぐって、山本ひろ子によって第二部でなされた論評のほうであった。

一九二一年に那智田楽の復興を指導した潮崎多賀美・奈留美共編の『田楽要録』（熊野那智大社、一九七〇年）に、那智の田楽には《田あるじの翁といふものなし。シテテン二人、或はこれに相当するか》とある。『黒い翁』は、この指摘を受けて、「シテテン」は「翁」なのではないかという仮説を立てたところから、「芸能」の深層に分け入っていこうとした野心作であった。そこではとりわけ、折口信夫が「日本文学における一つの表象」（一九三八年）で開陳した仮面論や能勢朝次の『能楽源流考』（岩波書店、一九三八年）なども参考にしながら、現行の能『翁』における「ドラマの構造」が分析されている。そして舞台に登場する翁面のうち「黒い翁」は「白い翁」のもどきであるとする定説に異を唱えて、「黒い翁」は「白い翁」に先行していたとの反証がなされている。

『能面以前』は、その後、二〇〇三年に和歌山県立博物館で催された特別展《天野の歴史と芸能》で乾が出会った天野社の「黒い父尉面」についての考察などを加えて、『黒い翁』での成果をさらに発展・深化させようとしたものであった。

この乾の最新著を論評するにあたって、山本はまず、仮面の意義についての演劇論的観点からのアプローチは素人である自分にはできないとことわる。そのうえで、能面に象られている民間信仰の基層にまで探りを入れようというのであれば、詞章についても丹念に読み込むことが不可欠であるはずなのに、詞章の側面は能面研究者の乾によっては十分に吟味がなされたとは言いがたいとして、詞章面からのアプローチをこころみる。

そしてたとえば寛永十三年（一六三五年）に記録された歌本『美濃北方の翁猿楽』の「三番叟（＝翁もどき）の次第」には《翁らうが若う盛りに　京へ上りつ下りつすかよ　上りつ下りつすれば　海道上り下りの美女傾城が　あそこな翁か　こゝなは翁か　こちらへめすおふ　口吸おふといふて　其時このいぼを吸い出いたよ》とあって、「黒い翁」としての側面もさることながら、むしろ「うそふき」としての側面が強く主張されていることを明らかにする。こうして、乾の提起した「黒い翁」という枠組みを超えて問題を考察していく道筋を示したのだった。

あくまで「仮面」を中心視座から離そうとしない乾と、その乾のアプローチを詞章面から批判的に補完しようとする山本。この両者の交流からどのような新たな展望が開かれてくるのか、おおいに期待されるところである。

なお、今回の新著『能面以前』では、紀州・杉野原で現在も行なわれている「御田」（田遊び）に登場する「福女踊」の場面について、嘉永六年（一八六三年）に書かれた『御田打興行巻』と題する上演台本にもとづいて分析をほどこしたうえで、そこでは「福め」は「福女」と舅の雇い出した「田刈」の「福奴」とに重層化されていることに読者への注意喚起がなされている。乾によると、この重層化された「福め」の発見は彼の仮面研究の最晩年の成果とも言うべきものであるとのことであるが、これもまた、たしかに注目に値する発見と言ってよいだろう。

ちなみに、今回の新著で乾が「福女」として提示している面について、山本は目ざとくも、それが『黒い翁』で「田男」として提示されていた面と同じであると指摘している。とともに、このように男から女へと見方を変更したことについて乾によってはなんの説明もなされていないと評している。が、変更理由の説明もさることながら、ここはむしろ、「福女」を「田男」ととらえていた乾の直観をこそ評価すべきではないだろうか。

子供が子供であったとき

ヴィム・ヴェンダース監督の映画作品『ベルリン　天使の詩』（一九八七年）は、脚本を担当したペーター・ハントケがこの作品のためにつくった詩「子供が子供であったとき」の朗読から始まる。

このハントケの言葉をタイトルに掲げた多木浩二継承シンポジウム「子供が子供であったとき――カタストロフィ・戦争・記憶の識閾」が二〇一二年九月二十八日、多木が生前よく足を運んでいたという東京・永田町のメキシコ大使館別館エスパシオ・メヒカーノで開催された。

オープニングでは、まずハントケの詩「子供が子供であったとき」をウィーンへの留学経験のある経済思想史家の中山智香子が原語で朗読し、これに詩人の庄司祐子がドイツ文学者・関口裕昭の手になる日本語訳で唱和した。つづいてメキシコ観光局駐日代表をつとめる建築家のギジェルモ・エギアルテが《メキシコの壁画運動で二十世紀前半のもっとも代表的な前衛のひとつに出会った》多木へのオマージュを献げたのち、本題に入って、多木の息子でイタリアを本拠に活動している演出家の多木陽介による発表「トリノ――新しい歴史への旅」を皮切りに、中山智香子「亡命――瓦礫と想起の先へ」、伊藤俊治「写真――〝最後の人間たち〟への眼差し」、関口裕昭「キーファー――廃墟に舞い降りた天使」、今福龍太「ベンヤミン――記憶の幼年期」と、計五本の発表があった。いずれも、稀代の思想家・多木浩二の精神を継承するにふさわしい熱のこもった発表であった。

ちなみに、多木陽介の報告は、シンポジウムの二日後に店頭に並ぶ予定の、多木浩二が神戸芸術工科大学で二〇〇七年十一月二十二日におこなった講演の記録『トリノ――夢とカタストロフィーの彼方へ』（BEARLIN）の概要を、スライドをふんだんに使いながら紹介したものであった。

それにしても、シンポジウムのタイトルが「子供が子供であったとき」となっているのはどうしてなのか、と案内のチラシを見たときに不審におもっていたが、今福によると、多木浩二はこう銘打った本の執筆計画を『ユリイカ』二〇〇二年十二月号での詩人・吉増剛造との対談「言葉の閃光を摑まえる――ベンヤミンという〈経験〉をめぐって」のなかで打ち明けていたのだという。そこでさっそく今福からコピーを送ってもらって確認したところ、たしかに対談の冒頭で多木は打ち明けていたのだった。いま自分はベンヤミンの『一九〇〇年ごろのベルリンの幼年時代』だけに的を絞った本を準備している、と。そしてタイトルはハントケの言葉から採って「子供が子供であったとき」にしようとおもっている、と。

ところでそのさい、多木はベンヤミンが『ベルリンの幼年時代』で想起している世界を指して《それは言葉の世界なんです》と述べている。なんとも謎めいた発言である。が、「幼年時代」はラテン語では「インファンティア（infantia）」で「いまだ言葉をもたない状態」を意味していたことに思いいたるなら、謎は氷解する。

そのような「いまだ言葉をもたない状態」としての幼年時代の秘密にベンヤミンは生涯こだわりつづけた。そして多木はといえば、これもカタログでの今福の解説にあるように、『ベルリンの幼年時代』が紡ぎだすテクストの編み目を彷徨し、その結び目の軋み音に耳をゆだねながら、幼児ベンヤミンのいまだ言葉にならざる「声」、文字言語のはざまに触覚的なかたちで染み込んでいる声を探し求めようとしていたのだった。

多木浩二版『子供が子供であったとき』は結局書かれないままに終わってしまった。残念というほかない。しかし、大筋は吉増との対談からもうかがい知ることができる。肝とおもわれる発言をいくつか拾っておこう。

その一。『ベルリンの幼年時代』はベンヤミンが《過去を想起しつつ、子供という虚構を通して、言語の問題や神話の問題を考えようとした物凄い力作》であり、ベンヤミンの著作のなかで「文学的傑作」と呼ぶにふさわしい唯一の著作であるとの評価。

その二。《「触覚的受容」において長い時間と思考をかけてバラバラにしていきながら、あるいは弁証法的な閃光を摑まえながら展開していく》《物凄くやわらかい破片的な「トラクタート（迂回路としての叙述）」と言ってもよいもの》がたしかにベンヤミンには見えているという吉増の指摘を受けて、《言語というものが人間に対してもっているというより、神と人間のあいだにあり、言語が人間を貫いていくさま、そして神に人間を近づけていくさま、言語を色々な段階にスイッチを切りかえ別のものに変えていくような、このさまが面白い》との応答。

その三。ベンヤミンが頻繁に使う「根源（Ursprung）」という言葉について、この言葉は《多少僕らを邪魔しているような気がする》としたうえで、もっとやわらかい言葉で言い換えて比喩的に読み砕いていったなら、その言葉のなかに潜んでいるものがいっそうよく見えてくるのではないか、との指摘。

その四。『ベルリンの幼年時代』で取り上げられているのはいずれも「屑」のようなものだとの確認と、《本当に大事なことを言うのは屑の方がいいのだ》とベンヤミンは考えたのではないか、との推測。

柄谷行人をめぐる断想

柄谷行人『哲学の起源』（岩波書店、二〇一二年）を読み進めながら「これはひょっとすると」と危惧していたところ、案の定、ギリシア哲学研究の専門筋からさっそく批判の矢が放たれた。国際プラトン学会前会長・納富信留《のうとみのぶる》が『ａｔプラス』一五号（二〇一三年二月）に寄せた「古代ギリシアと向き合う——最新の歴史・哲学史研究の成果から」という論考がそれである。

柄谷は、このたびの新著『哲学の起源』で、ハナ・アーレントが『革命について』（一九六三年）で提出している解釈に依拠して、古代ギリシアには「イソノミア」と称される「無支配《ノー・ルール》」の制度が存在したとする。と同時に、ギリシアのポリスは一般に「デモクラティア」（民衆による支配）ではなく「イソノミア」であると考えられていたとアーレントが述べているのに異を唱えて、「イソノミア」はギリシアのなかでも植民都市イオニアに独自の制度であったと主張している。

これにたいして、納富はまず、「イソノミア」は「イソス」（等しい）と「ノモス」（法・慣習）からなる形容詞「イソノモス」の名詞形であるが、この「イソノミア」「イソノモス」という語は、現存する前四世紀以前のギリシア語著作では十数箇所にしか登場しないことに注意をうながす。そして言う。《古代ギリシア、とりわけイオニアの哲学で「イソノミア」が中心概念であったとは、文献学上は認められない》と。

また納富は、「イソノミア」という語の意味についても、アテナイのソロン以来重要な意味を担った「エウノミア」（良き法治・秩序）をはじめ、「アノミア」（無秩序）、「アウトノミア」（自治）といった同系列の合成語を見ると、そこで「支配」の要素が排除されているわけではないことが分かるとして、アーレントと柄谷が「イソノミア」を「無支配」と訳しているのは不適切であると批判する。

要するに、納富によると、アーレントをはじめ、ハイエクやポパーなど西洋の思想家がこの概念を殊更に取り上げてきたのは、《主に「民主主義」の起源をめぐる自己の問題意識の投影》にほかならないのだった。こうしてまた納富は言うのである。《私自身は、近代の政治イデオロギーにおいて歴史の文脈を離れて持ち出された「イソノミア」は、古代ギリシアの精神というよりも、近現代に構成された理念であると考えている》と。

ついでは、『哲学の起源』でキーワードとなっている「イオニア植民」への疑問。

柄谷は、《氏族社会の原理を否定しながら、同時に、氏族社会に存する国家に抗する原理を高次元に回復する》という《世界史的に特異な出来事》が、《アテネやギリシア本土から多くの者が移民した〝イオニア〟の地に起こった》と述べている。そしてこの植民都市イオニアにおいて氏族社会の伝統を一度切断したうえで成立を見た新たな盟約共同体が「イソノミア」にほかならないとするとともに、イオニアでは貨幣経済が発達したにもかかわらず、それが貧富の格差をもたらすことはなく、《人々は実際に経済的にも平等であった》として、その理由をイオニアにおいては他のギリシア本土のポリスの場合とは異なってなおも広く可能性の余地が残されていたと柄谷のみる植民都市に特有の「遊動性」に求めている。

これにたいして、納富はまず、《イオニアが（アテナイの）植民から始まったという「イデオロギー」は、古代から伝承され今日も完全に払拭されてはいないが、最近の歴史学では批判的に覆されている》と指摘する。また、イオニアの人々は「実際に経済的にも平等であった」という柄谷の主張についても、《イオニアの諸ポリスの社会構造や歴史については「史料」が極端に少ない》ため、《何を主張しても反証できない》としながらも、《現代の古代史の知見からいえば、歴史的にそのような状況は存在しなかったと考えて間違いない》と述べる。そして結論するのである。柄谷が描き出しているのは現実に古代に存在したイオニア社会のことではなく、《著者が理念的に推測した、あるいは空想的に構築した「イオニア」という名の蜃気楼》であろう、と。「史料」の欠如を「イオニアの思想」の傍証によって補おうとする柄谷の手続きについても、《これは方法論的に循環であり、論証とは程遠い》と切って捨てている。

まことに手厳しい批判である。ほとんど全否定に近い。が、これはプラトン哲学の文献学的研究で国際的にも名を知られており、古代ギリシア社会にかんする歴史学的・考古学的研究の最新の動向にも明るい専門家による批判なのである。どうやら柄谷は古代ギリシアの領域からは手を引いたほうが無難のようである。少なくとも、《初期ギリシア哲学というのは、資料がろくにないから、推定するほかありません。その意味では、僕のように専門的な知識を持たない者には有利なのですが（笑）》といったような発言（『ａｔプラス』一五号での國分功一郎との対談）は、たとえ冗談であっても、厳に慎むべきだろう。

それにどうだろう。柄谷の念頭にある「イソノミア」という概念は、それの歴史的起源をあえて古代ギリシアのイオニアに求めるようなことをせず、あくまでも超越論的なスペキュレーションのレヴェルにおいてひとつの統整的理念として彫琢していったほうがよほど生産的ではないのだろうか。

*

柄谷行人『世界史の構造』(岩波書店、二〇一〇年)には、著者が『トランスクリティーク――カントとマルクス』(批評空間、二〇〇一年)でラフ・スケッチした四種類の「交換様式」に立脚したところからの世界史像が緻密に練りあげられたかたちで開陳されている。

原初には、一所に定住することなく、地上の方々を遊動して歩いていた狩猟採集民のバンドからなる社会があった。そこでは収穫物を共同寄託したうえでの平等な再分配がおこなわれていた。

それがやがて、西田正規が『定住革命――遊動と定住の人類史』(一九八六年)で立証に努めているように、遊動から定住へのまさに「革命」と呼ぶにふさわしい一大転換を経て、贈与とそれへの返礼という互酬の原理にもとづく交換様式Aが支配する氏族社会が成立を見ることとなる。ついでは、そこから略取と再分配を特色とする交換様式Bが支配的であるような社会構成体、つまりは世界帝国の形態をとった国家社会への移行が生じ、さらには商品交換にもとづく交換様式Cが支配的である資本制社会と近代的世界システムへの移行が生じる。

そして柄谷はこの資本制社会を超えたところに交換様式D（X）なるものが支配する「世界共和国」を展望するとともに、「抑圧されていたものの回帰」にかんするフロイトの理論から借りて、そこには氏族社会成立以後の歴史のなかで抑圧されていた遊動的バンド社会の純粋贈与の原理が回帰してくると予想してもいる。まことに雄壮という以外に形容のしようのない世界史像である。

ただ、その壮挙に舌を巻く一方、疑問もいくつか頭をもたげてくる。なかでも疑問におもうのは、氏族社会が成立を見るにあたっては、それ以前に狩猟採集民の遊動的バンド社会が存在したと想定されるものの、その存在を実証することはわたしたちには不可能とされていると柄谷が断言していることである。そして隘路からの脱出策として「思考実験」ということを口にしていることである。

柄谷は言う。たしかに漂泊的バンドそのものは、現在もカラハリ砂漠の狩猟採集民＝ブッシュマンなどに見られる。しかし、彼らが太古からつづいてきたものとは即断できない。彼らはむしろ、一度定住して簡単な農耕・牧畜をいとなんだのち、文明＝国家に追われて、遊動的バンドに「退行」した可能性がある、と。そしてそこから《氏族社会以前にあった遊動的なバンド社会がいかなるものであったかは、実証的問題ではなく、思考実験あるいは「抽象力」の問題である》との結論を導き出すのだが、これはどうだろう。はたして氏族社会成立以前の遊動的狩猟採集民の生活実態については実証不可能なのだろうか。

柄谷はつづけて《われわれはそれを現存する漂泊的バンド社会から推測するほかない》と述べ、彼のいう「思考実験」を現存する漂泊的バンド社会の観察から始めている。そしてその社会が食料の共同寄託と平等な再分配を原理として成り立っていることを確認するとともに、これは狩猟採集の遊動性と不可分離であることを明らかにしている。彼らはたえず移動するため、収穫物を備蓄することができない。ゆえに、それを所有する意味がないから、全員で均等に分配してしまう。あるいは客人にも振る舞う。これは純粋の贈与であって、マルセル・モースが「未開社会」の構成原理として指摘した互酬性とは区別されなければならないというのだ。

これはそれ自体として説得性に富む観察結果といってよい。が、ここで見落としてはならないことがある。観察対象となった漂泊的バンド社会を柄谷が「退行」という形態において原初の遊動性を回復したものととらえているというのがそれである。もしそうであるなら、現存する漂泊的バンドの観察をつうじて、柄谷は氏族社会以前に存在したと想定される遊動的狩猟採集民の生活実態についても――実証主義歴史家たちのいう実証とはずいぶんとおもむきを異にする実証であるとはいえ――それなりの「実証」に成功しているとみてさしつかえないのではないだろうか。

それにどうだろう。「思考実験」というのであれば、たんにこの部分にとどまらず、著作の全篇が「思考実験」以外のなにものでもないとみるべきではないのだろうか。そしてわたしとしては『世界史の構造』全体が大胆このうえない「思考実験」からなっているという点をこそ評価したいとおもうのである。

最後にもう一言。柄谷は、定住によって遊動的バンド社会からただちに戦争と階級化と集権化を特色とする国家社会に移行するほうが蓋然性が高かったはずであるのに、そうではなくて、平和で平等な環節的社会である氏族社会に移行したのはなぜか、と問うている。そして《われわれは氏族社会の形成を、国家形成の前段階としてではなく、定住化から国家社会への道を回避する最初の企てとしてみるべきである》と主張している。ひいては、《氏族社会はたんなる〝未開〟ではなく、われわれに或る未来の可能性を開示するものとなる》とも。なんとも意表を突く解釈である。しかし、ここでいわれている「或る未来の可能性」とは、柄谷が交換様式Cの彼方に予想する交換様式Dの可能性のことであろう。だとすれば、これも十分な考慮に値する解釈と受け止めてよいのではないだろうか。

＊

柄谷行人の『遊動論——柳田國男と山人』（文藝春秋、二〇一四年）には、彼が二〇一二年秋、北京滞在中に中央民族大学で人類学者らを前にしておこなった講演の草稿「二種類の遊動性」が付論として収められている。《読者にはむしろ、これを最初に読んでいただきたい》という著者の要望にしたがって、まずはこの付論に目を通したところ、内容は『世界史の構造』（岩波書店、二〇一〇年）のうち、遊動から定住への移行にかんする論述部分の概要をかいつまんで説明したものであった。そのうえで、

《日本で遊動民に注目した思想家》として柳田國男の名が挙げられるとともに、柳田が二種類の遊動民――一方における山人《やまびと》、すなわち、日本列島に先住していながら、のちに渡来して列島に定住した農耕民によって駆逐され、山に逃れたと想定される、異人種・異民族の狩猟採集民と、他方における平地に定住する農民と共存しながら山地で焼畑農業や狩猟をいとなむ山民、および工芸・武芸をふくむ芸能的漂泊民――を弁別していたことに格別の注意喚起がなされている。

また、山人は多くの場合、天狗のような妖怪として表象されているため、山人の存在を唱えた柳田は嘲笑され、次第に自説を後退させたが、けっして最後まで放棄することはなく、定住農民（常民）に焦点を移しつつも、「山人」の可能性を執拗に追求しつづけたとの主張がなされている。

そして中央民族大学での講演がきっかけで一気に書き上げたという本論では、「山人」を柳田國男の〈可能性の中心〉と見さだめたところからの読解がくわだてられている。

これはたしかに斬新な視点からの柳田論ではある。啓発されるところがないわけでもない。ただ、率直にいって、その本論での立論にはいくつかの点で賛同しがたいものがあると断ぜざるをえない。

なかでもいぶかしく感じた点を一点挙げるなら、柄谷はまず、柳田が幼少時に飢饉を体験したことが動機で大学時代に「三倉」――義倉・社倉・常平倉――の研究をしたことに着目する。そして柳田がその後、農政官僚を経て、民俗学者への道を歩むにあたっては、その根底に飢饉の民を救おうとする「経世済民」の思想が流れていたことを確認するのだが、ここまではよい。

ついで柄谷は、農政官僚時代に柳田が提案した農業政策は、農民が国家に依存せず、「協同自助」を図ることを眼目としていたことに留意をうながす。そして特記に値する事実として、柳田が農政官僚をしていた明治四十一年春、九州・四国地方を視察旅行したさい、九州南部の椎葉村という焼畑と狩猟で生計を立てている山村で《富の均分といふが如き社会主義の理想》が実行されているのをみて驚いたと「九州南部地方の民風」で述べていることを挙げるのだが、これもよい。

問題とおもわれるのは、柄谷がこの椎葉村での発見のあとで柳田の「山人」研究が始まっていることに着目して、両者のあいだに因果の関係を見てとり、前者の衝撃のもとで後者の研究が始まったと受け止めていることである。そればかりか、思想においては「山人」と山民は同一であると断定してもいる。

だが、まずもって時間的な先後関係はかならずしも因果関係を意味しないことに注意しなければならない。柳田が「山人」研究に着手するにいたった動機にかんして、たとえば赤坂憲雄は「柳田國男の発生」の第一部『山の精神史』（小学館、一九九一年）であたかも同時期に擡頭しつつあった先住異民族説への関心を指摘している。こちらのほうが説得力があるようにおもうが、どうだろう。

つぎに思想における「山人」と山民の同一視についていうなら、柳田が目撃した椎葉村の村民が山地とはいえ定住して焼畑と狩猟で生計を立てており、天狗や妖怪に見立てられた先住異民族の末裔としての「山人」でないことは、柄谷も重々承知している。承知していながら、柄谷は柳田が「九州南部地方の民風」で《全く彼等の土地に対する思想が、平地における我々の思想と異つて居るため、何等の面倒もなく、斯る分割方法〔富の均分〕が行わるるのであります》と語っていることに着目する。そして《柳田にとって貴重だったのは、彼らの中に残っている「思想」である》としたうえで、そこに「富の均分」といった「社会主義」の理想が実行されうるのは遊動型狩猟採集民の生活形態と不可分離であるという柄谷「交換様式」論のテーゼを重ね合わせて言い放つのである。《「思想」において、山民は山人と同じである》と。さらには、《山民が現存するのに対して、山人は見つからない。しかし、山人の「思想」は確実に存在する。山人は幻想ではない。それは「思想」として存在するのだ》と。だが、この点にかんしても、柳田のテクストを丹念に検討したのち、《すくなくとも農政学からは絶対に山人論は派生してこない》と結論づけている赤坂のほうに分があるようにおもえるが、どうだろう。

ちなみに、柄谷には一九七四年に発表された「柳田國男試論」という論考がある。最近、関連する論考二篇と併せて単行本化されたが（『柳田國男論』インスクリプト、二〇一三年）、そこでは「山人」についてはごく簡単に触れられているにすぎない。

＊

日本の哲学についての国際的討論の場を提供する目的で創刊されたという *The Journal of*

*Japanese Philosophy*誌（年刊、二〇一三年創刊、発行元はニューヨーク州立大学出版会）がこのたび「柄谷行人」特集を組むことになったとのことで編集部から依頼され、"The documents of a great defeat: Karatani Kojin immediately before the 'turn'"と題する論考を寄せた。『みすず』二〇〇九年八月号の「ヘテロトピア通信」に書いた「「転回」前夜」を学術論文スタイルに書きあらためたものだったが、この論考の作成過程で目を惹いた事実があった。論考には書き込めなかったので、ここに報告しておく。

柄谷は一九九五年に出た英語版『隠喩としての建築』への序文で、「内省と遡行」（一九八〇年）と「隠喩としての建築」（一九八一年）から「言語・数・貨幣」（一九八三年）を経て「探究」（一九八五年～）によって敢行された「転回」にいたるまでの紆余曲折にみちた思考実験の経過を回顧して述べている。当初、自分は内省ないし形式化を徹底させることによって自壊へと導くという方針をとっていたが、これでは自分のめざす「外部」に出ることは不可能であると思い知らされた。そしてもっと決定的な「転回」の必要を感じながらも、にっちもさっちもいかない状況に追いこまれていた。そんな自分に強く一撃をくらわせた著作があった。エドワード・W・サイードの『世界、テクスト、批評家』（一九八三年）、なかでもその序論「世俗的批評《セキュラー・クリティシズム》」がそれである、と。

サイードは書いている——ヨーロッパにおける文学理論は、誕生時点では時の支配権力にたいして反逆的であった。そしてアメリカ合州国における文学理論も、もっとも尖鋭な部分は一九六〇年代後半の時期にはその伝統を受け継いでいた。ところが一九七〇年代後半以降、それは専門化のラインを横断する大胆な介入的運動であることから後退して「テクスチュアリティ」の迷宮に閉じこもってしまった。いまや「テクスチュアリティ」は世界内的なものや状況的なものや社会的に汚染されたものから消毒された文学理論のどこか神秘的な主題である。これにたいして、自分の立場は「テクストは世俗的・世界内的な存在である」というものである。

ヘイドン・ホワイトは『メタヒストリー』(一九七三年)や『言述の喩法』(一九七八年)で、テクストを通り越して「現実の」歴史を直接に把握する道はない、と主張している。この主張をサイードは受け入れる。が、受け入れたうえで、そのような主張はテクスト自体によって引き起こされたり、テクスト自体のなかで表現されたりしている出来事や情況への関心を排除するものではないはずだ、とやり返すのだった。

ここでサイードが指摘していることは自分が当時落ち込んでいた状況をみごと言い当てているようにおもわれた、そこでサイードの示唆する「世俗的批評」を自分の仕事のコンテクストに引き寄せながらこころみてみようとした、と柄谷は言うのである。

この柄谷の証言がわたしの目を惹いたのだった。というのもほかでもない、サイードのエッセイ「世俗的批評」からはちょうど同じころ、わたしもテクストと世界の関係をどうとらえるべきか思い悩んでいたとき、貴重な示唆を得た記憶があるからである。これが目を惹いた第一の理由である。

だが、目を惹いたのはこれだけが理由ではない。

ウィトゲンシュタインの『哲学探究』には、自分たちの言葉を外国人に教えるさいには「暗闇のなかでの跳躍」(クリプキ)を余儀なくされるといった趣旨の記述がある。またマルクスも『資本論』のなかで商品を売るさいには「命がけの飛躍《サルト・モルターレ》」が必要となると言っている。柄谷が彼の「転回」を敢行するにあたっては、このウィトゲンシュタインとマルクスの発言が跳躍台になったということは『内省と遡行』(一九八五年)への付論「転回のための八章」でもすでに彼自身が証言していたが、『隠喩としての建築』英語版への序文では、この点にくわえて、似た事情は建築の現場でも見られるとの指摘がなされている。いわく、《建築はイデアとしてのデザインが実現されたものだという考えほど、建築の実際からほど遠いものはない》。《どの建築家もデザインを「他者」――顧客、スタッフ、そしてデザインを決定する過程で重要な役割をはたす他の諸要因との関係から自由に決定することはできない》。《かくて建築は共通の規則なしに起こるという条件を付けたうえでのコミュニケーションの形態である。それは、定義からして同一の規則に従うことはない他者とのコミュニケーションなのだ》。

そのうえで、サイードの「世俗的」という言葉を建築家と顧客のあいだで取り交わされる関係に援用して、こうつづけられている。《プラトンの介入以来、「隠喩としての建築」が抑圧してきたのは、生成またはテクストではなかった。それは「世俗的な建築家」を抑圧してきたのである。だから、隠喩としての建築にもとづく自己充足的な形式体系を脱構築することができるのは、「絶対的な他者」ではなく、「世俗的な他者」である》と。これはまたなんと鋭く啓発的な指摘であることか。目を惹かされた第二の理由である。

民族衣装を着なかったアイヌ

京都に「編集グループＳＵＲＥ」を名乗る小さな工房がある（ＳＵＲＥはScanning Urban Rhyme Editors の略）。一九九五年、評論家の北沢恒彦によって起ちあげられ、一九九九年に恒彦が死去してからは、娘の北沢街子（画家・作家）が代表をつとめている。これまでシリーズ『鶴見俊輔と考える』全五巻（二〇〇八年）などを世に問うてきた。知る人ぞ知る異色の編集工房だ。

その工房から、このたび（二〇一三年六月）、『民族衣装を着なかったアイヌ――北の女たちから伝えられたこと』という本が出た。著者は瀧口夕美。一九七一年、北海道阿寒湖畔のアイヌコタンに生まれ、明治学院大学を卒業後、編集グループＳＵＲＥに参加。現在は北沢恒彦の息子・黒川創（評論家・小説家）のパートナーだという。

著者は言う。「もう純粋なアイヌはいないんだよね?」とか「アイヌの人たちって、今は日本人と変わらない、普通の暮らしをしているんだよね?」といった質問を受けて、《「うん」と答えつつ、私の中には釈然としない感覚が残る》と。そしてそれはどうやら、著者が観光地「アイヌコタン」で育ったことに起因しているらしい、とも。

じっさいにも、著者の母・瀧口ユリ子は十勝出身のアイヌで、父・政満は満洲に生まれて山梨に引き揚げた和人だから、もともと二人とも阿寒湖の人間ではない。ところが故あって母は阿寒湖で働くようになり、そこでたまたま旅行でやってきた木彫職人の政満と知り合って結婚。観光地・阿寒湖畔に居を定め、彫刻作品やみやげ物を売って生計を立ててきたのだったが、それは著者からすれば《アイヌの伝統的な暮らしではなかった》。《日本史の教科書に出てくるシャクシャインや、平沢屏山が描いたイコトイの姿、アイヌの風俗を描いたアイヌ絵を見ても、阿寒湖畔のアイヌコタンでみやげ物を売る自分たちの姿とは結び付かなかった》。にもかかわらず、店を訪れる観光客たちの好奇心に応えるべく、著者は幼いころは民族衣装を身にまとって売り子として店に立ち、商売の手伝いをしていたのだった。

「純粋なアイヌはもういないんだよね?」という問いは、そのようにして阿寒湖畔の観光地「アイヌコタン」でみやげ物を売っている自分たちの生活が日本史の教科書で描かれているような「アイヌの伝統的な暮らし」とはかけ離れてみえることを突いているのではないか。こういった疑問が《答えの出せないままに、私の中にすっかり定着していた》と著者は打ち明けている。滅びゆく民族としての「純粋なアイヌ」なるものへのとらわれと、《一方で滅びつつあるとされるアイヌとして生きている私たちは、いったいなんなのか》との自問。

しかし、やがて著者は《アイヌは滅んだのではなくて、生活スタイルを変えながら今に至ったのだ》ということに気づく。そして《日本化した暮らしの中でアイヌとして生きた先輩》に話を聞きたいと思うようになる。というのも、著者だけでなく、人生の先輩たちも、《アイヌ民族というものと、現代のアイヌである自分自身との距離》に悩んだにちがいないからである、と。

こうして開始された聞き書きをまとめたのが本書である。「どうしてここにいるの？——母・瀧口ユリ子のこと」、「故郷ではない土地で——ウイルタ・北川アイ子さんのこと」、「鏡のむこうがわへ——サハリンの女たち」、「鉄砲撃ちの妻——長根喜代野さんのこと」の四つの章からなる。

それでは、これら「北の女たち」への聞き書きから、著者はどういったことを学び知ったのだろうか。それは、北海道大学教員の宮内泰介も彼のホームページで指摘しているように、歴史の多面性であり、個人の多重性であったと言ってよいのではないだろうか。著者が聞き書きした「北の女たち」の人生はいかにも破天荒で、語りも一筋縄ではいかない。が、その一筋縄でいかない語りこそが、「同化」と「抵抗」の物語として語られてきたアイヌの歴史のとらえ返しを著者にうながすのであり、著者が抱えこんできた問いを少しずつ解きほぐしていくのである。

著者は述べている。差別と抑圧にたいしてアイヌは闘ってきたというのは《いわば外向けの語り》であって、人は普段、たとえば身内の人間にたいして、つねにこういう話し方をするわけではない、と。《少数民族というカテゴリーで見れば、被抑圧者という受け身の存在かもしれないが、誰にだって、生活者としての主体的なものの見方もある。そういう多重性のもとで、個人の歴史というのは紡がれているのではないか》というのだった。

また、《「日本人？」と何気なく聞かれるだけで砕け散ってしまう私は、まだまだ軟弱だ。矛盾のない、整った歴史観に自分を収めようとするからちりぢりになるのだ》としたうえで、

「しかし」と言葉を接いで、《本来、自分の歴史というものは、施政者から与えられるものではない。自分や家族、周りの人が生きたことの全体も、私の歴史なのだと思えるようになって、観光アイヌというのも一つの歴史であり、アイヌが選んだ一つの新しい生活手段だと思うようになった》とも。

読み終わって、熱いものがこみあげてくるのを禁じえない。山田伸一（北海道開拓記念館）による解説「「違う」と「同じ」のあわいをたどる」も参考になる。

『サークル村』再訪

ここのところ、一九五八年に谷川雁が上野英信や森崎和江らと九州で創刊した文化運動誌『サークル村』にたいする再評価の動きが目につく。今年（二〇一三年）春にも水溜《みずたまり》真由美がナカニシヤ出版から『『サークル村』と森崎和江——交流と連帯のヴィジョン』と題した大著を世に問うている。いささか間口を広げすぎた感がないわけではないものの、なかなかの力作である。

ただ、『サークル村』にかんして、わたし自身はこれまで森崎和江の『闘いとエロス』（三一書房、一九七〇年）などをつうじて断片的な知識を得ていたにすぎなかった。そこでこの機会に全容をつかんでおこうと、まずはかつて在職していた東京外国語大学図書館の所蔵する『サークル村』の復刻版（不二出版、二〇〇六年）に目を通した。そのうえで、水溜の著書以外にも関連する本を何冊か取り寄せ、まとめて読んでみた。

読んでみた結果、得ることができた収穫には、事前に予想していた以上のものがあった。なかでも松原新一の『幻影のコンミューン——「サークル村」を検証する』（創言社、二〇〇一年）からは多くを学ばせてもらった。

たとえば、上野英之進（英信）の小説「伝八がバケモノをみた話」（『サークル村』一九五九年四月号）のうちに、谷川雁の起草になるとみられる『サークル村』創刊宣言「さらに深く集団の意味を」で掲げられていた《理論を実感化し、実感を理論化する》という「工作者」の任務の《文学的な具体化の試み》を読み取っている箇所がそうである。

また創刊宣言では、資本主義が高度に発達した今日もなお日本の大衆のうちに根強く残っている「共同体的思考」には《横の連帯感》を希求する《暗いエネルギー》が《いわゆる東洋の無――沈黙・空白》というかたちをとって潜在していると指摘するとともに、これがどのようにしてその質をこわさないままで顕在化されるかが《日本文明のまだ達成していない要点》であり、《サークル創造の主な目標》であると主張されていたが、松原はこの背後に《強固な自我意識に骨がらみになっていた一知識人エリートとしての谷川雁の、きわめてナイーブな「故郷」再発見、「農民世界」への回帰の希求》が存在していることに読者の注意をうながす。そのうえで、中村きい子の二篇の小説「かやかべ」（一九五九年八月号）と「間引子」（一九五九年十二月号）を《国家という頂点から村という底辺までを貫くさまざまな共同観念の呪縛とのたたかいに挑んだ試み》として《「サークル村」の中で異彩を放っていた》と評価している。これも目にとまり、しばし考え込まされた点であった。

それだけではない。創刊宣言では、《労働者と農民の、知識人と民衆の、古い世代と新しい世代の、中央と地方の、男と女の、一つの分野と他の分野の間に横たわるはげしい断層、亀裂》の存在を指摘するとともに、それは《波瀾と飛躍をふくむ衝突、対立による統一》によってのみ越えられるとして、そのためには「サークル村」会員のあいだでの《同一平面における交流》が必要不可欠であると主張していた。そしてそうした交流の場として「内政干渉」というコラムを設定していたのだったが、松原はその「内政干渉」欄で展開された会員同士のときとして激烈な対立と相剋のありさまをも丹念にフォローしている。これは類書には見られなかった検証部分で、じつに啓発的であった。

もっとも、何点かいぶかしく感じた点がなかったわけではない。

一例だけ挙げておくと、松原は『幻影のコンミューン』の最後で河野信子の「大学の階段」（一九六〇年三月号）を取り上げ、そこで提起されたアカデミズム批判を《後年の全共闘運動の起こりうべき必然性を思想的に予知していたかの如くである》と評しているが、全共闘運動といえば、その運動の担い手たちが残した落書きに「連帯を求めて孤立を恐れず」というのがある。松本健一によると、この言葉は谷川雁に由来するとのことである（「谷川雁の帰還？」『朝日ジャーナル』一九八一年十月二十三日号。【増補・新版】谷川雁　革命伝説――一度きりの夢』辺境社、二〇一〇年、参照）。

じっさいにも、谷川雁が『文学』一九五八年六月号に寄せたエッセイ「工作者の死体に萌えるもの」（松原新一編『原点が存在する――谷川雁詩文集』講談社、二〇〇九年、所収）にはある。《大衆に向っては断乎たる知識人であり、知識人に対しては鋭い大衆であるところの偽善の道をつらぬく工作者のしかばねの上に萌えるものを、それだけを私は支持する。そして今日、連帯を求めて孤立を恐れないメディアたちの会話があるならば、それこそ明日のために死ぬ言葉であろう》と。同趣旨の文言は『サークル村』創刊宣言にも「工作者」は当然にも《孤立と逆説の世界》へと導かれる、というように出てくる。

ところが、松原は「工作者の死体に萌えるもの」にほかでもない『サークル村』創刊宣言との関連で言及しているものの、肝腎の「工作者」の《孤立》の意味するところにかんしては立ち入って論じることをしていない。水溜にいたっては、彼女の謳いあげる「交流と連帯のヴィジョン」の背後で「工作者」が堪え忍ばなければならなかったはずの《孤立》について、意識した形跡すらない。これはいったいどうしたことであろうか。

怨歌の誕生

二〇一三年八月二十二日朝、歌手の藤圭子が新宿の高層マンションから路上に転落しているのが見つかり、搬送先の病院で死亡が確認された。みずから命を絶ったらしい。享年六十二だという。

藤圭子という歌手の存在をわたしが初めて知ったのは、五木寛之が一九七〇年から七一年にかけて『毎日新聞』日曜版に連載していた「ゴキブリの歌」の「艶歌と援歌と怨歌」と題するエッセイをつうじてであった。

エッセイのなかで五木は書いていた。《藤圭子という新しい歌い手の最初のLPレコードを買ってきて、夜中に聴いた。彼女はこのレコード一枚を残しただけで、たとえ今後どんなふうに生きて行こうと、もうそれで自分の人生を十分に生きたのだ、という気がした》と。《歌い手には一生に何度か、ごく一時期だけ歌の背後から血がしたたり落ちるような迫力が感じられることがあるものだ。〔中略〕彼女のこのLPは、おそらくこの歌い手の生涯で最高の短いきらめきではないか、という気がした》というのだ。

そしてつづけてはこうも断言していた。《ここにあるのは、〈艶歌〉でも〈援歌〉でもない。これは正真正銘の〈怨歌〉である》と。

五木は一九六六年に発表した小説「艶歌」のなかで、「演歌の竜」と呼ばれた主人公・音楽プロデューサーの高円寺竜三に《艶歌とは怨歌である》と語らせ、それは《庶民の口には出せない怨念悲傷を、艶なる詩曲に転じて歌う》ものだと解説させていた。ところが、一九七〇年のエッセイでは〈艶歌〉と〈怨歌〉とは《必ずしも同じたぐいの歌ではない》と述べている。青江三奈にしろ、北島三郎にしろ、彼らが〈艶歌〉歌手たるゆえんは、人生の怨念をそのまま歌わず、一種艶なる雰囲気に転じてしまうところにある。これにたいして、藤圭子の歌こそは正真正銘の〈怨歌〉である、というのだった。

この五木のエッセイを読んで興味をおぼえたわたしは、さっそくレコード店に駆けつけて問題のアルバム『新宿の女／〝演歌の星〟藤圭子のすべて』（一九七〇年）を買い求めた。そして帰宅早々聴いてみたところがどうだろう。まさしく五木の評するとおりだった。

もっとも、収録されている全十二曲のうちオリジナルは「新宿の女」（作詞：みずの稔・石坂まさを／作曲：石坂まさを／編曲：小谷充）と「生命ぎりぎり」（作詞／作曲：石坂まさを）、それに「夢は夜ひらく」（作詞：石坂まさを／作曲：曾根幸明／編曲：原田良一）の三曲だけで、残りはいずれもほかの歌手のカバーであった。しかし、五木も称賛しているように、選曲も、編曲も、鮮やかに藤圭子という歌い手の〈怨念〉の核を見抜いて作られていて、みごとなレコードと言ってよかった。

なかでも衝撃的だったのは、B面のトップに配されている「夢は夜ひらく」だった。

メロディ自体は一九六六年に園まりが歌ってブレイクした「夢は夜ひらく」と同じだった。練馬少年鑑別所で歌われていた曲を曾根幸明が採譜・補作したものという。ただ、園まりが歌ったのは中村泰士と富田清吾の作詞によるもので、昔恋して愛した男を思い出しては涙するという、よくある女の物語であった。これにたいして、今回の石坂まさをの作詞になる「夢は夜ひらく」は、のっけから「赤く咲くのは けしの花／白く咲くのは 百合の花／どう咲きゃいいのさ この私／夢は夜ひらく」と出てくるではないか。そして「十五 十六 十七と／私の人生暗かった／過去はどんなに 暗くとも／夢は夜ひらく」とつづく。

この暗い過去を背負った少女の「怨念悲傷」を、幼いころから浪曲師の父と三味線瞽女の母の門付に同行して旅回りの生活を送っていたという藤圭子がドスの利いたハスキーヴォイスで歌いあげるのである。あまりの迫力に声もなかった。

ところで五木寛之は同じエッセイで《だが、しかし、この歌い手が、こういった歌を歌えるのは、たった今この数か月ではないか、という不吉な予感があった》とも記している。《これは下層からはいあがってきた人間の、凝縮した怨念が、一挙に燃焼した一瞬の閃光であって、芸としてくり返し再生産し得るものではない》というのが理由だったが、この五木の「不吉な予感」は不幸にも的中することとなってしまった。

藤圭子はデビュー作品となったシングル盤「新宿の女／生命ぎりぎり」（一九六九年）の惹句〝演歌の星を背負った宿命の少女〟としての役目をその後も演じつづける。そして商品としては成功を収めるが、五木が予感していたとおり、一九七〇年のファースト・アルバムが放っていた暗く鋭い輝きは失っていく。このことを当人も自覚したのか、一九七九年に突然引退を表明。二年後芸能界に復帰するものの、その後は歌手としてのこれといった活動をついぞ耳にすることがないまま三十年の歳月が経過して、このたびの突然の訃報である。

情報によると、一九八三年に長女・光（宇多田ヒカル）を出産後五年ほど経ってから、ずっと心の病を患っていたという。藤圭子の売り出しに躍起になっていた芸能界の実態については、一九七〇年秋に発表された五木寛之の実名小説「怨歌の誕生」からも一端をうかがい知ることができる。さぞかし生きづらかったのだろう。

内村剛介のラーゲリ体験

1　生き急ぐ

このほど（二〇一三年九月）、陶山幾朗の編集・構成になる『内村剛介著作集』全七巻（恵雅堂出版）が完結した。

内村剛介（本名・内藤操）は一九二〇年、栃木県に生まれ、高等小学校卒業後満洲に渡って満鉄育成学校に入学。一九四三年、国立大学ハルビン学院を卒業後関東軍に徴用され、ハバロフスク放送の翻訳などに従事していたが、一九四五年九月、関東軍司令部とともに満洲から退却中に平壌でソ連軍に捕らえられる。そしてＭＧＢ（国家保安省）で長期間におよぶ取り調べを受けたのち、一九四八年、スパイ罪で二十五年の禁固刑にくわえて五年の市民権剝奪と五年の流刑を宣告され、極東シベリアの監獄に収監される。

一九五六年、スターリンの死と米ソ冷戦の「雪解け」で釈放されて日本に帰国後、商社に勤務。さらに一九七三年から七八年まで北海道大学、七八年から九〇年まで上智大学でロシア語を教授するかたわら、ロシア・インテリゲンチャ論から「ジャパン」論まで、多岐にわたる批評活動を精力的に展開してきて、二〇〇九年、八十八歳で逝去。その内村の日本帰国後四十余う。

年間の文業がテーマ別に再構成されている。壮観と言うほかない。

だが、内村の書いたもののうちでも代表作を一点挙げろと言われたなら、わたしは躊躇なく、一九六七年に三省堂から出版された『生き急ぐ――スターリン獄の日本人』を挙げるだろう。

内村はある回想記のなかで《シベリア獄中十一年、あれは今にして思えばわたしの人生のもっとも充実した時間帯だったようです。大げさに言えば、平知盛ではありませんが、わたしも若く稚くして「見るべきほどのことは見つ」ということになったようです》と述べている（「シベリア抑留十余年」、NHK編『わたしの自叙伝』三、日本放送出版協会、一九七九年、所収）。『生き急ぐ』では、その内村が若くして見てしまったという「見るべきほどのこと」、つまりは「コムニズム文明」にほかならなかったと内村のとらえる二十世紀文明の行きつく先が、スターリン獄で送った「壁面十一年」の経験と思索をとおしてあざやかに描き出されている。

なかでも刮目させられるのは、《ぼくが真実を口にすると　ほとんど全世界を凍らせるだらうといふ妄想によつて　ぼくは廃人であるさうだ》という吉本隆明「廃人の歌」（『転位のための十篇』〔一九五三年〕）の一節をエピグラフに掲げた「あとがき」で、《日常はいわば生の擬態に過ぎぬ。生はその日常を奪うものにのみみずからを開示する。この「日常を奪い、生を創造する者」を異端というなら、生はそもそも異端者のものであり、〔中略〕廃人たちに属する》と前置きしたうえで提示されている、スターリン体制の分析である。

そこではまず、《「ファクトは頑固である」という英語の諺をレーニンはひどく愛用した》と語り出されている。そして《それはおそらくかれがロシヤの諺にいうところの「悧口が過ぎて叡智が曇る」といったたぐいの「悧口ばか」たちのおしゃべり形而上学にうんざりしていたことに少なからず由っている》としたうえで、《それは他方かれが精神にとって真実とは何かということを正当に理解しようとしなかったことをも示しているだろう》と述べられている。《真理が社会にとって具体的であると言ったレーニンは、インジヴィジュアルな精神にとって真実は具体的かつ個別的であるということにもっともっと深く踏み込んでおくべきであった。ところがかれはそうするのではなくて、『資本論』の論理構造の美にかれ自身の美の確証を読んだのであり、この美は美なるがゆえに善とも真ともなったのである》というのだ。

ついでは、《ロシヤ・コムニストはこのようにしてコレクチヴなファクトに執着するあまり、インジヴィジュアルな真実を視界の外に押し出しつつ新しい社会をつくろうとして空前・凄烈な試行に乗り出す。だがこの試行は当然のことながらインジヴィジュアルな〔ママ。「コレクチヴな」の誤りか〕ファクトの世界を震撼させはしたが、インジヴィジュアルな精神の真実にはついにほとんど一歩も踏み込むことがなかった》とあったのち、《このインジヴィジュアルな「真実」の空位をスターリンのソビエト国家はやがてコレクチヴについての〝数字とファクト〟の列挙を以て補填しようとするようになる》との解説がほどこされる。

そして《真実が現実に存在しうべくもないところで、真実の名を呼んでファクトを列挙しておれば、真実が自動的にそこに現われるとでも信じえたのか》との疑問が投じられたうえで、《ともあれ、ここに名を以て実を覆おうとする呪術が誕生している。〔中略〕そしてこの呪術を支えるものが、スターリン制の権力である。スターリンの抑圧装置である》との推断がなされるとともに、《内容と形式の乖離を覆おうとするこの嘘の呪術をもしひとのことばが拒むならば、このスターリンの抑圧装置がなしうることは、今やこのことばの翼に、真実の力に匹敵する巨大な分銅をつけ、その飛翔力を奪うことだけである。この分銅がいうなればラーゲリ〔矯正労働施設〕であり監獄である》と結論されている。

　スターリン体制の「呪術」についてのこれほど簡潔でしかも透徹した分析をわたしは他に知らない。

2　失語と断念

　内村剛介といえば、『失語と断念――石原吉郎論』（思潮社、一九七九年）も忘れがたい。

　石原吉郎は、一九一五年、静岡県に生まれ、東京外国語学校ドイツ部貿易科を卒業後の一九三九年に応召。翌年、北方情報要員として露語教育隊に分遣され、四一年、関東軍のハルビン特務機関に配属。敗戦後、ソ連軍に捕らえられ、四九年二月、反ソ・スパイ行為の罪で重労働二十五年の刑を言い渡されて、シベリアのラーゲリに収容される。

　スターリンの死去にともなう特赦で一九五三年に帰国後、詩作を開始。主な詩集に『サンチョ・パンサの帰郷』（思潮社、一九六三年）、『水準原点』（山梨シルクセンター出版部、一九七二年）など、また評論集に『日常への強制』（構造社、一九七〇年）、『望郷と海』（筑摩書房、一九七二年）、『海を流れる河』（花神社、一九七四年)、『断念の海から』(日本基督教団出版局、一九七六年)などがある。一九七七年十一月十四日午前、自宅で入浴中に死去。

『失語と断念』は内村と多くの点で似た経歴をもつこのシベリア抑留体験者へのレクイエムである、とひとまずは言うことができる。が、内村自身も《石原についてレクイエムを書くつもりのところが意に反して彼をむちうつことになっていきそうである》と述べているように、内村が石原に投げかける言葉はじつに辛辣で容赦がない。

たとえば、『望郷と海』所収の「一九五九年から一九六一年までのノート」には、《日本がもしコンムニストの国になったら(それは当然ありうることだ)、僕はもはや決して詩を書かず、遠い田舎の町工場の労働者となって、言葉すくなに鉄を打とう》云々といった記述が見える。第一次安保闘争直後に記されたものだが、この記述についての内村の評言はといえば、《これはもう愚かなレトリックだ。いい気になるなとわたしはわめく》といった具合なのだ。

だが、内村がなによりも問題視するのは、石原がシベリアの南にあるカラガンダというところで、裁判にかけられるまでの二か月間ほど閉じ込められていた独房で「失語」状態におちいったと告白するとともに、帰国後、その体験を伝達しようとしてなしえず、「断念」せざるをえなかったところから詩作が始まったと述べていることである。

内村は問いかける。《断念とはいったい何か。ひとは断念できるものなのかどうか。いや、ひとは断念する権利を誰に対してもつのか。〔中略〕「断念」は「失語」としてあらわれると気やすくいっていいのか》と。

そして石原が岩波講座『日本語』の月報（一九七七年九月）に寄せた「ことばよ　さようなら」という一文で《「言葉よ、さようなら」と言った人が、この世に何人いただろうか。そして、こののち何人いるだろうか》と述べているのをとらえて、こう諫める。《だが石原は思い上がってはいけない。シャラーモフがあえてしたような非在から存在へのブリッジを試みることなく断念を観想するといったことがあってはならない》と。

ヴァルラーム・シャラーモフ（一九〇七―一九八二）は、スターリンによる大粛清で一九三七年に逮捕され、コルィマ鉱山周辺に設置されたラーゲリを転々とした経歴をもつソ連の作家である。内村は、そのシャラーモフが一九五三年の釈放後に書いた小品『センテンツィヤ』で回顧しているラーゲリでの「失語」体験を石原のそれと比較する。そしてシャラーモフの場合には、「失語」ないし言葉の非在をなんとかして存在へと架橋しようとする、石原も承知しているはずのたゆまぬ《意志的精進》があったとしたうえで、言い放つのだった。《現代ロシヤのこの意志的精進を知りつつ、それを他人事とし、その他人事をさとり顔に日本の娑婆に伝えるだけなら、石原よ、お前なんてくそくらえなんだ》と。

ああ、哀れなるかな、石原吉郎！　石原は『海を流れる河』に収録されている『望郷と海』について回顧した一文のなかで、《真に体験の名に値する体験とは、外側の体験をはるかに遠ざかった時点で、初めてその内的な問い直しとして始まると私は考えている。したがって私に、本当の意味でのシベリア体験がはじまるのは、帰国したのちのことである》と述べている。同じ趣旨のことは同じく『海を流れる河』に収録されている「失語と沈黙のあいだ」や、

『一期一会の海』〔日本基督教団出版局、一九七八年〕所収の「〈体験〉そのものの体験」でも繰り返し述べられているが、この石原の発言についても内村の評言は辛辣このうえない。《失語を石原はシベリヤで経験していない。〔中略〕これは二十世紀ラーゲリ奴隷をまともに見る視点を石原がついに欠いているということである。〔中略〕これこそまさに現代のわれらにとってもっとも痛切なものというべきではないか》云々。

しかしまた『失語と断念』の「はしがき」には、《石原に求めること多く、それゆえじじつにおいて「在るべきもの」を彼の「在りよう」におっかぶせてしまったようだが、それというのも「石原」を「内村」と置き換えることがわたしの念ずるところであったからだ》とある。そして《苛酷な時代であり、無残なわれらである》と結ばれている。石原に投げかける内村の言葉が辛辣で容赦のないものになってしまう理由がどのあたりにあったのか、察しがつこうというものである。

姜信子は一九六〇年横浜生まれの在日コリアン三世である。

その姜信子の『棄郷ノート』(作品社、二〇〇〇年)は、《一九九八年八月十日。私は「故郷」を棄てる旅に出た》という言葉でもって書き起こされている。

「故郷」を棄てる旅。つまりは《棄郷の旅》。——まったくもって読者の度肝を抜く言葉というほかないが、その真意を説明して著者は言う。《故郷という空間のなかには、われらの美しい過去、われらの純粋かつ神聖なる起源という幻想がひそかに紛れ込んでいる。幻想としての「故郷」。これをきれいさっぱり棄てようというのだ》と。

つづけては《この極東の地で故郷という言葉が特別な意味をもって語られ出したのは、一〇〇年あまり前のこと》とことわったうえで、《「美しきわが故郷を守れ」という言葉が、「美しきわが民族、美しきわが国家を守れ」という言葉にストレートにつながっていく回路が、人々の頭に組み込まれた。そして、「美しきわが故郷」は、民族や国家を守るという大義を信じて戦った人々の累々たる墓標が立ち並ぶ場所ともなった》ことを確認するとともに、《美しい死と称えられたこれらの無数の無言の死は、実際のところ、いったい何を守ったのだろう》との疑問を投げかけてもいる。

かくては「民族」という観念の美しき聖地／生地としての「故郷」にきちんと別れを告げようという思いを胸に抱きつつ、まずは祖父母の生地／故郷である朝鮮半島をおとずれるところから姜信子の旅は始まる。そして旅は、朝鮮近代文学の開拓者と目される李光洙（イ・グァンス）の『無情』（一九一七年）をはじめとする作品群を影のガイドとして、彼の足跡をたどり直すというかたちをとりながら、上海、さらには満洲へとつづいていくのだが、振り返ってみれば、そうした「棄郷」願望はすでに一九八七年、『ごく普通の在日韓国人』（朝日新聞社）を世に問うた時点で彼女の心のうちに萌していたのだった。じっさいにも、同書には、在日コリアン社会に厳として存在する「民族主義」への違和感を率直に表明して、《日本人への「同化」を避け、ひとりひとりが朝鮮民族としての「民族性」を守り通すこと。〔中略〕これが私には、うまくつかめないのである》とある。

また『ごく普通の在日韓国人』は一九九〇年に文庫化されたが、その文庫版の「あとがき」には《どんなに意味を抜こうとしても、変に意味が込められてしまう「在日韓国人」よりも、「日本語人」というほうが、身も心も軽くなるような気がする》ともある。

それからさらに十年の歳月を経たのちに綴られたのが『棄郷ノート』であったわけだが、その「棄郷という生き方」と題されたエピローグで著者は記している。《「民族」や「国家」という観念に縛られているかぎり、必然的に、私のような存在は、日本にも韓国にもどこにも居場所をもたないことになる。〔中略〕その解決策を、韓国か日本、いずれかの「国民／民族」に帰依することにのみ求めてきたのがいままで主流を占めていた発想だったとすれば、私はどちらにも収まりきれない自分自身を思い切り肯定しようと思った。「民族」とか「国民国家」に回収されるばかりではない生のありかた、人と人のつながり方を探したい、それがいまここにないのなら、みずから創ってみよう。そんな思いに突き動かされるようになった》と。

そして《その思いを出発点とした試行錯誤の延長線上に、私の「棄郷の旅」はある。それは、生きているかぎり終わることのない旅、〈棄郷を生きる〉という一つの生き方として、私自身が選び取ったものなのである》と。

ここからは、著者の姜信子が『ごく普通の在日韓国人』以来自問自答してきた「民族」をめぐる問題に、試行錯誤のすえ、ひとつの突破口を見出すにいたったらしいことが読み取れる。とともに、こうして彼女が選び取った「棄郷を生きる」という生き方には、世界をもつことなしに世界的であろうとし、家郷なき境涯を家郷として生きようとしたエドワード・W・サイードの生き方にも通じるものが看取されて、わたしのうちに深い共感を呼び起こす。

それだけではない。同書の第二部・上海編には、「乱場（ナンジャン）」という言葉について、それは猥雑な市の空間を指す韓国語だと説明したうえで、こうもある。《行商人、大道芸人、旅人たち。つまり日常世界を逸脱して村から村へと移ろう道の上を住処とする異人たちが、辻に立った市につどい、商い、歌い、踊り、彼らが携えてきたモノと音と言葉とリズムを行き交わせる。そのダイナミズムが、閉じて動きを失った日常世界の栓を抜き、新しい空気を呼び込む。善も悪も真も偽も混沌としている、日常世界の再生の場。あるいは、つねに新しいはじまりの場である空間。それが私の思い描く「乱場」だ》と。

さらには《八十数年前に「民族」の始まりの風景のなかで『無情』が発した声と音。それを、私は、近代の混沌から始まった旅の果てに、その出自の記憶を隠蔽することで成立した「民族」という枠組みに対する気づきの音として、そしてその枠組みの外へと足を踏み出すための導きの音として聞いている》とも。このくだりに接して、わたしの共感はその度合いをいっそう高める。

「有限性の近代」を生き抜くための処方箋
加藤典洋『人類が永遠に続くのではないとしたら』を読む

《三・一一の原発事故は、私の中の何かを変えた。私はその変化に言葉を与えたいと思っている》――こう加藤典洋の新著『人類が永遠に続くのではないとしたら』(新潮社、二〇一四年)は書き起こされている。

加藤は言う。三・一一の原発事故が起こるまで、自分の主要な関心は《戦後の日本が価値観の異なる過去とのつながりをいまなお作りきれていないことに向かっていた》。ところが、《原発事故は、「未来からの不意打ち」のように私にやってきて、自分が未来とのつながり、今後生まれてくるだろう人びととの関係のほうについては、ほとんど考えてこなかったことに光をあてた》と。そしてこの反省に立って事故の直後に『3・11　死に神に突き飛ばされる』(岩波書店、二〇一一年)は書かれたのだったが、《それから、だんだん、事態の推移を眺めているうち、そのむこうにもう少し別の問題が見えてきた》と。《一つの信憑の崩壊》がそれである。《私の中で気づかれずにあった堅固な信憑が、ひっそりと死んだ。私は、その死について語りたい。そしてそこに生まれた未来の空白をどのように埋めるべきか、私なりの未来の考え方について、考えてみたい。また話したいと思う》。このように加藤は今回の新著の意図を説明するのだった。

では、加藤のなかにそれと気づかれないままにしかと根づいていた信憑、そして三・一一とともに《ひっそりと死んだ》という信憑とは、そもそも何であったのか。

それはどうやら加藤が敬愛してやまぬ吉本隆明のうちにも根づいていた信憑のようである。すなわち、原発をもたらした原子力エネルギーの解放は人類が開発した科学技術の一大達成であって、それによって生じる問題には科学技術をいっそう発展させることで対処する以外にない、という信憑である。その信憑が三・一一の原発事故をまのあたりにして瓦解してしまったことを加藤は認めざるをえなくされているのだ。

こうして、信憑の崩壊後に生じた「未来の空白」を埋めるべく、本論では四〇〇ページ余りにわたって延々と考察が繰りひろげられることとなるのだが、考察はどこまで行っても試行錯誤の連続で、結論らしきものに到達したというにはほど遠いといった感が否めない。が、その加藤の紆余曲折に満ちた考察から示唆を得て、わたしたちも人類の来し方を振り返りつつ、その行く末についてしばし思いをいたすことへといざなわれる。

ただ、紙幅が限られていることもあって、ここでは加藤の思索の軌跡を逐一つぶさにたどり直すことはできない。そこで、とりわけ目を惹くとともに考えさせられるところのあった点を二、三指摘するにとどめるとして、まずもって注目されるのは、「有限性の近代を生きる」と題された第II部である。

その第II部で加藤はウルリヒ・ベックの『リスク社会』（一九八六年）における議論を立ち入って検討したのち、ベックの議論には有限へのまなざしはあるが無限へのまなざしはない、しかし有限性という考え方は無限性という考え方なしには生まれてこないはずである、と批判する。そして見田宗介が「情報化・消費化社会の現在と未来」と副題された『現代社会の理論』（一九九六年）のなかで、「生きるための必要」にくわえて、「快適に、健康に、安心して、楽しく、歓びをもって、生きるための必要」を言っていることに想起をうながしつつ、《船が沈まないように立ち上がるのであれば、私たちはそのことに「必要」なことだけをすればよい》が、《黙っていれば沈みかねない船で、そのことを前提に、生活を営み、未来永劫生きていこうとするのなら、それに加えて、私たちは、さらに「船を沈めないようにすること」が「何のために必要」なのかと、その先まで問わなければならない》と述べ、《生きることの歓びを味わうこと、それを無限に欲することが、沈みかかった船の上で生きていこうとすれば、さらにもう一つ、必要となる》と主張するのである。

はぐらかされた感がしないではない。そもそも加藤に右のような考察のきっかけをあたえたのは、原発の損害賠償保険を引き受けるために損害保険会社でつくっている「日本原子力保険プール」が東電福島第一原発にたいする保険契約を更新しない方針を固めたと報じた『東京新聞』二〇一一年十一月二十二日付の記事であったという。この記事に接して、いまや産業システムには「責任」と「弁済」の一対一対応の関節が外れるほどの法外な打撃がくわえられたと思い知ったところから、加藤の考察は始まったはずなのだった。ところが、いつのまにか照準はリスクの顕在化にたいするフィードバック制御の可能性へとずらされてしまっているようなのだ。

また、加藤がそうしたフィードバック制御の可能性を探求すべく開発されたサイバネティックスに過剰ともみえる信頼を置いているのも気にかかる。加藤は、国家と資本を揚棄することによる革命（柄谷行人）にも、マルチチュードによる反乱（アントニオ・ネグリ）にも、新しい時代を開く可能性は見込めそうにないとしたうえで、《こうした対抗イデオロギーに対し、私が一つ、新しい可能性を見るのは、思想的なツールとしてのサイバネティックスという考え方である》と述べているが、わたしの眼にはこうした考え方じたいが「一つの信憑」でしかないように映る。

しかし、これらの疑問を惹起することもふくめて、右の加藤の述言は彼のいう「有限性の近代」を生き抜くためのひとつの処方箋として十分な検討に値するのではないかと思う。

ついでは「偶発的《コンティンジェント》契機であろうとする意思」と題された第Ⅴ部。

技術革新がとりわけ情報技術の分野において推進しつつあるかにみえる成長神話からの脱却の動きに着目しながら、加藤は述べている。《私は当初、技術革新とは、産業社会の無限性信仰の中核に位置し、無限性の淵源をなすと考えていた。……しかし、……技術革新は、有限性を前にしてやみくもにこれを克服しようとするだけの一方向的なものではなかった。またその双方向性は、資源や環境という有限性の出現に対して「重厚長大」な構えを「軽薄短小」へと転じるというだけの「実用主義」的なレベルにとどまる浅いものでもなかった。……技術革新は、そこからさらに深く、無限性の探究を思いとどまり、その一方向性の盲目的な運動から降りることもできる力だった。あることができるにしても、そのできることをしないでおくということ、そうできることがまったく異なることを実現する方向転換の力でもあるということを、それは私たちに示しているのである》と。

そして《ここからやってくるのは、ある力能の変容の感触である》としたうえで、この「新しい力能」に名前をあたえることを試みてみたいと述べ、現代イタリアの思想家ジョルジョ・アガンベンがそのバートルビー論（一九九三年）で提出しているコンティンジェンシー（偶然性・偶有性）概念に着目する。

アガンベンはコンティンジェンシーを――「何の因果関係もなく、予期しない出来事がおこるさま」（『広辞苑』第四版）といった通常の理解とは大きく異なって――「存在することもしないこともできる」力能というように理解する。そして西洋における「力」概念の祖型をなすと目されるアリストテレスの潜勢力概念のうちには現勢化へ向かう「することができる力」としてのデュナミスとならんで「しないことができる力」としてのアデュナミス、すなわち「非の潜勢力」（potenza di non）ともいうべき力が含意されていたとしたうえで、これをライプニッツが『自然法の諸要素』であたえている「偶然的なものとは存在しないことができる何かである」という規定と結びつけている。

加藤はこのアガンベンのいささかアクロバットめいた解釈からヒントを得て、コンティンジェントであろうとすることの可能性をめぐって思索をめぐらせていく。そしてそこから浮かび上がってくる、解放や大義、あるいは欲望や承認願望といった、近代の駆動因から自由な、しかしまたそれらと自由に関係を保つ、コンティンジェントなありかたのうちに「有限性の近代」の《新しい自由の範型》を見てとろうとするのである。この加藤の思索の努力にも敬意を表させていただく。

そして最後に第VI部「イエスということ」。

アガンベンはバートルビー論につづいて世に問われた『ホモ・サケル——主権権力と剝き出しの生』(一九九五年)と『アウシュヴィッツの残りのもの——アルシーヴと証言』(一九九八年)のなかで、古代ギリシアには、「生」を言い表わす語として、生物一般に共通の生を指す「ゾーエー」と人間に特有の生を指す「ビオス」との二つの語があったと指摘している。そしてこの二つの「生」概念の区別に依拠して、近代における「生政治」(フーコー)の極限的な範例としてナチスの強制収容所を取り上げるとともに、そこで非-人間と化した「回教徒」たちの存在と、彼らを目撃した生き残り証人たちによる証言の可能性、というよりはむしろ不可能性について、考察をめぐらせている。

加藤は、第VI部で、このアガンベンの考察を踏まえつつ、そこにバートルビー論で提起したコンティンジェンシー概念を投げいれることをくわだてている。じつをいうと、アリストテレスのテクストでは、アデュナミスはデュナミスと正対をなして「無能力」ないし「不能の力」を意味していた。それをアガンベンは「しないことができる力」と解釈したうえで、ライプニッツの偶然性概念に接合したわけであるが、そこにはつねに「することができない」という意味、「不能の力」という意味が背中合わせになっていると加藤はみる。そしてそのアガンベンの《思考の襞》についての私見を披瀝して、ゾーエーに引き戻されて非-人間と化してしまった「回教徒」の「不能の力」に少しでも接近するためには、「しないことができる力」を行使して、証言が不可能とされているという事実を「語られることの可能性」それ自体として集積し、いわば《非のアーカイヴ》のかたちにつくりあげる以外にないというのがアガンベンの考えていることではないかという。

この加藤の議論の根底には《私たち人間は、いまやビオスとしての自分とゾーエーとしての自分の絶対的分離を、自分の中に含みつつ、生きている》という認識がある。このかぎりで、アガンベンの思想の特異性をビオスとゾーエーが無区別のまま共存する閾に照準をあてたところからの思考である点に求めたわたしのとらえ方とは異なる。そうであるだけにしかと受け止めて、再考のよすがとさせてもらいたいと思う。

「叛史」のこころみ

今福龍太が『すばる』二〇一一年六月号から二〇一四年八月号まで断続連載してきた『ジェロニモたちの方舟』がこのたび本になった（岩波書店、二〇一五年）。「群島‐世界論〈叛アメリカ〉篇」と副題されているところからもうかがえるように、同じく『すばる』二〇〇六年一月号から二〇〇七年八月号まで連載されたのちに単行本化された『群島‐世界論』（岩波書店、二〇〇八年）の続篇である。

《波打ち際に、世界の縁が静かに打ち寄せている。／陸の方にではなく、海の方に向かって啓かれる世界――。／汀を媒介に現代の時空間を反転させれば、世界は群島だ。……／……海洋交通によって開けた「近代」という前進する歴史の逆説。海を統括することで大陸原理による世界支配を数世紀にわたって続けた国家の逆説。それらを痛苦とともに負って、歴史を海の姿に反転させること。……》

こう今福は『群島‐世界論』の巻頭の辞「海の凡例」で述べていた。また本論では、群島世界には、世界地図の図と地が逆転し、離れた複数の地点が直結する「空間錯誤《アナロキズム》」と、大陸の近代的原理によって綴られてきた単一の歴史を差別され抑圧されてきた人びとの視点から転位させる「時間錯誤《アナクロニズム》」があるとも指摘していた。そして田中純も『読売新聞』二〇〇九年一月十三日付の書評で指摘しているように、これら二つのダイナミズムが大きな波のうねりのように反復されていく同書の詩的想像力ゆたかな各章を読み進めるなかで、読者はみずから群島化するのを感じるのだった。

今回の「群島－世界論〈叛アメリカ〉篇」では、「歴史」と呼ばれているものの底流には、「正史」が依拠するような「歴史的必然」からは除外されてしまう、さまざまな偶然かつ偶発的な要素が渦巻くように流れていたとの認識に立って、そうした非正統的で対抗的・攪乱的な歴史の動因を「叛史」ととらえるとともに、それを〈アメリカ〉と呼ばれるようになった力の原理にたいする叛乱・抵抗・批判の系譜として描き出すことが意図されている。

今福は述べている。《一九世紀末、植民地主義ヨーロッパに取って代わり、世界の領有と「大陸化」を推し進めた〈アメリカ〉という帝国《インペリウム》。だがその大陸の汀では、つねに海からの波が砕け、大洋と群島の原理が帝国のイデオロギーを激しく洗っていた。世界の主導原理となった〈アメリカ〉の形成そのもののなかにも、この汀の水の力は複雑に作用し、文化的抵抗のエネルギーの伏流水として地底を流れ、その水は世界の地下水とつねに結ばれていた》と。

またこうも言う。《いまや現代世界の誰もが自己の一部として〈アメリカ〉を生きざるを得ないという宿命。それを自覚したうえで、みずからの内部に一人の叛乱者ジェロニモの末裔を想像すること。このジェロニモたちの操る方舟こそが、大陸原理からの離脱と叛乱の自覚的拠点として、群島－世界の未来を約束するであろう》と。

もっとも、原初的な叛乱者たち、ジェロニモたちは、もうアメリカにはほとんど見あたらない。アメリカにとどまったジェロニモの末裔たちは、いまや完膚なきまでに国家に統合されかけている。このことは今福も重々承知している。重々承知のうえで今福は言う。《だからこそ、私たちは現代のあるべきジェロニモたちの乗った方舟の行方を、群島状に拡がったこの全‐世界のなかに探さねばならない》と。そしてその方舟の行方をキューバ、ハイチから、ブラジル、チリ、さらにはハワイやテニアンなどの太平洋諸島を経て、沖縄、フィリピンへと追跡していくのである。じつに壮大なくわだてというほかない。

なかでも、エメ・セゼールの『帰郷ノート』(一九三九年)の精神を受け継いで書かれた《「帰還」をめぐるカリブ海的想像力と実践の一つの現代的帰結》であると今福の評価するハイチ出身の作家ダニー・ラフェリエールの『帰還の謎』(二〇〇九年)についての読解と、チリの詩人パブロ・ネルーダとのあいだで《例外的に豊かな「群島的関係」を生きている》と今福のみるブラジルの民衆詩人ヴィニシウス・ジ・モライスの舞台劇『コンセイサンウのオリフェウ』(初演一九五六年)の分析が目を惹いた。

本書の1「アメリカ、大いなるカオスの岸辺」では、マルティニック出身のジャズ・トランペッター、ジャック・クルシルのアルバム《涙の道》(二〇一〇年)が取り上げられている。今福の解説によると、ひとりの黒人奴隷の末裔が、大西洋をまたぐ奴隷交易の集合的な歴史を背負いながら、一八三〇年に発布された「インディアン強制移住法」によってジョージア州の故郷からミシシッピ川西側の地オクラホマ州の辺境へと強制移住させられたチェロキー・インディアンの苦難の歴史を「空間錯誤《アナロキズム》」の想像力によって批判的に省察し、そこから《新たな歴史の詩学》に向けて創造的に踏み出そうとした、音楽的・思想的探究の実験だという。

そこで読後さっそくCDを取り寄せて聴いてみたが、クルシルのトランペットが奏でるラメントのなんと哀切きわまりないことか。激しく心を震わせながら、このたび同行する機会をえた方舟の旅の意味するところにあらためて思いをめぐらせていた。

流砂のなかで

辺見庸×高橋哲哉『流砂のなかで』が出た（河出書房新社、二〇一五年）。『私たちはどのような時代に生きているのか』（角川書店、二〇〇〇年）と『新　私たちはどのような時代に生きているのか』（岩波書店、二〇〇二年）につづいての三回目の対話である。

辺見が「方位なき流砂の原をゆく――まえがきにかえて」で述べているように、そして高橋も「単独者の責任を問う対話――あとがきにかえて」で認めているように、両人は《かんがえかた（存在のありよう）の、なんというか、なりたちや「組成」のようなものがずいぶんことなる》。そのためでもあるのか、対話は時として緊張にみちた食い違いを生んでおり、一致点もさることながら、それにも増してずれが読者の注意を引く。

ひとつはＳＥＡＬＤｓ（自由と民主主義のための学生緊急行動）についての評価。

最近の学生たちの動きをどのように見ているかとの辺見の問いに、高橋は「戦争法」に反対してＳＥＡＬＤｓという運動が出てきたことを挙げ、この運動が《全学連のように代表や支部がある団体とは異なる形態》をとっている点に注目していると答える。

ところが、この高橋の説明を受けた辺見のＳＥＡＬＤｓ評価はというと、《なんですかね、ストラグル（闘争）やムーブメント（運動）というより、組織主体のはっきりしないフィノメノン

（現象）に見える。法と秩序に意外なほど従順で、新しいフィノメノンであるにせよ、既成事実をぶちこわすようなフィノメノンではないでしょう》と、じつに手厳しい。

さらに言葉を接いで、安倍政権の政治運営は議会制民主主義を無視したものというよりは《議会制民主主義を利用した実質的暴力》であると規定したうえで、《国家の暴力に対抗する反暴力をどう表現できるか、あるいは反暴力という暴力はありうるか、それを考えたい。民主的な国民運動ではなく、国家暴力をはばむ対抗暴力を考えるべきだとも思っている》と。そして《一つ気になっているのは、官邸前や国会前に集まる人びとが、フリクションや小競り合いを避けることとです。僕にはこれがスターリニズムの今日的日常化に見えたりもする。警官や機動隊に対して「ごくろうさまです」と声をかける。これはかつてないフィノメノンです。公権力と馴れ合い親和的になっている》とも。辺見自身が体験した一九六〇年代半ばのデモと照らし合わせての批判であろうが、わたしも第一次安保闘争体験者のひとりとして同様の感想をもつ。と同時に、辺見のいう「対抗暴力」の可能性については、国家の暴力に対抗する反暴力という図式そのものがまさに流砂のごとき現実のなかでいまや失効してしまったのではないかともおもう。

いまひとつは『沖縄の米軍基地――「県外移設」を考える』（集英社新書、二〇一五年）における高橋の立論への辺見の異議。

同書で高橋が沖縄の米軍基地の県外移設を主張したことについて、辺見が《これは責任の問いから発せられたのですか》と尋ねると、高橋は《そうです》と答える。そしてその理由を説明して、《国民国家のシステムを批判的に見ることに慣れてきたわたしのような人間でも、現状で憲法の原則が侵害されているとすれば、その保障を要求するのは当然の権利だと考えます》としつつ、《しかし私の主張は、平等要求を超えて、沖縄に対する日本の植民地主義の歴史を問い返し、差別の構造を解明したいということなんです。ここで私は責任主体です。自分の責任として、踏みこむつもりです》と述べる。

これにたいして、辺見のほうでは《率直に言って、僕は仰天し面食らったのです》とやり返す。《責任の取り方として、基地を引き受ける、という行動様式と身ぶりが僕はどうも引っかかる。……責任論と差別論と運動論のカテゴリーが混乱しているような気がしました》というのだ。そして高橋が同書を《安保支持派の八割の人たち》に向けて書いたと述べたのにたいしても、《僕はそこに論理的な飛躍があると思う。その八割に「われわれ」の主体を入れるべきなのか。……僕はむしろ一人の人間、さらにそのシャドーサイドから責任についての思考を深めていくしかないと思っている》と応じていて、同書を読んで感じた当初の違和感を撤回しようとはしない。

この両人のやりとりを読んで、第一回目の対話で、辺見が《どうしようもないただの「個」としてどうなのか。〝非国民的〟な「個」としてどうなんだ。そうした薄暗い内面のところから、共同体の問題に行く。そういう発想をとりたい》と述べていたこと、これにたいして高橋のほうでは、「個」といっても、それはあくまで《複数の関係性の中にある個》であって、《私の場合、政治の場面では、自分がある国の主権者であるということをやっぱり無視できない》

と答え返していたことが想い起こされた。さらには『図書新聞』二〇〇〇年度上半期の読書アンケートへのわたしの回答で《その高橋にわたしとしてはさしあたって一言、「倫理」への過度の固執こそは全体主義の一要因ではなかったのかと問うておきたい》と書き添えていたことも。

政治を「関係の彼方で」思考する可能性を探り当てることこそは、わたしがみずからに課している年来の課題なのだ。

「声ノマ」 吉増剛造の現在

1 石狩シーツ

同世代に二歳年長の吉増剛造（一九三九年生まれ）という詩人がいることについては、学生のころから承知していた。しかし、その作品にじかに触れたのは、ずっと後年になってから、一九九八年に出た思想史家・市村弘正の『敗北の二十世紀』（世織書房）の巻頭に配されている「記憶の縁」という文章をつうじてであった。

そのなかで、市村は二十世紀という時代への思想史家としての向き合い方をめぐって、つぎのように自問している。

《時代の正面に表われた事柄を取りあげるのでなく、「消えかけた道を辿る」ように、薄らいでゆく記憶や消えつつある道標を迂回していく、そういう時代への向きあい方があるのではないか。後退あるいは退却のようにみえる物事への対し方や身のふるまい方を通じて、辛うじて受けとることができる「問い」というものがあるのではないか。瓦礫に埋もれた死屍累々の事態、あるいは逆に、その痕跡をも消し去られてしまう時代においては、そのような方法態度が要請されるのではないか》。

そして先導者として二人の人物を挙げている。一九六〇年代半ば、存続の危機に瀕していたパラグアイの狩猟民グアヤキ族をおとずれて、その森の民の孤独な語りに耳を傾け、狩人たちの夜の歌が示唆するものを聴きとろうとした民族学者のピエール・クラストルと、一九九四年、石狩河口から遡行して、幾度も爆発事故を起こしたのち、一九八二年十月九日に閉山した北炭夕張炭鉱跡にたどり着き、第一坑道の前で「女《おんな》坑夫もここに命をおとし、……」と記された銘板を目にして、長篇詩「石狩シーツ」をつづった詩人の吉増剛造である。

うち、吉増について、市村は「石狩シーツ」(『花火の家の入り口で』青土社、一九九五年、所収)からつぎの一節を引いている。

《第一抗道に立って〝女《おんな》坑夫もここに命をおとし、……〟という記述を読んだとき、/わたしは、とうとう、こゝに辿り着いたと思いました/女《おんな》坑夫という言葉の響きが非常に美しい非常口の形象を表わしていた、/そして/(カフカにもつたえてやりたい……「女坑夫さん」というい ゝ方を……)/女坑夫さんの姿が出現していた》

そしてこう解説している。《文字による記念という切断された過去の表示が、この詩人のもとで、女坑夫という「言葉の響き」とともに蘇ろうとしている。文字に声を聴きとり、息づかいを感知し、その経験世界に思いをめぐらすとき、狭い抗道を這うようにして、命をおとした女坑夫たちの記憶が「出現」する。その記憶の抗道は、炭鉱によって支えられてきた時代とその生活の「非常口」へと通じているだろう》と。つづけては、《むろん記憶の蘇生は永くはない。姿を現わした記憶の形象は、たちまち記念碑の「記述」のなかに収容され静止してしまう。それに抗うように、詩人は「女坑夫さん、女坑夫さん」と繰り返し呼びかけながら長篇詩を了えるのである。世界の応答に耳を澄ます詩的想像力は、歴史へと開かれた「交差路」としての記憶の縁に触手を伸ばそうとする》と。

世界の応答に耳を澄ましつつ、その応答する世界の声を形象性あざやかな言葉に分節化していく詩人・吉増剛造の息づかいと、その息づかいに合わせて呼吸する思想史家・市村弘正のしなやかな文体——両人の奏でるハーモニーのみごとさといったら！　ただただ感嘆するばかりであった。そして読後の興奮冷めやらぬなか、「敗北の記憶と廃墟からの物語」という論考を一気に書き上げた。同論考は岩波書店刊『新・哲学講義⑧歴史と終末論』（一九九八年）に収録されたのち、一九九七年から『思想』に連載してきた「歴史のヘテロロジー」に向けての考察の中間報告が二〇〇二年に岩波書店から『歴史的理性の批判のために』と題して出版されたさい、序章に「経験の敗北」と改題のうえ配させてもらった。いろいろな意味で思い出深い論考である。

ところで、知られているように、吉増は、詩篇だけでなく、先鋭的な朗読パフォーマンス、多重露光による写真、銅板に文字を刻んだオブジェ、ロードムーヴィーのような映像など、さまざまなジャンルの作品を手がけてきた。その吉増の「全身詩人」的なありかたを高く評価した展覧会《声ノマ The Voice Between》が二〇一六年六月七日から八月七日まで東京国立近代美術館で開催されることになったというので、暑い盛りの七月二十三日、意を決して観に出かけたところ、一九九四年に撮影したという北炭夕張炭鉱跡の写真数葉が展示されているのが目に止まった。二重露光による写真だった。カタログでの解説によると、このときに偶然撮ってうまくいったのがきっかけで、その後、吉増は多重露光をこころみるようになったのだという。

当日は、今福龍太との対談『アーキペラゴ——群島としての世界へ』（岩波書店、二〇〇六年）で、《南島を漂泊しつつ沈黙する島唄に耳を澄ませる詩人、吉増剛造の魂の航海を記録したロード・ドキュメンタリー》として取り上げられているのを知ってぜひとも観たいと思っていた『島ノ唄 Thousands of Islands』（伊藤憲監督、テレコムスタッフ製作、二〇〇四年）も上映された。吉増と伊藤のアフタートークもあり、じつに収穫の多い一日だった。

2　根源の手あるいは咽喉

東京国立近代美術館で吉増剛造展が開催されることになったのが機縁だったのだろうか、二〇一六年はこの異能の芸術家の出版ラッシュの年であった。『我が詩的自伝』（講談社現代新書）、『心に刺青をするように』（藤原書店）、『怪物君』（みすず書房）、『GOZOノート』全三巻（慶應義塾大学出版会）、そして『根源乃手』（響文社）。

なかでも目を惹いたのは、『怪物君』と『根源乃手』である。

一九五〇—五一年、吉本隆明が二十六歳から二十七歳のときに毎日のように書きつづっていた四八〇篇にもおよぶ詩篇群がある。「〈日時計〉」と題された詩から始まることから『日時計篇』と名づけられ、『吉本隆明全著作集2、3　初期詩篇Ⅰ、Ⅱ』（勁草書房、一九六八年、一九六九年）に収録された（その後、『吉本隆明全詩集』思潮社、二〇〇三年、に再録）。

吉増剛造は、この吉本の初期詩篇群に早くから注目してきたという。そして二〇一一年三月十一日の東日本大震災で死んだ者たちを悼みながらマルセイユに滞在中の二〇一二年三月十六日、吉本逝去の報に接して、《詩のなかの聞こえない声を聞く責任がある》と考え、『日時計篇』すべてと対峙することを決意して、全篇を筆写しはじめたという。作業は二度にわたっており、二度目にはひらがなと漢字をカタカナ書きにしている。

『怪物君』と『根源乃手』は、東日本大震災の死者たちと吉本隆明への〈喪の作業〉といってよい、この『日時計篇』の二度にわたる筆写作業のなかから生まれた書物である。うち前者は、読み取り不可能かにみえた吉増の巻物状の原稿をみすず書房編集部の鈴木英果がなんとか読み取って、印刷所のこれまた奇特としか言いようのない協力を得ながら活字化した、奇跡にも近い本である。また後者には、「怪物君、詩乃傍（côtés）でⅣ」というタイトルを抹消して「根源乃（亡露《ボーロ》ノ）手」と改題されていることから察して前者の続篇とおもわれる、同じく巻物状の原稿が原寸の半分ほどの大きさに縮小のうえ、巻末に収録されている（「根源乃（亡露《ボーロ》ノ）手」が刊本化された「怪物君」の続篇であるということは、『週刊読書人』二〇一六年八月五日号の林浩平との対談で吉増自身が証言している）。

それにしても、吉増は『日時計篇』を書き写すなかで、そこからいったい何をつかみとったのだろうか。

『根源乃手』に収録されている『吉本隆明詩全集2　日時計篇Ⅰ』（思潮社、二〇〇六年）の解説「視えざる血行のごとくある「日時計」」を見てみよう。奄美へ出かける船のなかで書かれた解説とのことであるが、そこでは、『日時計篇』の「睡りの造型」の最終連《わたしの睡りのうへには／ひとつの墓標を建ててその下で形成したすべての思考を刻まうとする／かくてそれを視たひとびとは／このやうな墓標がいたるところに視えざる血行のごとくあることを知るべきである》を引いたのち、《めぐりゆけ、〝視えざる血行のごとくある日時計、……〟と、孤島のわたくしもまた、声低く、呟く》とある。

そしてこれも『根源乃手』に再録されている『現代詩手帖』二〇一五年一月号の「モノローグ」欄に掲載された一文「太古の血の行が立ち上がってくる」では、まず、吉本が詩を書くときにはいつも原稿用紙に罫線を引いていたことについて、それは《材木に鉋をかけているような、……あるいは大工さんが墨付けをやるみたいな、……そういう仕草ともつながっている》としたうえで、二度目の筆写の過程でひらがなをカタカナ書きに改めていると、〝ひらがな〟と〝カタカナ〟の裂け目から、底の方から、詩というか、《言語の響き方の貌》が立ち上がってきて、《吉本さんの「根源乃手」もまた太古の工人、の手なのだという啓示のようなところに辿り着きました》と述べている。ついで、十年近く前に書いた文章のタイトルが「視えざる血行のごとくある「日時計」」であったことに触れ、《この〝ゲッギョウ〟or〝チノギョウ〟を視えざる掌の〝チノスジ〟or〝センコク〟or〝マボロシノセン〟といってよいはず》と記している。さらには、自分も『日時計篇』を筆写するさい吉本に倣って罫線を引いてきたが、昨日、一昨日あたり、これが吉本のいう「視えざる血行」、《見えない手の根源の血の行》あるいは《「無言語」の血の行》であることが見えてきた、と。

くわえて、これも『根源乃手』に収録されている『吉本隆明〈未収録〉講演集』全一二巻（筑摩書房、二〇一四―二〇一五年）の刊行に寄せた推薦のことば「根源乃手」では、「根源乃手」の「根源」は《『母型論』の〝喉《のど》ぼとけ〟にも届いていて》と注記されている。吉本の『母型論』（学習研究社、一九九五年）に、人間の音声はまず喉ぼとけで発せられ、それが口と鼻をぬけたり、こもったり、渦巻いたり、ひらかれたり、つぼめられたりしながら言葉にまで分節されていくとあるのを受けたものである。

これらの述言からは、吉増が『日時計篇』の筆写作業のなかからつかんだものが何であったかが、ほの見えてくるのではないだろうか。『根源乃手』の序―詩に《「根源乃手」緒《ヲ》、「根源乃《ノ》咽喉《ノンド》」等《ト》いひかへてもよかったのかも《(毛)》、知れなかった》とあることにも注意しておきたい。

3　亡露

吉増剛造は、『根源乃手』の序―詩で、「根源乃手」を「根源乃咽喉《ノンド》」と言いかえてもよかったのかも知れなかった、と述べていた。この吉増の発言は、吉本隆明の『母型論』における母音発生のメカニズムについての説明、すなわち、人間の音声はまず喉ぼとけで発せられ、それが口と鼻を通過する過程で言葉へと分節されていくという説明を受けたものであった。

しかし『根源乃手』の巻末に収録されている「怪物君」の続篇とおぼしき原稿では、「根源乃」とあったうえで、丸括弧で囲んで「亡露《ボーロ》ノ」と補記されている。吉本の初期詩篇『日時計篇』の「〈辛い風景〉」には最終連三行目に《亡露《(ママ)》のやうに垂下してゐる下着やYシャツの類や》とある。「ぼろ（襤褸）」の誤字か当て字と推測されるが、吉本は『日時計篇』を筆写している過程で見つけたこの「亡露」という語にことのほか感応した模様である。そして万象に間断なく触れていく吉本の「根源乃手」の本領をそれが「亡露ノ手」であるということのうちに見てとったようなのだ。

　それにしても、なにゆえに「根源乃手」は「亡露ノ手」でもありうるのだろうか。そもそも「亡露」とは何なのか。この見慣れない語によって、どんなモノあるいはコトがイメージされているのだろうか。「亡露」と「根源乃咽喉《ノンド》」とのあいだにはどんなつながりがあるのだろうか。

　カギはどうやら吉本の「根源乃手」が触れる対象の「柔らかさ」に求められるようである。吉増は『根源乃手』に再録されている「モノローグ――太古の血の行が立ち上がってくる」（初出は『現代詩手帖』二〇一五年一月号）で、吉本の「根源乃手」が触れているのがなによりも「沖縄の藁《わら》算《さん》」とか「咽喉のところで発せられる母音」といったような《柔らかなところ》であることに着目している。そしてつづけて、「亡露」という語に出会ったときの驚きを《こんなに柔らかいイメージは、……とほとんど涙ぐんでいましたよ》と述懐している。

　じつは「亡露」という語に出会った吉増の感応の仕方に接してわたしの脳裡にまっさきに思い浮かんだのは、吉増が一九九四年、その十年余り前に閉山となった北炭夕張炭鉱をおとずれ、第一坑道前の銘板に「女《おんな》坑夫もここに命をおとし、……」とあるのを目にしたときに吉増の想像界に立ち現われていたと思われるものに似たイメージであった。《女《おんな》坑夫という言葉の響きが非常に美しい非常口の形象を表わしていた、／そして／（中略）／女坑夫さんの姿が出現していた》（「石狩シーツ」）。要するに、それは時代の趨勢に押し流されていまや痕跡すら消し去られつつあるかにみえるなかにあって思いがけず出現した、束の間の「記憶の縁《エッジ》」（市村弘正）のごときものなのであった。

だが、『根源乃手』に収録されているエッセイのなかで吉増自身が連想しているのは、夕張炭鉱跡の銘板に刻まれた「女坑夫」という文字ならぬ、「沖縄の藁算」であり、「咽喉のところで発せられる母音」である。それらのイメージと「亡露」という語が喚起するイメージとのあいだには「柔らかさ」という点で共通するものがあるというのだった。いかにも吉増らしい感応の仕方ではある。

ただ、喉ぼとけについてはわかるが、沖縄の藁算が柔らかいイメージを喚起するというのはどういうことなのだろうか。

藁算というのは結縄《けつじょう》の一種で、藁に結び目をつくって数量などを表わす方法をいう。沖縄では藺《い》やガジュマルの根などを用いて二十世紀初頭までおこなわれていたという。この藁算を吉本は書家の石川九楊とのあいだで一九九二年におこなった対話のなかで「話す言葉」が「書く言葉」へ移行していく中間の段階として引き合いに出しているのだが（吉本隆明・石川九楊『書　文字　アジア』筑摩書房、二〇一二年、参照）、ここに吉増は『日時計篇』冒頭の「〈日時計〉」でうたわれている、幼少のころ病身の吉本が近所の少女たちとれんげ草の花を摘んでつくったという「草編みの日時計」を重ね合わせる。そしてその「草編みの日時計」の「柔らかさ」をそのまま沖縄で古くからおこなわれていた藁算ないし結縄のうえに投影したようなのだ。《日時計の文字盤はれんげ草の敷物であり……》（「〈地球が区劃される〉」の第二—三行目も参照のこと——《十年以前に近所の少女たちと花を摘んだり草編みの日時計を／造ったりしたわたしの野原が……》）。

くわえては、二〇一四年の暮れ、三内丸山の縄文遺跡をおとずれて、そこにわたしたち現代人の思い描いているパターン化された「縄文」には収まりきれない、じつにさまざまな血の手が触った「日々の縄文」と言ってもよいようなものに出会ったときの驚き。《その日その日の縄文の血の跡、……子どものつくった縄文もあれば、女のひとのつくった縄文もある、それはね、美術館で見て一発でわかるようなものじゃないのね》と「太古の血の行が立ち上がってくる」にはある。

おそらくはこれらの連想がはたらいて、吉増は「根源乃手」と改題された「怪物君」のタイトルの「根源乃」に丸括弧で囲んで「亡露ノ」と補記したのではなかっただろうか。

チリの闘い

昨年(二〇一六年)秋、東京・渋谷のユーロスペースで貴重なドキュメンタリー・フィルムを観る機会があった。パトリシオ・グスマン監督の『チリの闘い』*La batalla de Chile: La lucha de un pueblo sin armas* である。第一部「ブルジョワジーの叛乱」(一九七五年)、第二部「クーデター」(一九七六年)、第三部「民衆の力」(一九七八年)。合わせて四時間半に及ぶ大作だ。

東西冷戦下の一九七〇年、チリでは社会主義政党の統一戦線・人民連合が自由選挙によって政権を獲得し、社会党の指導者サルバドール・アジェンデが大統領に就任した。しかし、新政権の進める社会主義的な政策は国内の保守層、多国籍企業、そしてアメリカ合州国政府とのあいだに激しい軋轢を生み、三年後の一九七三年六月二十九日には軍の一部が首都サンティアゴの大統領府を襲撃するという事件が起きる。このいわゆる「戦車クーデター」は未遂におわるが、同年九月十一日朝、またもや軍部が米国CIAの全面的な支援のもと大統領府を空爆。アジェンデはラジオをつうじてチリ国民に向けて演説したあと、自殺とおもわれる死を遂げる。そして同日夜、陸軍総司令官アウグスト・ピノチェト将軍を議長とする軍事政府評議会のメンバーがテレビに出て軍事独裁政権の発足を宣言する。

『チリの闘い』は、このアジェンデ大統領率いる人民連合政権時代の激動するチリ社会を記録・再構成した作品である。グスマン監督はクーデターのあと軍事政権に逮捕・監禁されるが、処刑を逃れてフランスに亡命。現場で取材したフィルムとテープも奇跡的に国外に持ち出され、第三次世界大戦後のパリを舞台に時間と記憶をモティーフにしたSF短編映画『ラ・ジュテ』(一九六二年)で国際的評価を得ていたフランスの映画監督クリス・マルケルやキューバ映画芸術産業庁の支援を得て、本作品を完成させた。

まずは映画の冒頭、空爆によって大統領府が炎上するシーンが画面に写し出されたのち、第一部「ブルジョワジーの叛乱」では、一九七三年三月における総選挙での政権与党左派・人民連合と反対派双方の街頭デモ合戦に始まって、六月二十九日の「戦車クーデター」にいたるまで、混迷の度合いを深めるチリ社会のありさまが人びとへのインタヴューを交えてフィルムに収められている。そして最後は、クーデターの現場を間近で取材していて軍に銃撃され命を落としたアルゼンチンのジャーナリストのカメラに収まっていた、銃撃の瞬間を撮影したフィルムを織り込んで閉じられている。

ついで第二部「クーデター」は、第一部の終盤に登場した「戦車クーデター」事件で幕が開き、それが鎮圧されたあとも、今回のクーデターは軍にとってあくまでも予行演習だったのであり、本番がおこなわれるのは時間の問題だとの認識が人びとのあいだに広まるなか、議会での多数派獲得をつうじて社会主義への平和的移行を達成しようとするアジェンデの方針の限界があらわになっていく様子が人民連合内部での戦略をめぐる対立をつうじて浮き彫りにされる。そして選挙によって成立した世界初の社会主義政権であったアジェンデ政権が九月十一日、軍部による再度のクーデターによってあえなくも潰え去る姿を写しとって、幕が下ろされている。映画の冒頭で写し出されたのち、ここでふたたび写し出される大統領府空爆のシーンは、何度見てもじつに衝撃的である。

しかし、今回のフィルムでなによりも目を惹いたのは、第三部「民衆の力」である。第三部では、これまでの時系列的な展開から一転して、画面は大企業家と広範な中産階級がアジェンデ政権に反対して一九七二年十月から一か月間にわたっておこなった経済活動サボタージュのシーンに戻る。

このいわゆる「十月スト」のあいだ、首都サンティアゴの主要道路沿いに帯状に広がる工場地帯コルドンの労働者たちは職場を占拠し、生産を続行する。このなかで「コルドン・インドゥストリアル（cordones industriales 産業ベルト）」と呼ばれる労働者の新しい企業横断的な連帯組織が下から自然発生的に生まれてくる。さらに、これを中核として、チリにおける最小の行政区分であるコムナのさまざまな住民の代表からなる「コマンド・コムナル（comandos comunales 地域司令部）」も生まれる。

グスマンらの撮影クルーは、「十月スト」期間中「コルドン・インドゥストリアル」や「コマンド・コムナル」でおこなわれた労働者たちによる「人民権力（poder populer）」創出にむけて白熱する議論の現場に入り込む。こうして、アジェンデ政権下のチリ社会で、政府主導の国有化政策と並行して、「十月スト」を転機に下から自然発生的に出現した、労働者が主体となった生産の自主管理のこころみを内側から報告したのが第三部「民衆の力」である。

左右両派の街頭デモやクーデターの様子にかんしては、すでに当時、テレビや新聞での報道をつうじてあらかた知っていた。しかし、「コルドン・インドゥストリアル」や「コマンド・コムナル」で工場労働者をはじめとする地域住民たちがたたかわせていた議論の内実についてはうかがい知るよしもなかった。その議論の現場のまことに得がたい目撃証言記録といってよい。

恋のハレルヤ

なかにし礼の自伝風小説『夜の歌』（毎日新聞出版、二〇一六年）を読む。

なかにし礼こと中西禮三は、一九三八年九月二日、当時、満洲国の統治下にあった中国東北部の牡丹江において、酒造業を営む中西家の次男として生まれている。長男の政一は禮三より十四歳年上。兄弟のあいだに七歳年上の長女・宏子がいた。商売は上々だったようだが、たまたま父の政太郎が酒造組合の会議で新京（現・長春）に出張していて不在中の一九四五年八月十一日、突然ソ連軍が国境を越えて侵攻。母のよきは二人の子どもを連れてハルビンへの脱出を図る（兄の政一は陸軍特別見習士官として千葉にいた）。そして命からがらハルビンにたどり着き、十四か月後の一九四六年十月、葫蘆島で引き揚げ船に乗って長崎の佐世保に着く。その間、一家はハルビンで父と再会するも、その父は一九四五年十二月、肺壊疽で四十七歳の生涯を閉じている。

『夜の歌』は、なかにし礼が二〇一五年三月、三年前に罹患していることが判明したものの陽子線治療で克服した食道がんが再発し、抗がん剤治療に入ってから一年間をかけて書き上げた小説である。一九六〇年代から、シャンソンの訳詞を経て、『今日でお別れ』『石狩挽歌』『時には娼婦のように』などのヒットを飛ばしてきたみずからの作詞家人生が、彼が自伝『翔べ！

わが想いよ』（東京新聞出版局、一九八九年）で《私の人生の核》であると述べている、ソ連軍の爆撃を受けて牡丹江を脱出し、ハルビンで避難民生活を送ったのち、日本の土を踏むまでの一年二か月間の出来事と往還させながら綴られている。中西家の引き揚げ体験については、母をモデルにした小説『赤い月』（新潮社、二〇〇一年）でも語られていたが、その帯には《満洲で見たあの修羅場の光景が「なかにし礼」を作ったんだと思う》という著者の言葉が記されていた。その言葉の意味するところが解き明かされていて、じつに興味深い作品である。

なかでも目を惹いたのは、一九六七年に発売された黛ジュンのデビュー・シングル『恋のハレルヤ』（なかにし礼作詞、鈴木邦彦作曲）には、満洲国への愛憎半ばする想いが託されていたという記述である。

まずは冒頭の♪ハレルヤ　花が散っても／ハレルヤ　風のせいじゃない♪という一節。これは《幻のごとくに消えていった満洲国への未練とあきらめを散りゆく花にたくして歌ってみた》のだという。

ついでは♪ハレルヤ　沈む夕陽は／ハレルヤ　止められない♪――これについては、《あれほどまでの隆盛をみせた日本国も戦争に敗れ、今や海のかなたに没していく。これはかりはどうしようもなく、落ちるところまで墜落していくのだろう。一国を滅ぼす、この大いなる力は誰にも止めることはできない》との解説が付されている。

そして歌はさらに♪愛されたくて／愛したんじゃない／燃える想いを／あなたにぶっつけただけなの／帰らぬあなたの夢が／今夜も私を泣かす♪とつづくのだが、この一節についての解説も全文引用に値するだけの重みがある。しかし、紙幅の関係上、ここでは概要だけをかいつまんで紹介しておくとして、そこではまずもって、満洲国に移住した人びとはかならずしも国策に翻弄されていたわけではなく、国家を心の底から一途に愛していたのだと述べられている。

そして満洲で生きた人びとにとって、満洲で見た夢は膨大であり、《夢に向かって歩みつづけた充実感と躍動感は生涯忘れがたいものになっている》としたうえで、《だが、それらはみな蜃気楼のごとく消え去った。その蜃気楼がふたたび現れる可能性はまったくない》と言葉を接いで、《この虚脱感と無力感の中で人々はどう生きていくのであろうか》とつづけられている。

なかにし礼の証言によると、葫蘆島で乗った引き揚げ船が動き出したとき、甲板にいる人びとは遠ざかる大陸をぼんやりとながめていたが、だれかが突然「満洲のバカヤロー！」と叫んだ。すると甲板にいた大勢の人がそれにならって「満洲のバカヤロー！」と大声で叫んだ。そしてそう叫びつつも、顔をくしゃくしゃにして泣いていたという。《「満洲のバカヤロー！」というこの思いを、さりげなく、しかし嘘偽りなく歌にできたら、きっといいものになるだろう》ということで作ったのが『恋のハレルヤ』だったというのだ。

『夜の歌』には、ほかにもよくぞここまで率直に打ち明けたものだとおもう箇所がいくつかある。引き揚げ船のなかで、ハルビンの収容所でソ連軍の手先となって毎夜日本人女性をソ連軍兵士に提供していた人物を名乗り出させる「民衆裁判」めいたリンチ劇が演じられるのを目にして、牡丹江から脱出するとき、軍用列車に乗せてくれと懇願する開拓団員たちの手を振り払い、突き落としてわが身を守ったときのことを思い出し、《あの行為は鬼の行為ではなかったのか》と自問したうえで、《だからといって、少なくとも私には、みんなの前に土下座して許しを乞う気持ちなどさらさらない。なぜなら、ここにいる人間たちはみんな同罪だからだ。誰一人、正しさだけでここまで生き抜いた人間などいないからだ》と記されている箇所などもそのひとつである。帯に「最後の小説」とある。遺書のつもりで書いたのだろうか。

中動態の世界

インド・ヨーロッパ語族の動詞の態に、能動態と受動態以外に「中動態」と呼ばれる態があることはかねてより知られていた。なかでも注目されるのは、エミール・バンヴェニストの一九五〇年の論考「動詞の能動態と中動態」である。同論考でバンヴェニストはまず、受動態は中動態からその一様相として発生したという、比較言語学者たちによって確定されてきた事実に着目する。そしてそうだとするなら、動詞において能動態と中動態の対立のもつ意味は、能動態と受動態の対立だけが支配している言語から出発して想像したものとはまったく異なることが明らかであるとしたうえで、能動態においては、動詞は主語に発して主語の外で実現される過程を示すのにたいして、中動態では、動詞は主語がその過程の座であるような過程を示すと指摘している。つまり、中動態では、主語によって表示される主体は過程の内部にあるというのだ。

國分功一郎の新著『中動態の世界――意志と責任の考古学』(医学書院、二〇一七年)は、このバンヴェニストの指摘に依拠しながら、意志および責任の倫理にまつわる問題との関連で「中動態」の世界に正面から切り込んだ意欲作である。今後のさらなる展開に期待したい。

ところで、本書の冒頭には、薬物・アルコール依存症の女性をサポートする「ダルク女性ハウス」の代表で、自身もアルコール依存の経験がある上岡陽江とのやりとりをもとにしたという架空の対話が「プロローグ」として置かれている。

そのなかで、上岡とおぼしき女性から依存症患者の話を聞いた國分とおぼしき男性が《そういう話を聞くと、どうしても「しっかりとした自己を確立することが大切だ」と思ってしまう自分がいるんですが……》と率直な感想を述べる。すると、女性のほうでは《まあ私たちっていつも、「無責任だ」「甘えるな」「アルコールもクスリも自分の意志でやめられないのか」って言われてるからね》と応じたうえで、《アルコール依存症、薬物依存症は本人の意志や、やる気ではどうにもできない病気なんだってことが日本では理解されてないからね》とそうした言葉が投げかけられる理由を説明する。そして男性が《でも、やっぱりまずは自分で「絶対にもうやらないぞ」と思うことが出発点じゃないのかって思ってしまう》と述べたのにたいして、女性のほうでは《むしろそう思うとダメなのね》と答える。《しっかりとした意志をもって、努力して、「もう二度とクスリはやらないようにする」って思ってるとやめられない》というのである。

本文中には依存症患者に直接言及した箇所は出てこない。しかし、この「プロローグ」からは、本書執筆の動機がどこにあったのかがわかる。「あとがき」には、《〔上岡らから〕依存症の話をくわしくうかがいながら、抽象的な哲学の言葉では知っていた「近代的主体」の諸問題がまさしく生きられている様を目撃したような気がした。〔中略〕「責任」や「意志」を持ち出しても、いや、それらを持ち出すからこそどうにもできなくなっている悩みや苦しさがそこにはあった》ともある。要するに、精神病理学者の松本卓也も『図書新聞』二〇一七年六月三日号の書評で述べているように、本書は《きわめて臨床的な書物》でもあるのだ。

それだけに残念なことがある。それは、統合失調症（分裂病）との関連で中動態的自己のありように着目した、同じく精神病理学者の長井真理および木村敏への言及がないことである。

一九八三年の論考「内省の構造——病的な「内省過剰」について」で統合失調症患者のうちに《みることとみられることが同時にみられることでもあるという、二つの主体の同時的成立》と《非対称的・非措定的な自己への関与の亢進》を見てとった長井は、一九九〇年三十六歳の若さで他界した彼女の絶筆となった論考「分裂病者の自己意識における「分裂病性」」で、デカルトが『省察』（ラテン語版一六四一年）において方法的懐疑の末に到達した「われ思う、ゆえにわれあり」について、そこでデカルトによって最終的に確実だとされた「私」は《単なる能動でもなく受動でもないような行為の様態に関わる限りでの「私」である》と指摘している。そして動詞の中動態にかんするバンヴェニストの一九五〇年の論考に参照を求めつつ、デカルトの当該箇所に出てくるラテン語の videor は、通常の文法では「見る」videre の受動態「見られる」だが、ここではもっと古い文法である中動態「私には……と見える」の意味で使われていることに注意を喚起している（長井真理『内省の構造——精神病理学的考察』岩波書店、一九九一年、参照）。

また長井の師・木村敏も、日本精神病理・精神療法学会第三三回大会での講演「中動態的自己の病理」（二〇一〇年）で長井の指摘を引き取ったうえで、それにミシェル・アンリの「自己触発」概念を重ねて、《統合失調症においては、感覚の自己触発の「場所」としての中動態的な

「主体」あるいは「自己」が成立不全に陥っている》との見方を提出している（木村敏『あいだと生命』創元社、二〇一四年所収）。このような長井＝木村の見解を國分はどう受け止めるのだろうか。うかがいたいものである。

歴史の地震計

田中純の『アビ・ヴァールブルク　記憶の迷宮』（青土社、二〇〇一年）から、わたしはこの特異な〈イメージの歴史家〉についていくつもの興味深い情報に接することができた。被害妄想をともなう精神錯乱の治療のため、スイスのクロイツリンゲンにある精神科医ルートヴィヒ・ビンスヴァンガーの私設療養所に入院していた一九二三年春、二十数年前におとずれて強烈なカルチャーショックを受けた北米プエブロ・インディアンの儀礼にかんする講演（蛇儀礼講演）をおこなうことになったさい、その準備の過程でつけていたメモのなかで自分を「地震計」に譬えていたという情報もそのひとつである。

田中の同書には、ヴァールブルクが図像アトラス「ムネモシュネ」の構想に着手していたのと同じ時期におこなったヤーコプ・ブルクハルトにかんする演習のさいに書き記していた一九二七年夏の覚え書きのなかにも、ブルクハルトとニーチェという一見して対照的な二人の「見者」について、二人はともに《波動を感知し伝達しなければならなくなると、その土台が震動してしまう、とても敏感な地震計》であったという記述が見られることに注目するとともに、そこにはヴァールブルク自身の内面的葛藤の歴史が反映していると指摘したくだりも出てくる。

この「地震計」という比喩をよほど気に入っていたのだろう。田中は《ヴァールブルクの『ムネモシュネ・アトラス』というプロジェクトの現場、とくに一九二九年の最終ヴァージョンのパネルが制作された時点へとできるかぎり遡行して、『ムネモシュネ・アトラス』全体の構造や実物のパネルが与えた効果を解明し、さらに、同様のパネルの試作により、ヴァールブルクが行なった探究をよりいっそう推し進める可能性を探ること》をこころみたという、今回東京大学出版会から出た新著でも、標題を『歴史の地震計』と銘打つとともに、エピローグにも「地震計としての身体」という副見出しを付けている。

そしてエピローグの本文中でも、美術史家のジョルジュ・ディディ＝ユベルマンがブルクハルトとニーチェを「見者」と呼んだヴァールブルク自身をイメージをつうじて「時間」を見る「見者」であったと規定していることに触れて、むしろ「地震計」という自己規定のほうが《イメージを通じて過去と遭遇する歴史経験がヴァールブルクにとっていかに身体全体に関わる出来事であったのかを如実に表わす比喩》として《はるかに重要であると思う》と述べている。

さらには、《弱く脆いこの「地震計」はいったいどのような方法によって「記憶の波動」という過去からの信号を受信したのか、そして、その信号はどのようなかたちで解き放たれたのか》と問い、『ムネモシュネ・アトラス』では、図像がもともとのコンテクストから引き剝がされ断片化されて、黒いスクリーンのうえに蝟集させられていることに注意をうながすとともに、同じくディディ＝ユベルマンがこうした操作を「モンタージュ」と呼んでいることに異議を差しはさんで、むしろ、その図像配置の過程にうかがえる「解体」の契機をこそ注視すべきであると指摘している。そして「組み立て」を意味する「モンタージュ」という概念に代えて、解体された状態それ自体に照準を合わせた概念として、「パラタクシス」という概念を使用するよう進言している。もろもろの要素が外部から与えられた結合関係を脱して並存している事態を表わす概念である。《モンタージュが築く結合関係はパラタクシスへの「解体」につねに晒されている》というわけである。

　こうしたパラタクシスの状態を指して田中は「ヘテロトピア」とも呼んでいる。そして《『ムネモシュネ・アトラス』の場合、パネルに一種の生気を与えているのは、モンタージュによって成立している一定の意味のある結合関係以上に、それが潜在的・顕在的に常時帯びているこのヘテロトピア的なパラタクシス性である》という。ここには歴史へのわたしの接近方法とも深く通じあうところがあり、脳髄をいたく刺激してやまない。

　最後は、《ヴァールブルクという地震計は、過去からの記憶の波動を――忘れ去っているがゆえにかならず戻ってくる――真に無気味な震動として受信し、『ムネモシュネ・アトラス』のなかに記録していた》と概括したうえで、つぎのように結ばれている。

《だから、「模倣《ミメーシス》の能力」を呼び覚まし、経験してみなければならない――ヴァールブルクの手の動き、身振り、軀の運動を。視覚のみならず、聴覚、触覚、とくに嗅覚、そして、イメージを「食べる」内臓の感覚を。孤独な小動物のように不安と恐怖におののきながら、迫り来る危機の兆候を捕らえ損なうまいと張り詰めた、その全身の総毛立つ思いを――。／そのとき、

『ムネモシュネ・アトラス』のあらゆる図像はふたたびいっせいに震え出し、あらたな配置を求め始めるに違いない》。

それにしても悔やまれるのは、田中と伊藤博明・加藤哲弘との共著『ムネモシュネ・アトラス』（ありな書房、二〇一二年）をもとにして二〇一二年十二月、東京大学駒場キャンパスで開催された、三人の試作になる展覧会「ムネモシュネ・アトラス――アビ・ヴァールブルクによるイメージの宇宙」を観に行く機会を逸してしまったことである。

ビブリオグラフィティ（二〇一二―二〇一七年）

――『図書新聞』『週刊読書人』『みすず』読書アンケートへの回答

〔二〇一二年度〕

1　仲里効『悲しき亜言語帯――沖縄・交差する植民地主義』（未來社）

著者の仲里効は「復帰ぬ喰ぇーぬくさー」（復帰の喰い残し）のひとりであるという。その仲里による警抜な沖縄文学論。川満信一論「悲しき亜言語帯」と中里友豪論「異化の詩学」にくわえて、とりわけ崎山多美論「旅するパナリ、パナスの夢」が興味深かった。

2　友常勉『戦後部落解放運動史――永続革命の行方』（河出書房新社）

戦後部落解放運動史を資本主義社会における身分制度の存在というアポリアに直面した主体の形成に焦点を絞ったところから読み直そうとした意欲作。なかでも山本ひろ子のいう〈縁起的構想力〉の可能性を論じた第4章「〈黒い翁〉の発見」が示唆に富む。

3　市田良彦『革命論――マルチチュードの政治哲学序説』（平凡社）

アルチュセールの弟子アラン・バディウについて嚙み砕いた解説を提供してくれているのがありがたかった。もっとも、市田によると、バディウは師の「偶然性唯物論」を主体化論として受け止めなおそうとしたというのだが、そのバディウの読み替えがどこまで成功しているかは、いささか疑問である。

〔『図書新聞』第三〇七一号（二〇一二年七月二十一日）〕

1　ポール・ド・マン『盲目と洞察——現代批評の修辞学における試論』（宮崎裕助・木内久美子訳、月曜社）

待望の日本語訳。とりわけ、《批評家たちが自分自身の批評の前提にかんしてもっとも盲目になる瞬間》こそは《批評家たちが最高の洞察を達成する瞬間》であるという「盲目性の修辞学」（一九七一年）の述言は含蓄に富む。

2　鵜飼哲／酒井直樹／テッサ・モーリス＝スズキ／李孝徳『レイシズム・スタディーズ序説』（以文社）

本書の冒頭に配されている「レイシズム・スタディーズへの視座」で、酒井直樹が研究者たちに要請される政治的実践課題として確認している《人種主義には実定的な外部は存在しない》という自覚のもつ意味は深くて重い。

3　ウィリアム・J・バウズマ『ルネサンスの秋（一五五〇—一六四〇）』（澤井繁男訳、みすず書房）

ヨーロッパ・ルネサンス晩期の、上昇運動と下降運動を同時共存させながらのダイナミズムが、ホイジンガの『中世の秋』を彷彿させる筆致で活写されていて、みごとである。ただし、訳文は生硬さが目立つ。

〔『図書新聞』第三〇九一号（二〇一二年十二月二十二日）〕

1　吉田麻子『知の共鳴——平田篤胤をめぐる書物の社会史』（ぺりかん社）

著者は述べている。《平田篤胤の講釈や書物に触れ、その思想を選び取った人々（受容主体）は、今度はみずから書物を使って啓蒙する側となり、さらなる受容主体を生む》と。江戸後期におけるそのような書物を通じた「知の共鳴」のありさまを関連史料の幅広い渉猟と綿密な分析によって描き出した労作。

2　今福龍太・鵜飼哲編『津波の後の第一講』（岩波書店）

《災厄は、私たちの絶対的な外部にあって、人間が触れることも接近することもできない世界の切迫性を沈黙の下に指し示す》というモーリス・ブランショの『災厄のエクリチュール』（一九八〇年）の述言を受けて、《この謎めいた、まったき外部性を、人間にとっての究極的な死と災厄の存在論として受け入れることで、私たちはむしろ生かされているのでもあろうか》と自問する今福龍太の言葉は、読む者を深い自省へといざなってやまない。

3　シルリ・ギルバート『ホロコーストの音楽——ゲットーと収容所の生』（二階宋人訳、みすず書房）

ナチス支配下のユダヤ人ゲットーや強制収容所で演奏されたり歌われたりした音楽のうちにもっぱらユダヤ人による「精神的抵抗」の証拠を見ようとしてきた従来のとらえ方に異を唱え、そこにうかがえる生と死のはざまにあっての人間の多様な経験をあぶり出そうとしていて、教示されるところが少なくない。

〔『週刊読書人』第二九六九号（二〇一二年十二月十四日）〕

1　ホルスト・ブレーデカンプ『モナドの窓――ライプニッツの「自然と人工の劇場」』（原研二訳、産業図書、二〇一〇年）

ここのところ、つれづれにライプニッツ関連の著作を繙いている。そうしたなかで出会った一冊。「モナドには窓がない」という『単子論』の規定にもかかわらず、ライプニッツの理論は五官による世界の感覚的受容へと全面的に開かれており、そのなかで見出されたのが博物館と科学実験室の複合モデルとしての「自然と人工の劇場」であった、という著者の主張にわが意を得た思いをした。

2　新谷淳一『〈文学〉の誕生とその終焉』（岩波書店、二〇一一年）

著者は「あとがき」に記している。《学問である限り、実証を至上命題とするのは当然なのかもしれない。だがこれは本末転倒だと、私は信じている。……実証の観点では結合できないものを跨ぎ歩くことに、私は〝意味〟を見いだす》と。これはかつてアカデミズムに身を置いて大学院生たちの論文指導を引き受けたさいにわたし自身がとってきた基本方針でもあった。

3　ワシーリー・グロスマン『人生と運命』1・2・3（齋藤紘一訳、みすず書房、二〇一二年）

「全体主義」の暴力が猖獗をきわめた二十世紀という時代に生まれ落ちた人間の運命について、読む者を深い沈思へといざなう。

4　Tiqqun, "Théorie de Bloom," *Tiqqun*, n. 1 (1999)

このたび月曜社から依頼されて訳出したアガンベン『到来する共同体』二〇〇一年版の傍注「夜のティックーン」で言及されていたのに引かれて読む。内容もさることながら、このテクストが米国のアナーキスト系グループによっても英訳され、インターネットをつうじて無料配布されているのを知って、メディア革命の威力をいまさらのように痛感させられた。

5　フランシス・A・イェイツ『ジョン・フローリオ——シェイクスピア時代のイングランドにおける一イタリア人の生涯』（正岡和恵・二宮隆洋訳、中央公論新社、二〇一一年）

一九三四年、著者が三十四歳のときに刊行されたこのデビュー作には、英文学者の正岡和恵も「訳者あとがき」で記しているように、やがて円熟期に入って、アビ・ヴァールブルクの手法に学びつつ、《微細な事実からまったく新しい歴史絵図を織りなしていく》点において卓越した能力を発揮することとなるルネサンス精神史家の片鱗がすでに見てとれる。

〔『みすず』第六一一号（二〇一二年一・二月）〕

〔二〇一三年度〕

1　アーサー・O・ラヴジョイ『存在の大いなる連鎖』（内藤健二訳、ちくま学芸文庫）

微力ながらもジョージ・スタイナーのいう脱領域的な思想史研究をめざしてきた者にとって、本書は一九七五年に晶文社から刊行された日本語訳で接して以来、手本のひとつでありつづけている。このたびのちくま学芸文庫本に寄せられた高山宏の解説も、本書を〈いま〉読むことの意味について熱っぽく論じていて、共感するところが少なくなかった。

2　小林敏明『西田哲学を開く――〈永遠の今〉をめぐって』（岩波書店）

西田幾多郎の中心概念のひとつと目される「永遠の今」をプラトンとアウグスティヌスからハイデガー、デリダ、アガンベン、木村敏にいたるまでの古今東西の諸言説と突き合わせながら、西田哲学を外部に向けて開こうとした意欲作。なかでも、第六章「現在――カイロスの系譜」（初出『思想』二〇一〇年第三号）が出色。

3　東京新聞「こちら特報部」編『非原発――「福島」から「ゼロ」へ』（一葉社）

わたしは昨年四月、新聞の定期購読をそれまでの『朝日新聞』から『東京新聞』に切り替えた。福島第一原子力発電所の事故をめぐる『東京新聞』の報道が異彩を放っているということを知ったからだ。その『東京新聞』の「こちら特報部」面に3・11以来掲載されてきた原発関連記事のうち、二〇一二年三月までの一年分から三八五本を選んで収録した本書がもつ、編者いうところの「瓦版の足跡」としての意義には、ことのほか大きなものがあるといってよい。

〔『図書新聞』第三一一九号（二〇一三年七月二十日）〕

1　宇野邦一『吉本隆明　煉獄の作法』（みすず書房）

フーコーやドゥルーズなどに通暁する著者がするどくも看破しているところによると、近代の神経症的文化の〈内部〉にあまりにも深く固着していたかにみえる吉本の思想のうちには、それでもいたるところに〈外部〉のきざしが書き込まれていたとのことである。その〈外部〉

のきざしを丹念に拾いあげようとした著者の努力にエールを送りたい。

2　中村隆之『カリブ－世界論――植民地主義に抗う複数の場所と歴史』（人文書院）

地域研究的視点に立ってカリブ海フランス語圏文学の社会的・歴史的コンテクストを丹念に追跡しつつ、そこで生み出された〈クレオール〉の世界史的意義をあざやかに浮かび上がらせてみせた著者の力量はなかなかのもの。

3　エティエンヌ・ド・ラ・ボエシ『自発的隷従論』（西谷修監修、山上浩嗣訳、筑摩書房）

時宜を得た新訳。訳者の山上浩嗣による懇切丁寧な訳注と解題もさることながら、監修者・西谷修の薦めにしたがって併録されたシモーヌ・ヴェイユとピエール・クラストルのド・ラ・ボエシ論が、西谷自身の解説とともに、宗教戦争さなかの十六世紀フランスにあってひとりの若者が世に放った問題作が今日もなお、いや今日こそ、読み返すに値するものであることを知るうえで、おおいに参考になる。

〔『図書新聞』第三一三九号（二〇一三年十二月二十一日）〕

1　熊野純彦『マルクス　資本論の思考』（せりか書房）

マルクスの『経済学批判要綱』には《時間のエコノミー〔節約〕、すべての経済はとどのつまりそこへと解消される》とある。このマルクスの述言に着目したところから『資本論』全三巻を統一的に読み抜いてみせようとした著者の力業には、ただただ驚嘆するのみである。

2　田中純『冥府の建築家――ジルベール・クラヴェル伝』（みすず書房）

著者によると、本書はジルベール・クラヴェル（一八八三—一九二七）という、幼少時から重い宿痾をかかえながら、イタリア南部アマルフィ海岸の「死の都市」ポジターノに「冥府」をイメージした洞窟住居を建築したスイス人芸術家の妄執（オブセッション）に捧げられた書物だという。そして妄執は《ひとからひとへと伝染する》とも。じっさいにも、本書は死への妄執に取り憑かれたひとりの芸術家の生をいかにもヴァールブルク的＝ギンズブルグ的な「徴候的知」の実践家らしい緻密な考証でもって追尋した評伝でありながら、それを綴る著者自身、なんと凄まじいばかりに死への妄執に取り憑かれていることか。

3　近藤和敬『数学的経験の哲学——エピステモロジーの冒険』（青土社）

フランス系のエピステモロジー（科学認識論）にはつねづねどうもなじめないものを感じてきた。しかし、カヴァイエス研究でデビューしたこの若き俊英の論考には、わたしのような読者をも深く魅了してやまないものがある。

〔『週刊読書人』第三〇一九号（二〇一三年十二月十三日）〕

1　Paolo Rossi, *Le sterminate antichità e nuovi saggi vichiani* (Firenze, La Nuova Italia, 1999)

モスクワでのヴィーコにかんする国際会議（二〇一三年五月二九—三十日）から帰国後、「ヴィーコのゼノン——『形而上学篇』第四章「本質あるいは力について」を読む」という論考の執筆にとりかかった。その過程で読んだ一冊。ヴィーコが一七一〇年の著作『イタリア人の太古の知恵』第一巻「形而上学篇」で「最高の形而上学者」と称賛している「ゼノン」と十七世紀スペインの「ゼノニストたち」とのあいだには密接に関連する面のあることが文献学的に立証されていて参考になった。

2　「ポール・ド・マン――没後三〇年を迎えて」（『思想』二〇一三年七月号）

ド・マンが生前に公刊した二冊の著作が昨年あいついで邦訳された。これを機にアメリカにおける「脱構築」批評の意義についてあらためて考えてみるのに恰好の特集。『盲目と洞察』（月曜社）の共訳者のひとり・宮﨑裕助と『読むことのアレゴリー』（岩波書店）の訳者・土田知則に、アメリカ文学研究者の巽孝之を交えた座談会のほか、下河辺美知子「傷と声」と森田團「スフィンクスの解読」が目を惹いた。

3　上野俊哉『思想の不良たち――一九五〇年代　もうひとつの精神史』（岩波書店、二〇一三年）

《何らかの立場の現実的な効果を真剣につらぬいたときに、逆に現実の状況のなかではくるりと立場を変えているように見える転回が生じることがある》。こういった観点のもと、鶴見俊輔、花田清輝、きだみのる、安部公房の一九五〇年代における「転回」のかたちに探りを入れた刮目すべき思想史再考のこころみ。

4　大田静男『夕凪《ゆーどぅりぃ》の島――八重山歴史文化誌』（みすず書房、二〇一三年）

《若夏、山を登ると、背中から汗がじわじわと滲み出てくる。梅檀の木陰で、甘い香りを吸いながら、口笛を吹くと木立を揺らして風が吹いてくる。……人と風は自然と一体であった》。このような書き出しのもと、八重山諸島の歴史文化誌を詩情ゆたかにつづる石垣島出身の著者は、同時に《先島の民の視座は反国家でしかない》と言い放って臆するところがない。その心根のなんと凛として剛毅なことよ。

5　フランツ・ボアズ『北米インディアンの神話文化』（前野佳彦編・監訳、磯村尚弘／加野泉／坂本麻裕子／菅原裕子／根本峻瑠訳、中央公論新社、二〇一三年）

ボアズ最晩年の主著 *Race, Language and Culture*（一九四〇年）を構成する全六三篇の論考から一六編を精選した待望の日本語訳。ボアズの人類学は《文化人類学の限界を内側から突破する定位的エネルギーをフンボルトの〈コスモス〉理念への回帰によってはたした》という観点に立って書かれた前野佳彦の解説も、この「アメリカ人類学の父」の仕事の神髄をうかがううえでありがたい案内役をつとめてくれる。

〔『みすず』第六二三号（二〇一四年一・二月）〕

〔二〇一四年度〕

1　鵜飼哲『ジャッキー・デリダの墓』（みすず書房）

《デリダの友であったと過去形で語ることを彼の思想は許さない。彼の友であることは、いつまでも来たるべき経験であるだろう》。デリダ逝去直後の二〇〇四年十月二十九日付『東京新聞』に寄せた追悼の辞をこう締めくくっている鵜飼哲の、それから十年間に書きつづられてきた本書所収の文章群の、「〈友〉なるデリダ」へのなんと美しくも哀切な想いに浸されていることか。

2　トリン・T・ミンハ『ここのなかの何処かへ――移住・難民・境界的出来事』（小林富久子訳、平凡社）

なかでも、一九八二年にニューヨークでレイプ後に殺害され、三十一歳という若さで世を去った韓国系アメリカ人女性アーティスト、テレサ・ハッキョン・チャの『ディクテ』をはじめとする作品群をフェミニズムとポストコロニアル批評の観点から分析した「白い春」が秀逸。

3　沓掛良彦『エラスムス――人文主義の王者』（岩波書店）

日本におけるヨーロッパ文化の理解・認識には、ラテン中世への理解の浅さとならんで、北方ルネッサンスへの認識の浅さがあると指摘する古典文献学の碩学による、該博な知識に裏打ちされたきわめて上質のエラスムス伝。同じ碩学の手になるラテン語原典訳『痴愚神礼讃』（中公文庫）ともども、必読の書である。

〔『図書新聞』第三一六七号（二〇一四年七月十九日）〕

1　真島一郎・川村伸秀編『山口昌男　人類学的思考の沃野』（東京外国語大学出版会）

二〇一三年六月七日に東京外国語大学で開催されたアジア・アフリカ言語文化研究所主催の「山口昌男追悼シンポジウム」を機縁として編まれた論集。とりわけ真島一郎の序文「比類なき運動体によせて」が読ませる。また「人類学者のまなざしと肖像」と題された「山口昌男ギャラリー」には山口がフィールドで描いたスケッチや彼の収まっている写真がふんだんに紹介されていて、生前の面影が偲ばれる。

2　原田英代『ロシア・ピアニズムの贈り物』(みすず書房)

モスクワ音楽院でメルジャーノフから教えを受けた原田英代というピアニストがいて、ドイツを拠点に活動しているということは耳にしていたが、じかに演奏に接したことがなかった。それがこのたび東京でコンサートを聴く機会に恵まれ、重量感あふれる演奏に圧倒された。本書ではそのロシア重量奏法の奏でる〈響き〉の秘密がそれを血の滲むような訓練のすえに体得した原田自身の口をとおして解明されており、深い感動に包まれる。

3　新城郁夫『沖縄の傷という回路』(岩波書店)

なかでも第3章「聴く思想史——屋嘉比収を読み直す」が力作。ただ、沖縄戦での「集団自決」をめぐって岡本恵徳が口にした「わたし自身が起こすかもしれぬ」という言葉のうちに屋嘉比収が非体験者である戦後世代が「当事者性」を獲得するための手がかりを探ろうとしていることに、わたしは疑義を呈したことがあった。このわたしの疑義を著者は《岡本から屋嘉比へと連なっていく思考の運動を、ほぼ完全に捉え損なっている》と批判しているが、はたしてそうだろうか。捉え損なっているのかどうか、あらためて考えてみたい。

〔『図書新聞』第三一八七号(二〇一四年十二月二十日)〕

1　小林敏明『風景の無意識——C・D・フリードリッヒ論』(作品社)

根本気分としての「不安」と「不気味なもの」をはじめ、フロイトとハイデッガーには《啞然とするような》類似性が見出されると指摘するとともに、両者の言説を根底において規定していたと目される心的な「原風景」の歴史的起源をドイツ・ロマンティクの画家フリードリッヒの風景画のうちに探りあてようとした意欲作。著者の自負するように、《思想史「生け捕り」の試み》としても注目される。

2　木前利秋『理性の行方　ハーバーマスと批判理論』（未來社）

著者は昨年末に他界する直前まで、雑誌『未来』に二〇〇八年から連載してきたハーバーマス論の推敲作業に専心していたという。パソコンに打ち込まれていたその推敲データを元に単行本化された待望の書。

3　丸山眞男『政治の世界他十篇』（岩波書店）

丸山眞男は政治学者に人間の総体を扱う医者にしてあらゆる楽器の奏法に通暁しているオーケストラの指揮者であれと説いた。編者の松本礼二は、「丸山眞男と戦後政治学」と題する解説で、この丸山の要求を今日の学問状況からすれば《過大な要求》であり、大方の政治学者にとって《いささか迷惑である》としたうえで、しかしまた《そこに丸山眞男の政治学があり、彼の時代がある》と結んでいる。だが、この要求にかんするかぎり、それをいまや過去のものとなってしまった「戦後政治学」に特有の要求として片づけてすむものなのだろうか。

〔『週刊読書人』第三〇六九号（二〇一四年十二月十二日）〕

1　互盛央『言語起源論の系譜』（講談社、二〇一四年）

一八二八年五月、ニュルンベルクの路上で発見され、数年後に何者かに殺害された、ほとんどまともに言葉を話せない、発見当時十六歳と推定される少年、カスパー・ハウザー。この少年のうちに《「生まれ出ざる者」が生まれ出ざるままにある》ひとつのありようを見てとったうえで、《彼が殺害されなければならなかった理由を問うことは「言語起源論の系譜」を実行することだと言ってよい》との観点からくわだてられた刮目すべき西洋思想史。

2　Bin Kimura, *Tra. Per una fenomenologia dell'incontro* (Trapani, Il pozzo di Giacobbe, 2013)

わたしにとっては拙著『ヴィーコの懐疑』（みすず書房、一九八八年）が参照されていることでも忘れがたい木村敏『あいだ』（弘文堂、一九八八年）のイタリア語訳。一九八九年九月にフランスでおこなわれた、日本語では未紹介の講演「精神療法教育における言語の意義と限界」が付載されている。木村自身は懸念していたが、訳文はおおむね正確。木村における「あいだ」概念とゲシュタルト療法における「接触境界」概念との符合性について論じたジョヴァンニ・サノニアの序文からは、イタリア精神医学界における木村への関心がどのあたりにあるのかがうかがえて興味深い。

3　木村敏『あいだと生命――臨床哲学論文集』（創元社、二〇一四年）

西田哲学からヒントを得て、統合失調症の特異性を自他の「逆対応」に求めようとした二〇〇五年の講演から、著者が八十歳を迎えたのを記念して二〇一一年に開催されたシンポジウム「いのちと病」での、「あいだ」と生命の関係をめぐる思索の《総決算》と著者が位置づけている提題講演にいたるまで、『関係としての自己』（みすず書房、二〇〇五年）を《最後の論文集》と称してまとめてからでも、著者のあくなき探求心はいっこうに衰えを見せていない。

4　喜安朗『転成する歴史家たちの軌跡――網野善彦、安丸良夫、二宮宏之、そして私』（せりか書房、二〇一四年）

著者によると、本書は《戦後歴史学を内破して歴史認識の座標軸を転成させた歴史家たちの軌跡と作法》についての再検討のこころみであるという。網野、安丸、二宮の業績についての考察もさることながら、著者がみずからの転成の軌跡について自己検討をおこなった第四章が興味深い。

5　黒田寛一著作編集委員会編『黒田寛一初期論稿集』全七巻（こぶし書房、二〇〇九〜一四年）

二〇〇九年九月のことである。黒田寛一著作編集委員会から『黒田寛一初期論稿集』第二巻「唯物弁証法・論理学」が《故人が必ずお贈りしたいと考えたであろう方々に、故人にかわって本書をおおくりするしだいです》との挨拶状を添えて送られてきた。内田弘編『三木清エッセンス』が二〇〇〇年にこぶし書房から刊行された折、同書房の『場　UTPĀDA』第一三号に「失われた環――三木清とレトリックの論理」という一文を寄せたのが編集委員会の念頭にあったのではないかと推測されるが、その『初期論稿集』全七巻がこのたび第五巻「技術論と史的唯物論ノート」でもって完結した。黒田の技術論をめぐっては東大に在学中の一九六一年、自然弁証法研究会で熱く議論を闘わせたことがあっただけに感慨もひとしおである。

〔『みすず』第六三四号（二〇一五年一・二月）〕

〔二〇一五年度〕

1　三島憲一『歴史意識の断層――理性批判と批判的理性のあいだ』（岩波書店）

岩波書店刊のシリーズ《歴史を問う》全六巻（二〇〇一―〇四年）の各巻冒頭には、わたしが編集委員を代表して書かせてもらった「序にかえて」という企画趣意文が掲げられている。その趣意文を執筆するにあたって参照したもののひとつに三島憲一の論考「歴史なき時代の歴史意識へ」（一九七四年）があった。本書は、この論考と、同じく刺激を受けたニーチェ論「経験と反省」（一九七六年）、それに十九世紀に成立した精神科学の来歴を批判的に吟味した「生活世界の隠蔽と開示」（一九八三―八四年）などで構成されている。いずれも三十年から四十年も前の文章であるが、そこに散りばめられた鋭利な指摘は現在もわたしたちに真摯な反省を迫ってやまない。

2　仲里効『眼は巡歴する――沖縄とまなざしのポリティーク』（未來社）

著者は一九四七年、南大東島に生まれ、中学までをそこで過ごしている。その島の製糖工場の石造りの倉庫ではじめて「活動写真」に出会い、《幼い小さな頭と小さな眼が稲妻のような電荷を帯びた》ときの思い出をつづった「あとがき」の文章が、得も言われぬほど美しく切ない。

3　山本ひろ子・宮嶋隆輔編『民俗と仮面の深層へ――乾武俊選集』（国書刊行会）

藤井貞和が帯文で「若い人」に檄を飛ばしている。いわく、《仮面を受けよ、若い人よ。詩人・乾武俊がそこにいる。深層から、〈黒い翁〉を連れて。四十年の歳月ののちに》。山本ひろ子の愛弟子でもある宮嶋隆輔の解説「『黒い翁』の向こうへ」は、藤井の檄へのひとつの将来性ゆたかな応答のこころみとみることができる。

〔『図書新聞』第三二一五号（二〇一五年七月十八日）〕

1　ハンス・ヨナス『グノーシスと古代末期の精神』第一部「神話論的グノーシス」、第二部「神話論から神秘主義哲学へ」（大貫隆訳、ぷねうま舎）

日本におけるグノーシス研究の第一人者による、ハンス・ヨナス畢生の労作の画期的な訳業。本書の個人訳を手がけることはグノーシス研究の側と古代哲学あるいは実存哲学の側のいずれからおこなわれるとしても無謀な越境行為であることに変わりはないと自覚したうえで、あえてグノーシス研究の側からその危険を引き受けることにしたという訳者の勇気に敬意を表したい。

2　入不二基義『あるようにあり、なるようになる——運命論の運命』（講談社）

運命論と反運命論のどちらも勝ったり負けたりすることのない〈中間〉の道へと「運命」という概念を動かし、そのことをつうじて運命論そのものを書き換えようとしていて、なかなかチャレンジング。

3　細見和之『石原吉郎——シベリア抑留詩人の生と詩』（中央公論新社）

一九六九年から七一年にかけて発表されたシベリア・エッセイのうちに、《シベリアのリアルな記憶をみずからのうちに喚起しながらも、それを自分の黙想的な論理に押し込めていく》

《ほとんど暴力的な石原の振る舞い》を見てとるとともに、その振る舞いを《ムードとしていかにも「全共闘的」である》と受け止めているのが目を惹いた。

〔『図書新聞』第三二三五号（二〇一五年十二月十九日）〕

1　長谷川宏『日本精神史』上・下（講談社）

市村弘正は『敗北の二十世紀』（世織書房、一九九八年）のあとがきで、自分が「思想史専攻」を名のることにたいして「ある尊敬する先達」から「疑義」が提出されたと打ち明けている。そのうえで、《なぜか「文化史」という概念が工芸品のように扱われ、「精神史」という領域が市民権を得にくい社会においては、いわば留保つきで思想史と呼んでおくほかないと言えば、さきの尊敬する先達は苦笑されるだろうか》と書いている。この市村の言葉を長谷川はどう受け止めるのだろうか。ちなみに、市村のいう「ある尊敬する先たち達」とは藤田省三のことではないかと推測される。

2　ヴァルター・ベンヤミン著、鹿島徹訳・評注『歴史の概念について』（未來社）

今後、「歴史哲学テーゼ」の読解は、本書を抜きにしてはなしえないだろう。

3　小林敏明『柄谷行人論――〈他者〉のゆくえ』（筑摩書房）

その思考スタイルの特徴を「通説の転倒」と「アナロジカル・シンキング」、それに「外部に向かう思考」の三点に見さだめたところからの、野心的な柄谷行人論。アナロジーとメタファーの対比のさせ方などには疑問がないわけではない。しかし、柄谷の「単独者」概念について《それは「自閉」というより、むしろ「自閉」とでも言ったほうがよい》と受け止めたうえでなされている解説には、わたしも全面的に同意である。

〔『週刊読書人』第三一一九号（二〇一五年十二月十一日）〕

1　ジョルジョ・コッリ『さまよえる理性』Giorgio Colli, *La ragione errabonda. Quaderni postumi*, a cura di Enrico Colli (Milano, Adelphi, 1982)

ニーチェ全集のうち現在もっとも信頼できるグロイター版の編者として知られるイタリア人哲学者・古典文献学者のジョルジョ・コッリ（一九一七―一九七九）が一九五五年から七七年まで書きためていたノートの集成。多くの示唆に富むが、なかでも、ジョルジョ・アガンベンも『身体の使用』（二〇一四年）で注目しているように、「ティゲイン＝接触すること」にかんする古代ギリシアの「賢者たち」の思想についての一群のノートが啓発的。

2　ロベルト・カラッソ『カドモスとハルモニアの結婚』（東暑子訳、河出書房新社、二〇一五年）

著者は神話を文学の《絶対的 absoluta》起源、すなわち《社会組織にかかわるいかなる機能性からも解き放たれた ab-solutum》起源ととらえる。そのギリシア神話の世界へのめくるめくような沈潜。

3　『黄金の竪琴――沓掛良彦訳詩選』（大和プレス〔発売元：思潮社〕、二〇一五年）

《詩の翻訳という営為のはかなさを常に意識し、時に己の行為の虚しさを自嘲しつつも》《わが愛する詩人たちの作品をみずからのことばに移すことに少なからぬ情熱を注いできた》という著者の珠玉の自選訳詩集。今年夏には『ギリシア詞華集』の第一巻も京都大学学術出版会から出た。全訳の予定とのこと。無事完結されることを願う。

4 Ludwig Wittgenstein, *Philosophische Untersuchungen/Philosophical Investigations.* Translated by G. E. M. Anscombe, P. M. S. Hacker and Joachim Schulte (Revised fourth edition: Wiley-Blackwell, 2009)

Journal of Japanese Philosophy 誌編集部から依頼され、「転回」前夜の柄谷行人について書く必要があって、再読。「言語ゲーム」の意味するところについて、少しは理解が深まったような気がする。

5 岡本充弘／鹿島徹／長谷川貴彦／渡辺賢一郎編『歴史を射つ――言語論的転回・文化史・パブリックヒストリー・ナショナルヒストリー』（御茶の水書房、二〇一五年）

冒頭に、ヘイドン・ホワイトが *deferences* 誌二〇〇八年夏号に寄せた論考 “Historical Event”（その後、Hayden White, *The Practical Past,* Evanston, Ill., Northwestern University Press, 2014 に収録）が訳載されている。この論考を読んで、彼の「歴史のトロポロジー」論の成立と発展の経緯をいまいちどつぶさに検討しておく必要があるのではないかとの思いをあらたにする。

〔『みすず』第六四五号（二〇一六年一・二月）〕

〔二〇一六年度〕

1　田中純『過去に触れる――歴史経験・写真・サスペンス』（羽鳥書店）

著者はベンヤミンから採って《歴史叙述者は「歴史を逆撫でする」》と宣言したうえで、《たとえ「逆撫で」をなしえたとしても、その後の帰趨はけっして定かではない。死者たちはもう一度辱められるかもしれない。歴史叙述者もまた敗北するかもしれない。歴史叙述はそのとき、みずからを危険なサスペンスに晒す》と述べている。この「サスペンス」としての歴史叙述のありかたに着目したところからの、「過去に触れる」経験をめぐる刺激的な「私記」集成。

2　中村隆之『エドゥアール・グリッサン――〈全-世界〉のヴィジョン』（岩波書店）

著者によると、グリッサンは〈全-世界〉のヴィジョンを求めつつ、《みずからの尺度（意図）では測れない予測不能なその先に向かおうとする個人的態度を養うこと》を教えたという。その態度から何が見えてくるか、次なる著作に期待したい。

3　徐智瑛《ソジヨン》『京城のモダンガール――消費・労働・女性から見た植民地近代』（姜信子・高橋梓訳、みすず書房）

著者は言う、歴史のなかで自身の語りを量産できなかったサバルタンの声を探り出すということは、スピヴァクが『サバルタンは語ることができるか』で提起していたように、サバルタンの「代わりに」語る知識人の声へと転移されやすい、と。だが、同書でスピヴァクが問題視したのは、知識人によって代弁されずとも大衆はみずから語っているとして、知識人としての自分たちの存在を透明化してしまうフーコーやドゥルーズらの態度ではなかったのか。

〔『図書新聞』第三二六四号（二〇一六年七月二十三日）〕

1　西谷修『アメリカ　異形の制度空間』（講談社）

著者は本書における論が《たぶんこれまでのどのアメリカ論にも似ていない》としたうえで、そこには《認識に関するはっきりした方法意識》があると宣言している。「唯名論的」方法をとっていることと「制度性」への着眼がそれであるというのだ。うち、「制度性」への着眼にかんしては、本書のアメリカ論がはたして著者の自負するほど独自のものであるのか、いささか疑問が残る。しかし、「唯名論的」アプローチには納得させられるところが少なくなかった。

2　『現代思想』二〇一六年十一月臨時増刊号総特集「木村敏――臨床哲学のゆくえ」

いつごろからだっただろうか、精神病理学者の木村敏は「中動態」に格別の関心を寄せてきた。この木村の関心のありどころに焦点をあわせた特集。なかでも木村と『芸術の中動態――受容／制作の基層』（萌書房、二〇一三年）の著者・森田亜紀との討議が読ませる。

3　リン・ハント『グローバル時代の歴史学』（長谷川貴彦訳、岩波書店）

著者の診断によると、いまや経済決定論的なトップダウン型のグローバル・ヒストリーだけが歴史学界において主流をなしつつあるかにみえるという。そうしたなかで、いわゆる「文化論的転回」以降の歴史家たちの個別具体的な研究のボトルアップ的な積み重ねに期待を寄せているのが、時を同じくして編訳する機会を得たカルロ・ギンズブルグの最新論文集『ミクロストリアと世界史』（みすず書房、二〇一六年）の問題意識とも通じあうものが感じられて、目を惹いた。

〔『図書新聞』第三二八四号（二〇一六年十二月二十四日）〕

1　市田良彦・王寺賢太編『現代思想と政治――資本主義・精神分析・哲学』（平凡社）

わたし自身は時期を同じくしながらも、本書で主題となっている「現代思想」からも「政治」からもいささか外れた場所に身を置いたところで〈政治的なもの〉について考えてきた。しかし、そのわたしにとっても示唆に富む論考が並んでいる。

2　遠藤知巳『情念・感情・顔――「コミュニケーション」のメタヒストリー』（以文社）

「内部にある／である」ことをめぐる十六世紀から十九世紀にかけての西欧の観察的思考は見た目の平明さの背後で〈近代《モダニティ》〉が抱えこんできた恐るべき深度に通じているとの見通しに立ったところからの、浩瀚な社会思想史的考察。なかでも、記号・特徴・人格といった多義性をもつ「キャラクター」の概念にかんする第七―九章の論述が目を惹いた。

3　デイヴィッド・ルイス『世界の複数性について』（出口康夫監訳、佐金武・小山虎・海田大輔・山口尚訳、名古屋大学出版会）

ひさしく邦訳が待たれていた様相実在論者の可能世界論。ただ、立ち入った分析があってもよかったはずのライプニッツについてまったく触れられていないのはなぜなのか。その点についての弁解めいた述言が序文に見えるものの、不可解というほかない。

〔『週刊読書人』第三一六九号（二〇一六年十二月十六日）〕

1　Nicholas Chare and Dominic Williams (eds.), *Representing Auschwitz: At the Margins of Testimony* (Palgrave Macmillan, 2013)

　わたしは目下、ヘイドン・ホワイトがこれまでに書いてきた論考のなかから主要なもの数本を選んで翻訳作業を進めている。そのホワイトが“Reading Witness Discourse”という一文を寄せているというので取り寄せたところ、「アウシュヴィッツの巻物」をめぐる興味深い論考が並んでいた。なかでも、Dan Stone, “The Harmony of Barbarism: Locating the Scrolls of Auschwitz in Holocaust Historiography”からは少なからず教えられるところがあった。

2　長崎浩『乱世の政治論　愚管抄を読む』（平凡社、二〇一六年）

《『愚管抄』の主張する「道理」は、道理でありまた「道理に反することの道理」を融通無碍に使い分けた。これぞ政治の知であって、そうでないとしたら他の何と呼べばいいのか。……記述は「歴史」に限りなく近づいている。……だが、動乱の時代を経た一門一党の政治の「総括文書」としてこれを読めば、そこに終始立ち現れるのは敗北の政治思想というほかない》。わたしも慈円の同書から似たような印象を受けた記憶がある。

3　村井則夫『人文学の可能性――言語・歴史・形象』（知泉書館、二〇一六年）

　わたしの関心領域とも重なるところの多い一書。なかでもグラッシとアウエルバッハの文献学的思考のもつ意味について考察した第I部第二章「可能性としての人文主義」を興味深く読ませてもらった。

4　篠田浩一郎『ロラン・バルト――世界の解読』（岩波書店、一九八九年）

昨年（二〇一五年）、ロラン・バルト生誕一〇〇年を記念してであろうか、中公新書の一冊として出版された石川美子の『ロラン・バルト』もなかなか魅力的ではある。しかし、「エクリチュール」をめぐってバルトのそれ自体たえまなく変貌を遂げていった思考を貫いて走るエネルギーといったものをつかみとろうとして綴られたこの雄渾な「物語＝歴史《イストワール》」の放つ光輝には、石川の本の魅力を凌駕して余りあるものがある。

5　林道郎『死者とともに生きる――ボードリヤール『象徴交換と死』を読み直す』（現代書館、二〇一五年）

現在の世界は、返礼先・贈与主体不明のまま、世界として「贈与」されてしまっているとの認識のもと、それへの抵抗素として「特殊性」というあいまいな言葉を残して二〇〇七年に他界したボードリヤールの、その未完の思索を完結させようとした野心的なこころみ。

〔『みすず』第六五六号（二〇一七年一・二月）〕

〔二〇一七年度〕

1　金哲《キムチョル》『植民地の腹話術師たち――朝鮮の近代小説を読む』（渡辺直紀訳、平凡社）

《思うに、帝国の支配下で帝国の言語で発言する被植民地人は一種の腹話術師である。彼らは一つ口で二つのことを話す者、二枚の舌を持った者である。このきわどいゲームでは彼ら自身も分裂し破滅する。しかし同時に彼らの存在自体が、母語の自然性、国語のアイデンティティ、国民文学の境界に対する鋭い刃となる》。この著者の言葉の意味するところについて、そうした腹話術師の一人であった李光洙《イグァンス》を姜信子が『棄郷ノート』（二〇〇〇年）のなかで「故郷」を棄てる旅のガイドにしていたことを想い起こしながら考えた。

2　鹿島徹『危機における歴史の思考——哲学と歴史のダイアローグ』（響文社）

ベンヤミンの一九三三年の論考「経験と貧困」に示唆を受けながら書きつづられたという「哲学的歴史理論」の注目すべきこころみ。なかでも、フランソワ・アルトーグの『歴史性のさまざまな体制——現在主義と時間経験』（二〇〇三年）についての読解から教示を得るところが少なからずあった。

3　ジョン・エリス・マクタガート『時間の非実在性』（永井均訳・注解と論評、講談社学術文庫）《時間の本質であるA系列（過去、現在、未来）は矛盾しており、それゆえ実在しないから、時間は実在しない》というマクタガートの主張と、ウィトゲンシュタインの《独我論は語りえない》という主張のあいだに類同性を見てとったところからの、訳者・永井均の「付論」におけるユニークな読解が目を惹く。

〔『図書新聞』第三三一二号（二〇一七年七月二十二日）〕

1　スーザン・バック＝モース『ヘーゲルとハイチ——普遍史の可能性にむけて』（岩崎稔・高橋

明史訳、法政大学出版局）

『精神現象学』で「主」と「奴」のあいだの承認をめぐる闘争の意義について論じたヘーゲルは、まさに同時期、「主」と「奴」の近代における極限形態と言ってよい奴隷制のもとにあったハイチで起きた黒人奴隷たちによる革命に熱い視線を注いでいた。この事実を確認したうえで、後年の『歴史哲学講義』ではその痕跡が消し去られてしまったことの謎に迫りつつ、そこから普遍史の新たな可能性を探り出そうとしたポストコロニアル批評の注目すべき試み。

2　ヘイドン・ホワイト『メタヒストリー——十九世紀ヨーロッパの歴史的想像力』（岩崎稔監訳、作品社）

待望のというよりは、遅きに失した感のある邦訳。ただ、『歴史の喩法——ホワイト主要論文集成』（上村忠男編訳、作品社）と最新論考集『実用的な過去』（上村忠男監訳、岩波書店）も出たことであり、このさい本格的な議論がおこなわれることを期待したい。

3　ジャコブ・ロゴザンスキー『我と肉——自我分析への序論』（松葉祥一・村瀬鋼・本間義啓訳、月曜社）

フッサールが晩年に構想した「あらかじめ与えられている生活世界にまで問いを遡らせたところから出発して現象学的超越論哲学へいたる道」は、わたしが学問論的反省を進めるにあたっての導きの糸でありつづけてきた。そのフッサールの構想に潜む陥穽がデカルトの「自我」概念に回帰したところから鋭くもえぐり出されていてショッキング。

〔『図書新聞』第三三三二号（二〇一七年十二月二十三日）〕

1　星野太『崇高の修辞学』(月曜社)

たまたまヘイドン・ホワイトの論文「歴史的解釈の政治――ディシプリンと脱崇高化」(一九八二年)を訳出した直後だったこともあって(『歴史の喩法――ホワイト主要論文集成』作品社、二〇一七年所収)、興味深く読ませてもらった。ただ、残念ながら、ホワイトが主題的に論じていたシラーの「崇高について」(一八〇一年)については、第II部で取り上げられているバークやカントとの絡みで言及されていてよかったはずなのに、どういうわけか本書ではひと言も触れられていない。

2　國分功一郎『中動態の世界――意志と責任の考古学』(医学書院)

フランス語訳をつうじてであるが、スピノザの『ヘブライ語文法綱要』の内容がくわしく紹介されているのがありがたかった。

3　エトムント・フッサール『内的時間意識の現象学』(谷徹訳、ちくま学芸文庫)

たしか一九七〇年ごろだったか、当時わたしはフッサール晩年の論考『ヨーロッパ的諸科学の危機と超越論的現象学』に集中的に取り組んでいる最中だったが、参考までに『フッサリアーナ』第一〇巻に収録されている本書『内的時間意識の現象学』のドイツ語テクストに目を通してみて、『危機』書の平明な文体とは対照的に、その晦渋さに辟易した記憶がある。一九六七年にみすず書房から出た立松弘孝訳も多少の手助けになったものの、理解がはかどったというにはほど遠い状態だった。それと比べて今回の新訳の水準には隔世の感がある。

〔『週刊読書人』第三二一九号(二〇一七年十二月十五日)〕

1　Giorgio Agamben, *Che cos'è reale. La scomparsa di Majorana* (Vicenza, Neri Pozza, 2016)

量子力学が登場するなかで、確率計算の意義をめぐって古典力学的評価からの一大転換が生じた。この出来事と関連させながら、一九三七年の原子物理学者エットレ・マヨラナ失踪事件の謎に迫りつつ、あらためて「実在とはなにか」と問いかけていて、じつにスリリング。

2　シモーヌ・ヴェーユ『科学について』（福居純・中田光雄訳、みすず書房、一九七六年）

アガンベンの新著で取り上げられているのに触発されて読む。量子力学批判はいまなおみずみずしい。

3　Hayden White, *The Fiction of Narrative: Essays on History, Literature, and Theory 1957-2007*. Edited and with an introduction by Robert Doran (Baltimore: The Johns Hopkins University Press, 2010)

なかでも「中動態で書く」（一九九二年）と「歴史の罪？——ポール・リクールの長期持続」（二〇〇七年）が目を惹いた。

4　石牟礼道子『【完本】春の城』（藤原書店、二〇一七年）

『苦海浄土』の著者にとって、天草四郎の率いる一六三七年の島原・百姓一揆事件がいかに根源的な意味をもっていたかを、あらためて思い知らされる。

5　『ギリシア詞華集』全四巻（沓掛良彦訳、京都大学学術出版会、二〇一五―一七年）

以前、〈バロック人ヴィーコ〉への関心からマリオ・プラーツの綺想主義研究を英語版第二

版 *Studies in Seventeenth-Century Imagery*（一九六四年）を底本にして共訳したさい（『バロックのイメージ世界』みすず書房、二〇〇六年）、同書に頻繁に引用されていて苦労した思い出のある Anthologia Graeca のありがたい全訳。

〔『みすず』第六六七号（二〇一八年一・二月）〕

あとがき

本書は、未來社刊『ヘテロトピアの思考』(一九九六年)、『超越と横断——言説のヘテロトピアへ』(二〇〇二年)、『無調のアンサンブル』(二〇〇七年)、それにみすず書房刊『ヘテロトピア通信』(二〇一二年)につづく、わたしの第五冊目の批評論集である。

編集を担当してくださった未來社社長・西谷能英さんに感謝の意を表させていただく。

二〇一八年一月

上村忠男

「有限性の近代」を生き抜くための処方箋――加藤典洋『人類が永遠に続くのではないとしたら』を読む

『新潮』第111巻第9号（2014年8月7日）

「叛史」のこころみ　『みすず』第639号（2015年7月）

流砂のなかで　『みすず』第646号（2016年3月）

「声ノマ」――吉増剛造の現在

『みすず』第657号（2017年3月）〔「石狩シーツ」〕、第658号（2017年4月）〔「根源の手あるいは咽喉」〕、第659号（2017年5月）〔「亡露」〕

チリの闘い　『みすず』第661号（2017年7月）

恋のハレルヤ　『みすず』第662号（2017年8月）

中動態の世界　『みすず』第663号（2017年9月）

歴史の地震計　『みすず』第665号（2017年11月）

*

ビブリオグラフィティ（2012-2017）――『図書新聞』『週刊読書人』『みすず』読書アンケートへの回答

III

グラフト国家　『みすず』第 608 号（2012 年 9 月）

転生しつつ交差する〈眼差しの政治〉――仲里効・倉石信乃監修「沖縄写真家シリーズ［琉球烈像］」（未來社）完結によせて
『図書新聞』第 3086 号（2012 年 11 月 17 日）

標的の村　『みすず』第 622 号（2013 年 12 月）

川満信一さんへ――「琉球共和社会憲法 C 私（試）案」をめぐって
川満信一・仲里効編『琉球共和社会憲法の潜勢力――群島・アジア・越境の思想』（未來社、2014 年）

困民主義革命　『みすず』第 632 号（2014 年 11 月）

「琉球民族独立」論の陥穽　『みすず』第 633 号（2014 年 12 月）

『越境広場』　『みすず』第 638 号（2015 年 6 月）

イメージが歴史と詩的に交わる場――東松照明『太陽の鉛筆』をめぐって
『みすず』第 637 号（2015 年 5 月）〔「イメージが歴史と詩的に交わる場」〕、第 647 号（2016 年 4 月）〔「太陽の鉛筆」〕、第 650 号（2016 年 7 月）〔「モノクロームからカラーへ」〕

追悼・中平卓馬
『みすず』第 644 号（2015 年 12 月）〔「『PROVOKE』」の遺産〕、第 664 号（2017 年 10 月）〔「記憶喪失と写真」〕

テロルの伝説、あるいは桐山襲『聖なる夜　聖なる穴』をめぐって
『みすず』第 654 号（2016 年 11 月）〔「狂気もて撃たしめよ」〕

IV

介護民俗学への挑戦　『みすず』第 605 号（2012 年 6 月）

関係の絶対性　『みすず』第 607 号（2012 年 8 月）

能面以前　『みすず』第 611 号（2012 年 12 月）

子供が子供であったとき　『みすず』第 613 号（2013 年 3 月）

柄谷行人をめぐる断想
『みすず』第 614 号（2013 年 4 月）〔「イオニア的」〕、第 630 号（2014 年 9 月）〔「実証と思考実験」〕、第 631 号（2014 年 10 月）〔「山人考」〕、第 641 号（2015 年 9 月）〔「柄谷行人と「世俗的批評」」〕

民族衣装を着なかったアイヌ　『みすず』第 619 号（2013 年 9 月）

『サークル村』再訪　『みすず』第 620 号（2013 年 10 月）

怨歌の誕生　『みすず』第 621 号（2013 年 11 月）

内村剛介のラーゲリ体験
『みすず』第 624 号（2014 年 3 月）〔「生き急ぐ」〕、第 625 号（2014 年 4 月）〔「失語と断念」〕

棄郷を生きる　『みすず』第 629 号（2014 年 8 月）

初出一覧

I

シラーをサボタージュする——スピヴァクとグローバリゼーションの時代における美的教育
『みすず』第 626 号（2014 年 5 月号）、第 627 号（2014 年 6 月号）

「惑星思考」のその後　『みすず』第 640 号（2015 年 8 月）

ヘテロトピアからのまなざし——エドワード・W・サイードと批評の可能性
『社会思想史研究』No. 39（2015 年）

ヘテロトピアとしてのアメリカ　『図書新聞』第 3098 号（2013 年 2 月 16 日）

ヘイドン・ホワイトの「歴史の詩学」について
ヘイドン・ホワイト著、上村忠男編訳『歴史の喩法』（作品社、2017 年）付論「ヘイドン・ホワイトと歴史の喩法」＋ヘイドン・ホワイト著、上村忠男監訳『実用的な過去』（岩波書店、2017 年）監訳者解説「ホロコーストをどう表象するか——「実用的な過去」の見地から」

ヴァールブルクの鋏
『みすず』第 651 号（2016 年 8 月）〔「神は細部に宿る」〕、第 652 号（2016 年 9 月）〔「歴史と形態学」〕

II

アントニオ・ラブリオーラと「不実な」弟子たち——イタリア版「マルクス主義の危機」論争（一八九五—一九〇〇年）
上村忠男監修、イタリア思想史の会編訳『イタリア版「マルクス主義の危機」論争——ラブリオーラ、クローチェ、ジェンティーレ、ソレル』（未來社、2013 年）解説

ソレルとマルクス主義
ジョルジュ・ソレル著、上村忠男・竹下和亮・金山準訳『プロレタリアートの理論のために——マルクス主義批判論集』（未來社、2014 年）解説

アガンベンと『ティックーン』
『みすず』第 609 号（2012 年 10 月）〔「夜のティックーン」〕、第 610 号（2012 年 11 月）〔「到来する蜂起」〕

所有することなき使用——アガンベンの『いと高き貧しさ』をめぐって
ジョルジョ・アガンベン著、上村忠男・太田綾子訳『いと高き貧しさ——修道院規則と生の形式』（みすず書房、2014 年）解説

関係の彼方へ　『みすず』第 643 号（2015 年 11 月）

カテコーン再考
マッシモ・カッチャーリ著、上村忠男訳『抑止する力——政治神学論』（月曜社、2016 年）解題

著者略歴

上村忠男（うえむら・ただお）
1941年生まれ。東京外国語大学名誉教授。専門は学問論・思想史。
著書：『歴史家と母たち――カルロ・ギンズブルグ論』（未來社、1994年）、『ヘテロトピアの思考』（未來社、1996年）、『歴史的理性の批判のために』（岩波書店、2002年）、『超越と横断』（未來社、2002年）、『グラムシ 獄舎の思想』（青土社、2005年）、『韓国の若い友への手紙』（岩波書店、2006年）、『無調のアンサンブル』（未來社、2007年）、『現代イタリアの思想をよむ』（平凡社、2009年）、『知の棘』（岩波書店、2010年）、『カルロ・レーヴィ『キリストはエボリで止まってしまった』を読む』（平凡社、2010年）、『ヘテロトピア通信』（みすず書房、2012年）、『回想の1960年代』（ぷねうま舎、2015年）、『ヴィーコ論集成』（みすず書房、2017年）ほか。
訳書：ヴィーコ『新しい学』（法政大学出版局、2007-08年）、アガンベン『身体の使用』（みすず書房、2016年）、ギンズブルグ『ミクロストリアと世界史』（みすず書房、2016年）、グラムシ『革命論集』（講談社学術文庫、2017年）、ホワイト『歴史の喩法』（作品社、2017年）ほか多数。

【ポイエーシス叢書72】

ヘテロトピアからのまなざし

二〇一八年二月二十日　初版第一刷発行

定価……………本体四八〇〇円＋税

著者……………上村忠男

発行所……………株式会社　未來社

東京都文京区小石川三—七—二
振替〇〇一七〇—三—八七三八五
電話（03）3814–5521
http://www.miraisha.co.jp/
info@miraisha.co.jp

発行者……………西谷能英

印刷・製本……………萩原印刷

ISBN978-4-624-93282-4 C0310

ポイエーシス叢書より　（消費税別）

1 起源と根源　カフカ・ベンヤミン・ハイデガー　小林康夫著　二八〇〇円
5 知識人の裏切り　ジュリアン・バンダ著／宇京頼三訳　三二〇〇円
11 本来性という隠語　ドイツ的なイデオロギーについて　テオドール・W・アドルノ著／笠原賢介訳　二五〇〇円
22 歴史家と母たち　カルロ・ギンズブルグ論　上村忠男著　二八〇〇円
23 アウシュヴィッツと表象の限界　ソール・フリードランダー編／上村忠男・小沢弘明・岩崎稔訳　三二〇〇円
32 虚構の音楽　ワーグナーのフィギュール　フィリップ・ラクー＝ラバルト著／谷口博史訳　三五〇〇円
33 ヘテロトピアの思考　上村忠男著　二八〇〇円
36 経験としての詩　ツェラン・ヘルダーリン・ハイデガー　フィリップ・ラクー＝ラバルト著／谷口博史訳　三五〇〇円
43 自由の経験　ジャン＝リュック・ナンシー著／澤田直訳　三五〇〇円
45 滞留［付／モーリス・ブランショ「私の死の瞬間」］　ジャック・デリダ著／湯浅博雄監訳　二〇〇〇円
46 パッション　ジャック・デリダ著／湯浅博雄訳　一八〇〇円
47 デリダと肯定の思考　カトリーヌ・マラブー編／高橋哲哉・増田一夫・高桑和巳監訳　四八〇〇円
48 接触と領有　ラテンアメリカにおける言説の政治　林みどり著　二四〇〇円
49 超越と横断　言説のヘテロトピアへ　上村忠男著　二八〇〇円

51 メタフラシス　ヘルダーリンの演劇　フィリップ・ラクー=ラバルト著／高橋透・高橋はるみ訳　一八〇〇円

52 コーラ　プラトンの場　ジャック・デリダ著／守中高明訳　一八〇〇円

53 名前を救う　否定神学をめぐる複数の声　ジャック・デリダ著／小林康夫・西山雄二訳　一八〇〇円

54 エコノミメーシス　ジャック・デリダ著／湯浅博雄・小森謙一郎訳　一八〇〇円

55 私に触れるな　ノリ・メ・タンゲレ　ジャン=リュック・ナンシー著／荻野厚志訳　二〇〇〇円

56 無調のアンサンブル　上村忠男著　二八〇〇円

57 メタ構想力　ヴィーコ・マルクス・アーレント　木前利秋著　二八〇〇円

60 翻訳のポイエーシス　他者の詩学　湯浅博雄著　二二〇〇円

61 理性の行方　ハーバーマスと批判理論　木前利秋著　三八〇〇円

63 赦すこと　赦し得ぬものと時効にかかり得ぬもの　ジャック・デリダ著／守中高明訳　一八〇〇円

65 ピエタ　ボードレール　ミシェル・ドゥギー著／鈴木和彦訳　二二〇〇円

66 オペラ戦後文化論1　肉体の暗き運命 1945-1970　小林康夫著　二二〇〇円

67 反原子力の自然哲学　佐々木力著　三八〇〇円

68 信と知　たんなる理性の限界における「宗教」の二源泉　ジャック・デリダ著／湯浅博雄訳　近刊

69 最後のユダヤ人　ジャック・デリダ著／渡名喜庸哲訳　一八〇〇円

70 嘘の歴史　序説　ジャック・デリダ著／西山雄二訳　一八〇〇円

71 沖縄思想のラディックス　仲宗根勇・仲里効編　二二〇〇円

72 ヘテロトピアからのまなざし　上村忠男著　四八〇〇円

本書の関連書

琉球共和社会憲法の潜勢力　群島・アジア・越境の思想　川満信一・仲里効編　二六〇〇円
沖縄差別と闘う　悠久の自立を求めて　仲宗根勇著　一八〇〇円
眼は巡歴する　沖縄とまなざしのポリティーク　仲里効著　二八〇〇円
悲しき亜言語帯　沖縄・交差する植民地主義　仲里効著　二八〇〇円
フォトネシア　眼の回帰線・沖縄　仲里効著　二六〇〇円
オキナワ、イメージの縁（エッジ）　仲里効著　二二〇〇円
沖縄の記憶／日本の歴史　上村忠男編　二二〇〇円

＊

地図にない村　沖縄写真家シリーズ〈琉球烈像4〉　大城弘明　三八〇〇円
沖縄・奄美・吐噶喇 1974-1978　沖縄写真家シリーズ〈琉球烈像8〉　中平卓馬　五八〇〇円
camp OKINAWA　沖縄写真家シリーズ〈琉球烈像9〉　東松照明　四八〇〇円